中国传统文化与高等职业院校德育教育融合的创新研究

杨雯　李美清 ◎ 著

西南交通大学出版社
·成　都·

图书在版编目（ＣＩＰ）数据

中国传统文化与高等职业院校德育教育融合的创新研究 / 杨雯，李美清著. —成都：西南交通大学出版社，2022.5

ISBN 978-7-5643-8697-9

Ⅰ.①中… Ⅱ.①杨… ②李… Ⅲ.①传统文化 – 关系 – 高等职业教育 – 德育工作 – 研究 – 中国 Ⅳ.①G711

中国版本图书馆 CIP 数据核字（2022）第 085407 号

Zhongguo Chuantong Wenhua yu Gaodeng Zhiye Yuanxiao Deyu Jiaoyu Ronghe de Chuangxin Yanjiu
中国传统文化与高等职业院校德育教育融合的创新研究
杨　雯　李美清　著

责 任 编 辑	吴启威
封 面 设 计	原创动力
出 版 发 行	西南交通大学出版社 （四川省成都市金牛区二环路北一段 111 号 西南交通大学创新大厦 21 楼）
发行部电话	028-87600564　028-87600533
邮 政 编 码	610031
网　　　址	http://www.xnjdcbs.com
印　　　刷	四川煤田地质制图印刷厂
成 品 尺 寸	170 mm × 230 mm
印　　　张	18.5
字　　　数	264 千
版　　　次	2022 年 5 月第 1 版
印　　　次	2022 年 5 月第 1 次
书　　　号	ISBN 978-7-5643-8697-9
定　　　价	68.00 元

图书如有印装质量问题　本社负责退换
版权所有　盗版必究　举报电话：028-87600562

前　言

一个民族的存在和发展离不开其所处的文化环境，文化是其心灵深处的精神家园。中国传统文化源远流长，博大精深，历经数千年发展而绵延不绝，是中华民族旺盛生命力的内在动力。

近年来，虽然不少高等职业院校已经开设了中国传统文化与德育教育这一方向的研究与教学工作，但是，中国传统文化与德育教育这一研究方向要求研究者在中国传统文化和德育教育领域均有一定的学术功底，而目前我国的大部分相关研究者均无法满足这一要求，这也影响了研究成果的数量与质量。

高度重视德育改革已经成为世界发展趋势，不论是发达国家还是发展中国家，都意识到德育改革的必要性和迫切性，越来越多的国家纷纷采取具体措施，大力加强学校德育建设。例如：坚持德育的连续化和统一性，注重德育的实用性和实效性，强调内容的多样性与层次性等，都取得了一定的成效。在党和国家的高度重视下，在广大德育工作者的辛勤劳动、刻苦钻研下，我国高等职业院校德育工作取得了巨大的进步，成绩喜人。

但是，由于我们现在处于新时期，新时期的一些特点和出现的一些现象，给高等职业院校德育工作带来了一些困难。西方多元文化思潮的传入、科学技术的高速发展和互联网的广泛应用等，对大学生的世界观、人生观、价值观和道德观造成了一定的冲击。希望本书所研究的课题能够为高等职业院校德育教育引入中国传统文化提供一些具有操作性和实践性的建议。

本书第一、二、三、九章由杨雯撰写；第四、五、六、七章由李美清撰写；第八章由杨雯、李美清共同撰写。杨雯共撰写 13.2 万字，李美清共撰写 13.2 万字。

本书在撰写过程中参考了大量文献资料，吸取了许多老师的宝贵经验，在此一一表示感谢。但由于时间与精力有限，虽在撰写中力求完美，也难免存在疏漏与不足之处，还请专家学者与广大读者批评指正，以使本书更加完善。

作者

2022 年 1 月

目 录

01 第一章
高等职业院校德育概述

第一节　高等职业院校德育的内涵和在现实中的地位……………002
第二节　高等职业院校德育创新的理论基础和原则………………010
第三节　高等职业院校德育创新方法…………………………………017

02 第二章
高等职业院校德育环境建设

第一节　高等职业院校德育环境及其对学生个体发展的价值………036
第二节　高等职业院校德育环境的基本构成…………………………048
第三节　高等职业院校德育环境建设的实践探索……………………055

03 第三章
高等职业院校德育的实践体系

第一节　高等职业院校德育实践的理性审视…………………………070
第二节　高等职业院校德育实践模式的理论构建……………………080
第三节　高等职业院校德育实践的途径和载体建设…………………091

04 第四章
高等职业院校德育与文化

第一节　高等职业院校德育的文化本质………………………………104
第二节　高等职业院校文化的德育价值………………………………114
第三节　高等职业院校文化德育的基本原理…………………………122

05 第五章
中国传统文化的当代价值研究

第一节　中国传统文化的内涵…………………………………………134
第二节　中国传统文化的特点及历史作用……………………………137
第三节　中国传统文化在当代的价值体现……………………………145

06 第六章
中国传统人性论与现代德育指导思想的构建

第一节　中国传统人性论的基本内涵…………………………………154
第二节　性善论的德育价值……………………………………………155
第三节　现代德育指导思想的构建……………………………………159

07 第七章
中国传统伦理道德与现代德育内容的构建

第一节　中国传统伦理道德的构成及其基本内涵……………………168
第二节　中国传统伦理道德的反思和现实借鉴意义…………………186
第三节　现代德育内容的构建…………………………………………193

08 第八章
中国传统文化与德育教育相融合的原则和路径

第一节　坚持正确指导和批判继承的原则……………………………202

第二节　中国传统文化与德育教育相融合的路径……………………205

第三节　高等职业院校德育与中国传统文化隐性教育融合

　　　　的对策思考……………………………………………………210

09 第九章
高等职业院校德育在新媒体环境下的创新

第一节　大学生德育指导理念的创新……………………………………228

第二节　大学生德育模式的创新…………………………………………243

第三节　大学生德育方法与形式的创新…………………………………265

参考文献……………………………………………………………………285

CHAPTER ONE

第一章

高等职业院校 德育概述

第一节

高等职业院校德育的内涵和在现实中的地位

党和政府对高等职业院校德育工作始终是非常重视的。中华人民共和国成立以来，高等学校继承和发扬党的优良传统，教育和帮助广大学生坚持正确的政治方向，培养了一大批德才兼备的人才。

德育即思想、政治和品德教育。经过多年的努力，现在已形成包括思想教育、政治教育和道德品质教育在内的德育体系。

一、正确认识"高等职业院校德育首位"论

学校教育要坚持育人为本，德育为先，把人才培养作为根本任务，把思想教育摆在首要位置，主要原因如下：

（一）中国特色社会主义的性质要求学校教育把德育放在首要位置

教育是有阶级性的。古今中外，各个社会中占统治地位的阶级都是按本阶级的政治需要，把德育教育放在学校教育的首要地位，把代表统治阶级的政治信仰、思想意识、价值观念内化为一代"新人"的素质，都是为了培养继承者。因为只有这样，才能造就需要的人才，以维持和巩固其社会制度。所不同的是，不同阶级实行不同的德育教育而已。

我们社会主义国家的教育，是社会主义培养各种专门人才的事业。社会主义的经济和政治决定了社会主义教育的性质、目的、制度、方针和教育的思想政治内容。社会主义教育的目的，是培养社会主义事业所需要的各类人才，要求培养出来的人才必须为社会主义建设事业服务。这是我国高等教育的目的，也是我们高等学校的主要任务。社会主义制度的性质决定着社会主义高等教育的性质，同时，也决定着社会主义大学的办学方向，必须坚持党

的领导，坚持社会主义方向，坚持马克思主义在科学文化和学术工作中的指导地位。把德育放在首位，这是我国高等教育社会主义性质的重要标志。作为社会主义的高等学校，如果忘掉或丢掉，甚至摆错了德育的位置，就必然会迷失方向，误人子弟，误国误民。

（二）党的教育方针决定了学校教育要把德育放在首要位置

在德智体全面发展的问题上，就育人来讲，德育、智育、体育三者是相互关联、相互依存、相互渗透、相互制约、相互促进、不可分割的统一整体。

但是，根据马克思主义辩证唯物主义的观点，构成矛盾统一体的各方，其地位和作用是有主次之别的。如果没有这种明确的区分，就不可能弄清事物的性质，把握事物的本质。依据这一理论，在全面发展教育方面构成的矛盾统一体中，能够体现其性质、本质的，只能是德育。因为，德育所要解决的是学生社会意识的问题，即政治立场、思想观点、行为规范等方面的问题。具体来说，是解决学生为谁而学，学成后为谁服务的问题。我们社会主义大学培养的是能够坚持正确的政治方向，拥护中国共产党的领导，愿为社会主义祖国献身的高级专业人才。要完成这一任务，只有依靠德育。

（三）学校的中心工作需要把德育放在首要位置

当前，以"教学为中心"的思想被各类高等职业院校充分重视并贯彻实施，"以教学为中心"无疑是正确的，它与德育不但不矛盾，而且是相辅相成的，缺一不可。

教学包括德育。现代教育理论认为，教学应该着眼于学生的全面发展，培养全面和谐发展的个性。教学的主要任务是既在掌握知识和技能技巧方面达到高质量，又在学生的发展上取得重大进步。

也就是说，教学并非只是传授业务知识，片面地着眼于智力发展，而应当把教学看作是落实教育方针的主要途径。教学过程中应当包括德育、智育和体育，而且，德育还应该是教学的一项主要内容和首要任务。

德育在教学中起主导作用。在整个教学过程中，德育以其方向性贯穿于其他诸项教育之中。它不仅对智育起着主导作用，同样在体育中也起着主导作用。如果离开了德育，整个教学过程就很难顺利进行，这已是被实践反复证明了的。

二、新时期高等职业院校德育创新的必要性

德育创新是主体（人）为了一个阶段的目标，遵循德育发展的规律，对德育进行变革，从而使德育得以更新与发展的活动。

创新是一个民族的灵魂，是国家兴旺发达的不竭动力。一个没有创新能力的民族，难以屹立于世界民族之林。历史进步的本质在于创新，民族的振兴、国家的强盛同样离不开创新，任何工作没有创新就没有活力，没有生命力。同样，高等职业院校的德育工作也只有在实践中不断创新，才能有新的活力，才能适应时代的进步与发展。

德育工作的显著特征在于，它随着时代的变化、社会的变化、生活的变化而变化，具有开放性、现代性、发展性。德育的这些特征要求我们德育工作者，在实践中必须不断地去探索、去实验、去研究、去创新，但是，强调高等职业院校德育工作的创新，不是全盘废弃过去的东西。德育工作是一个系统工程，具有一定的规律性。德育工作涉及方方面面，反映了德育客观规律、德育工作的实践经验，以及国家关于德育工作的法律、法规、政策等。我国的高等职业院校德育工作经过几十年的探索实践，总结出了许多工作规律，积累了丰富的经验。这些规律、经验凝聚了广大高等职业院校德育工作者先进的德育理念，为培养面向现代化、面向世界、面向未来的，德智体美等全面发展的社会主义事业建设者和接班人任务的顺利完成提供了有力保证。高等职业院校德育工作所取得的这些成绩有目共睹，所形成的理论、探索的规律、积累的经验、创造的方法，应当在实践中予以继承，并使其成为

德育工作创新的基础。

新时期高等职业院校德育工作所面临的国际和国内环境已经发生变化,高等职业院校德育唯有创新才能发展。新时期高等职业院校德育的对象已经发生了巨大变化,具有新的特点和要求,高等职业院校德育唯有创新,才能适应德育对象全面发展的要求。新时期高等职业院校德育的客观环境发生了变化,高等职业院校德育唯有创新,才能走出发展的困境。

(一)新时期高等职业院校德育工作面临的现实背景

1.全球化的影响

全球化加强了国家之间、个人之间的经济交往、政治交往和文化交流。在全球化的背景下,经济的交往是国际性的,随着经济的日益国际化,政治、文化也走向了国际。

2.市场经济的影响

社会主义市场经济体制逐步推进,给高等职业院校德育带来积极影响的同时,其自身的弱点和负面影响也可能给大学生的政治观、人生观、价值观造成负面影响。例如,注重功利和实惠,片面追求物质利益,集体、社会感淡薄,等等。

面对市场经济的汹涌大潮,大学生很难避免市场经济的负面影响。市场经济条件下社会利益分配的多层次性,使大学生面临着多种价值观的选择。在市场经济条件下,生产者是独立自主的。这一点,对大学生价值观中的消极影响表现为集体意识淡化、个人主义倾向严重。这些价值观念的产生,显然背离了学校教育的培养目标,无疑是削弱了高等职业院校德育功能的发挥。市场经济的发展刺激了人们对物质利益的追求,淡化了人们的政治意识。一些大学生片面认为,市场经济最主要的是看经济效益,政治无关紧要,学校思想教育对他们来说可有可无。市场经济的推行使整个社会生活发生了翻天覆地的变化。大学生原来所处相对稳定、单一的生活环境发生了彻底改变,个体的人格处于多变的、相互冲突的多元价值中。

受到社会不正之风和消极腐败现象的影响。改革开放以来，我国经济、政治、文化、社会、国防、外交和中国共产党的建设各个方面，都取得巨大的发展进步。然而，党风、社会风气、社会秩序在某些方面也出现了一些消极现象。例如，以权谋私、走私贩私、偷盗抢劫等现象，拜金主义、享乐主义、个人主义，等等。虽然这些消极的现象只存在于极小范围之内，但是也对大学生有一定冲击，使他们产生了很大的困惑。

3.科学技术的高速发展

科学技术的高速发展，使世界处于信息大爆炸时代，信息传播途径也逐渐多样化、现代化，这就决定了大学生接触西方思潮更加快速便捷了。各种西方文化思潮不断冲击着大学校园，各种思潮逐渐进入当代大学生的视野，对当代大学生的价值观产生了很大的影响。

特别是互联网的发展和虚拟世界的产生，使高等职业院校德育面临新的挑战，网络文化在给高等职业院校德育创造良好条件和机遇的同时，也对德育工作提出了严峻的挑战。

互联网是一个超越了民族和国家界限的、巨大的、开放的信息传递系统，具有方便、快捷、直观性强、信息获取量大等特点，网络空间中各种不同的文化类型、意识形态、信仰、价值观念等，在这里传播、碰撞、交融。

随着技术的进步，互联网对公众生活的改变进一步加大。我国高等职业院校学生是互联网用户的主体。青年学生面对着呈爆炸状态的信息，难以进行理性思考和价值判断，致使他们的道德价值取向呈多元化。

4.高等职业院校德育工作缺乏社会和家庭间的有效沟通

学校自身德育工作水平的提高，是增强德育工作实效性的重要组成部分，但是，学生思想道德品质的形成发展是社会、家庭、学校共同作用的结果，任何一方工作不到位，都会导致整个德育工作出现漏洞，危害学生的身心健康发展。

目前，从总体上看，高等职业院校在主动争取家庭、社会支持，协调和整合社会、家庭和学校三者的关系方面还做得不是很到位。学校德育管理还处于不够开放的状态，有效的学校、社会、家庭协作教育机制还有待完善，已经建立起来的家长学校、家长委员会在发挥指导家庭教育的职能方面，还存在着对学生学业指导多，对学生品行指导少等问题。所以，我们要积极推进学校、家庭、社会教育的一致性，形成开放式的学校德育管理新格局。

（二）新时期高等职业院校德育对象的新特点

当代大学生有着许多优点。总的来说，他们的主流思想、伦理道德认知、价值判断是积极、健康、向上的。他们务实进取，竞争意识强，成才愿望非常强烈；并注重个性发展，敢于表现自我；思维也比较活跃，易于接受新思想、新事物，极具创造活力和创新基础；有较强的使命感和责任感，关注国家和民族的前途命运，具有想有作为和大有作为的思想基础。然而，不足之处也是较突出的。

高等职业院校德育创新要充分考虑新时期高等职业院校德育对象的新特点，有目的、有针对性地开展高等职业院校德育创新工作。

（三）高等职业院校德育自身存在的问题

1.重智主义倾向的影响

重智主义倾向主要体现在两个方面。

（1）在德、智、体教育关系中重视智育而忽视德育。中国自古便有"万般皆下品，唯有读书高"的说法，智育被提升到一个十分重要的地位，成绩好就是好学生，对于德育只是口头上、宣传上的重视，真正实施起来，则处于相对次要的位置，得不到应有的重视。从而导致"教书育人"中的"育人"功能被淡化，"教书"与"育人"被人为地割裂开来。许多教师理所当然地认为"育人"不是分内之事，因而只埋头钻研学问，而无暇顾及学生良好思想品德与行为的培养。

（2）在德育中重视道德认知而忽视道德情感、道德行为、道德意志的培养。德育课程学习注重接受和理解，道德内化则强调潜移默化、个体觉悟和生活实践。我们在德育方法上的问题就出在按知识教育的方式来进行道德教育，把道德和生活割裂开来，作为一种知识来教，其结果是，学生有道德之知，而少道德之行、道德之情和道德之信。

2.学校德育对人的主体性重视不够

传统的高等职业院校学生德育模式是计划经济的产物，这种德育模式的最大缺点是忽视学生的主体性，出现专制强横的现象。

德育的专制强横具体体现在以下三方面。

（1）发展模式上的强制性。长期以来，我们的德育总是把有关政策或文件等外在因素，作为设定德育目标和学生发展模式的标准，忽视了个人的内在需求；德育服务于社会发展被片面理解为对规章制度的无条件服从，忽视了人的个体道德。

（2）德育内容上的强制性。教育工作者往往以良好的主观愿望或某些外在目的为出发点，把一定时期的道德规范、抽象的道德概念或有关政策作为固定的教育内容予以灌输，并要求学生必须完全无条件地接受，漠视学生的主体意识。

（3）德育方式上的控制性。不尊重学生的能动性和参与性，无视教与学在教育过程中是相互作用和相互影响的，以独断的态度和注入的方式，向学生灌输道德知识和道德教条。这种诉诸权力的教育方式，仅把学生当作教育的对象和客体，缺乏对学生主体性的重视，这是德育的实效性低下的根本原因。

3.德育的内容和手段缺乏时代性

（1）德育内容与实际相脱离。德育内容是实现德育目标的手段，教育内容的恰当性可以看作是内容与以下两方面要求的一致性：一方面，是所有内容来源和社会价值观反映的要求；另一方面，是学习者需要、兴趣和身心能力反映出来的要求。然而，当前德育的内容只反映了一方面的要求，而对另一方面的要求熟视无睹，与社会实际、学生思想实践相对脱节。尤其是对当前各种现实问题及相关理论问题探讨很少或干脆避而不谈，这便导致了学生对高等职业院校德育力倡的那些道德理念缺乏认同，毫无兴趣，不能把握其精髓，更难以做到普遍接受和自觉内化，这便降低了政治课的教育性、针对性以及实用性，违背了开设这些课程的初衷，甚至适得其反。

（2）德育手段与实际相脱离。德育手段的现代化是德育现代化的前提，现代社会已步入了信息社会的大门，科技所带来的新变化层出不穷。德育必须适应这种日新月异的变化，要讲求手段现代化，借助现代媒体，记录、储存、传输和调整教育信息，把幻灯片、录像等设备直接用于班级常规管理，还可利用计算机网络化优势，积极扩大德育在校际、省区间，甚至国际上的交流。

学校德育工作不能及时跟上时代步伐，与社会进步脱节，对大学生人生观、价值观引导不够，使得大学生纷纷把目光投向经济领域，出现了"下海热""课外兼职热"等现象，进而引发拜金主义，对教学秩序产生了很大冲击。学校的德育工作应该及时注意社会动态，更新内容，只有这样，才能及时纠正学生的人生观、价值观。

4.对学生德育进行评价的机制不完善

德育评价是大学生思想政治工作的重要组成部分，是调节德育运行机制、优化高等职业院校德育过程、检验德育实践效果的重要环节，也是促进大学生在德育过程中自我检查、自我调节、自我完善的重要手段，更是推动德育科学化、提高德育有效性的重要载体，对于高等职业院校人才培养的方向起着重要的导向作用。

当前，高等职业院校对学生德育评价工作十分关注。但是，由于德育评价的复杂性和具体操作难度大的原因，使得如何科学全面、客观合理地开展大学生德育评价，成了高等职业院校学生思想政治工作的难题之一，主要表现在以下几个方面：

大学生德育评价中，很多学校通过先采用指标量化的方法，给每一位学生打德育分，再按德育分值的高低和比例，给学生设定一个德育定性的等级，诸如优秀、良好、及格之类。这种通过定量评价产生学生德育定性等级的方法，其科学性如何，值得探讨。

高等职业院校学生德育评价工作具体是由班主任或辅导员协同班级学生德育考评小组共同实施的。实际上，由于班主任或辅导员对学生情况相对缺乏了解，班级学生德育考评是由学生代表组成的学生德育考评小组来实施的，这很难实现学生德育评价所要求的"公平、公正"原则。

5.高等职业院校师德水平有待进一步提高

教师是学生良好道德品质形成的引路人，教师的一言一行无时无刻不在影响着学生，身教重于言传，教师以崇高的人格魅力去激励和感染学生，会使学生在潜移默化中塑造完美人格，反之亦然。

在当前高等职业院校教师队伍中，师德状况的主流是好的。但是，也有部分教师受市场经济的负面影响，重业务进修，轻理论学习；重现实功利，轻理想信念；重报酬实惠，轻奉献责任；重个性自由，轻纪律约束。一旦受到拜金主义、享乐主义、自由主义和极端个人主义思潮的冲击，少数教师就会出现道德失范，表现为不敬业、不重教、不爱生，甚至唯利是图、弄虚作假，严重地损害了教师形象，也对学生良好道德养成造成了负面影响。

第二节

高等职业院校德育创新的理论基础和原则

实践基础上的理论创新，是社会发展和变革的先导。通过理论创新推动制度创新、科技创新、文化创新，以及其他各方面的创新，不断在实践中前进，永不自满，永不懈怠。这是我们要长期坚持的治党治国之道。新时期高等职业院校德育创新工作必须要有坚实的理论基础为指导。

一、新时期高等职业院校德育创新的理论基础

中国传统文化是历经几千年的社会变革和发展而形成的一种思想和知识系统。中国传统文化追求人与自然的和谐、人与人的和谐，把天、地、人看作统一的整体。中国传统文化是以伦理观念、伦理道德修养及治国安邦之术为核心的。其内涵和特征主要有四：突出伦理本位，倾心于现实政治，宣扬主体意识主要包括认识的主体性、道德的主体性和生活的主体性，强调整体观念。

除此以外，中国共产党的指导思想和最新理论成果也是新时期高等职业院校德育创新的理论基础。

（一）习近平新时代中国特色社会主义思想

党的十八大以来，以习近平同志为核心的党中央，坚持以马克思列宁主义、毛泽东思想、邓小平理论、"三个代表"重要思想、科学发展观为指导，从坚持和发展中国特色社会主义全局出发，立论定向、科学运筹、周密擘画、谋篇布局，提出一系列新理念、新思想、新战略，出台一系列重大方针政策，既开辟了中国特色社会主义新境界，推动中国特色社会主义进入了新时代，又开辟了马克思主义中国化新境界，实现了马克思主义中国化新飞跃，取得了重大理论创新成果。深入学习宣传贯彻党的十九大精神，最根本的是要深入学习、深刻理解、正确把握习近平新时代中国特色社会主义思想，自觉坚持用习近平新时代中国特色社会主义思想武装头脑、统一思想、指导实践、推动工作，奋力夺取新时代中国特色社会主义伟大胜利。

（二）"以人民为中心"的理论

马克思主义基本原理是普遍真理，具有永恒的真理性。但马克思主义经典作家并未穷尽真理，马克思主义理论是开放的体系，因而为其进一步发展提供了广阔的空间。时代在变化，其所遇到的风险与问题亦在变化，它要求我们为此予以科学的理论回应。中国特色社会主义进入新时代，以人民为中心的发展思想，对当代中国所遇到的发展问题给予了科学的回答。正确认识这一思想的本真内涵和内在的创新性，对于我们坚持并践行习近平新时代中国特色社会主义思想，具有重要的理论价值和实践意义。深入挖掘，以人民为中心的发展思想具有三重理论创新意蕴，首先，从根本性上看，发展是基础，没有发展便没有一切；其次，从中心位置上看，发展的中心在人民，发展依靠人民，发展成果为人民所享；最后，从目的性上看，发展的终极关怀在于实现人的自由全面发展和社会的全面进步。这三维创新，从三个层级进一步丰富与发展了马克思主义有关发展的理论。

人的全面发展真正将人民主体地位、人民中心论落到实处。党的十九大报告多次提到人的全面发展，足见这正是当代中国重要的发展理念，也进一步诠释了以人民为中心的发展思想，并意蕴着该发展思想的终极关怀。

"人的全面发展"的理念，还表现在全面提升国民素质上，成为以人民为中心发展思想的至高精神境界。众所周知，中华人民共和国成立以来，尤其是改革开放以来，我国的经济和科技均得到了迅猛的发展，尤其是经济发展成果显著。这是我国的骄傲，是党的骄傲，是人民群众的骄傲。但在骄傲的同时，我们必须清醒地认识到，我国的教育水平和整体国民素质距离发达国家还有相当的距离，我们需要补这个短板。中国特色社会主义进入新时代，不仅要发展经济，更重要的是发展人本身，亦即全面提升国民素质。党的十九大报告明确提出这一伟大目标，要求我们全面贯彻党的教育方针，走教育兴国的道路，根本任务在于立德树人。发展素质教育，推进教育公平发展，为社会主义事业培养德智体美全面发展的合格接班人。

二、新时期高等职业院校德育创新的原则

（一）主体性原则

所谓主体性原则，就是指在高等职业院校德育工作过程中，始终将学生置于主体地位，始终把学生看成是德育活动的主体，注重培育和造就学生的主体性。

把学生作为学校教育的价值主体，确立学生在高等职业院校德育中的主体地位。转变将学生仅仅作为教育和管理的对象的现象，坚持以学生为根本，以学生为核心，尊重学生，理解学生，关爱学生，把促进学生的成长、成才作为高等职业院校德育的根本价值取向。

把学生作为学校教育的动力主体，激发学生自我教育的积极性。转变过多地强调教育管理工作者的主导责任，而对学生的主体作用和自我教育重视不够的现象，致力于唤醒学生的主体意识，激发学生的主体热情，调动学生的主体积极性，在课堂教学、校园文化、社团活动、社会实践等环节中，更加充分地发挥学生的主体作用。

把学生作为学校教育的权利主体，切实维护其合法权益。转变重管理、重视对学生的义务要求，轻服务、忽视维护学生权益的现象，高度重视学生应具有的受教育权和公民权，使高等职业院校德育的过程，成为尊重和维护学生合法权益的过程，成为服务学生成长成才和全面发展的过程。

把学生作为学校教育的发展主体，促进学生的全面发展。转变重知识轻素质、重灌输轻发展的现象，构建科学与人文相统一的素质结构，社会化与个性化相统一的人格结构，促进学生各种素质的和谐发展。

（二）开放性原则

所谓开放性原则，是指高等职业院校德育创新必须彻底打破传统的封闭模式，在德育的目标、内容和手段等方面实行全方位开放，把学生从以往的

束缚中彻底解放出来，使他们在开放式德育过程中，处于自主、自觉、自愿的状态，去接受、思考、判断和分析。

1.德育目标要体现开放性

德育目标是高等职业院校德育的指针和方向，决定了德育内容、手段和方法等的选择，在德育工作中始终起着主导性和规范性的作用。考察世界发达国家高等职业院校的德育目标，可以从中发现，开放性是他们德育目标的共同特色。例如，德国的德育目标是培养具有向世界开放人格的人；美国的德育目标是注重在开放式德育中发展学生的道德推理能力和创造能力，强调使个体成为有自立能力、有自信心和参与意识的自主公民。

2.德育内容要注重开放性

学生的道德发展是一个持续的、有内在规律的过程。因此，德育内容的开放性，应遵循学生道德发展的规律，充分考虑学生理解和接受的能力，根据时代发展和形势变化而不断丰富和更新。

（1）把道德教育内容的价值准则和规范系统向学生开放，让学生独立思考，理性选择。

（2）灵活使用不同的德育理论和教材。在遵循国家德育统一目标的原则下，根据本地和学生的实际，引进和吸纳一些先进国家的德育理论和经验，开阔学生视野，增加对全球德育发展趋势的了解。

（3）德育内容应贴近实际生活。学校应根据学生实际，定期进行形势教育、国家方针政策教育、法纪教育、公德教育、健康教育、环保教育，等等。这些德育内容鲜活丰富，与实际生活密切相关，学生容易理解且乐意接受。

3.德育手段要展现开放性

充分运用现代科技手段，展现德育课堂教学的开放性。如用计算机模拟一些在实际生活中涉及道德问题的个案，再组织学生进行分析、处理。用电化教学再现历史画面和生活情境,让学生身临其境,真切体验,增加感性认识,使开放中的德育课堂变得生动活泼、丰富多彩,提高德育课堂的教学效果。

(三)实践性原则

所谓实践性,是指高等职业院校德育创新应在开放的基础上,通过师生互动和活动体验,使德育过程成为激发学生道德思维和创造的过程,在动态中实现德育的内化、提升。

1.德育课堂要贯穿实践性

德育课堂的实践性就是培养学生分析问题和解决问题的能力,使实践的过程成为学生道德自我完善及成熟的过程。为突出德育课堂的实践性,要彻底革除传统的观念,打破德育课堂固定、静态、纯理论模式,将课堂融入现实生活,使德育课堂成为学生真刀真枪解决实际问题的大舞台。

(1)德育课堂的实践性,要突出教师与学生、学生与学生间的互动,在互动中交流、探讨、内化、提高。

(2)德育课堂的实践性,要突出学生动手、动脑能力的培养,使学生面对现实生活中的道德问题,能够从容地运用自己的道德经验去解决处理。

2.德育活动要突出实践性

德育活动的实践性,应注重学生在活动中的亲身体验,强调学生通过实践活动获取直接经验。高等职业院校具有德育作用和效果的活动不少。比如,新生军训、社会实践、希望工程,等等。这些活动可以按照现代德育理念进行科学设计,重点开发,突出活动中学生对事物的感性认识,充分调动学生的感觉器官与心灵的双向交流,把交流中获取的感觉、感知、感情通过思想的过滤、提炼,升华到理性认识,凝结成自己的道德观点。

（四）层次性原则

所谓层次性原则，是指高等职业院校德育工作要根据不同教育阶段大学生的年龄特征和思想品德水平，确定不同的教育方法、教育目标、教育内容和教育要求等，做到因人施教、因龄施教、因情施教。

1.要因人确定德育工作目标

高等职业院校德育工作目标缺乏层次性，可能导致在教育学生时，采取精英主义立场，德育工作的天平倾向少数大学生，热衷于抓尖子、抓典型，忽视甚至放弃了多数学生。在德育过程中重理论知识的灌输，轻道德体验、道德情感和道德意志的培养与塑造，轻行动的锻炼。在德育效果上，大学生在学校里能自觉按学校要求去做，是"好"学生；到社会则按自己的要求去做，是个"差"学生，形成"虚伪"人才。因此，高等职业院校德育工作要拟定一套基本的道德要求，努力分层次、有步骤地引导大学生从低向高、脚踏实地地从基本道德要求向较高道德追求迈进。

2.要因人确定德育工作的广度和深度

大学生由于年龄和身心发展水平的差异，所能接受的德育内容的广度和深度也就不同。因此，高等职业院校德育工作在具体要求、内容上必须与其相适应。极少数大学生存在厌学、心理障碍等情况，如果内容的广度和深度脱离了其实际，即使内容正确无误，其结果必然是无效或者收效甚微。

3.要因人确定德育工作的手段和方法

高等职业院校德育课教师必须认真研究大学生的个性特征，分清其应达到的道德水平，分清其因个体经验、阅历的不同而呈现出的不同个体道德成熟水平，对不同学生选择并实施不同的手段和方法。

第三节
高等职业院校德育创新方法

"以人民为中心"的理论强调人民的全面发展，发展的中心在人民，发展依靠人民，发展成果为人民所享。这一概念给处于困境中的高等职业院校德育注入了新鲜的血液，指明了新的发展方向。高等职业院校德育应以"以人民为中心"为指导思想，进行德育理念创新、德育内容创新、德育方法创新、德育机制创新、德育评价创新、德育环境创新和加强师德，使高等职业院校德育重新焕发生机和活力，为我国社会主义现代化建设培养更多道德品质过硬的优秀人才。

一、高等职业院校德育理念创新

在高等职业院校德育创新中，理念创新尤其具有先导性和根本性。主要是树立"以人为本"的德育新理念，尊重大学生的主体地位，注重大学生个性的发展和潜能的开发，从而实现大学生全面、和谐、自由的发展。

马克思主义唯物史观把人类社会既视为一个自然历史过程，又视为人自觉活动的结果，认为社会发展是客观规律性与人的主观能动性辩证统一的过程。"以人民为中心"的理论强调人民的全面发展，发展的中心在人民，发展依靠人民，发展成果为人民所享。这正是对马克思主义历史主体论的继承和坚持。德育是关于人全面、和谐发展的科学。以"以人民为中心"指导现代高等职业院校德育，必须把以人为本确立为高等职业院校德育的基本理念，进一步凸显学生在德育中的主体地位，把学生作为学校教育的价值主体、动力主体、权利主体和发展主体，紧紧围绕促进学生的成长、成才的目标，从当代大学生的思想、学习和生活实际出发，坚持德育塑造人的基本定位，并将塑造人与为了人、激励人、服务人、发展人统一起来，不断增强教育的针对性、主动性和创造性。

（一）要破除"教师中心论"的旧观念

教师在德育教育教学过程中，既是教育者又是受教育者，这样才能做到与学生教学相长，相互提升；同时，教师的角色应由"演员"向"导演"转变，教师要善于调动每一个学生的内在积极性，发挥每一个学生的主体能动性，使学生从被动的受教育者成为主动学习的自我教育者。而且把这种"人本"思想体现在对学生的日常生活和学习的关心、帮助、尊重和激励上，成为学生的良师益友，准确把握学生的思想动脉，积极引导学生道德的发展方向。

（二）要树立"学生中心论"的新观念

充分发挥学生自身的主体意识，让学生在德育教育教学活动中"搭台唱戏"，成为活动的主角。这样，不仅满足学生自我实现的心理需求，还可增强学生的价值感和成就感。同时，学生角色成为"演员"后，原先那些社会要求就会转化为学生的自我要求，那些外在的道德原则和社会规范就会内化为他们自身的道德信念和行为准则。从而使学生由"道德他律"变为"道德自律"，自觉规范自己的行为，成为德行高尚的人。

二、高等职业院校德育内容创新

要从全面建成小康社会的实际出发，从高等职业院校学生全面发展的需要出发，坚持以学生为本，解放思想，实事求是，与时俱进，遵循德育发展的新理念，在实践中不断创新高等职业院校德育内容。

（一）德育内容创新应与时代发展相适应

传统的德育往往强调其政治性功能，关注学生的政治方向和思想品德，这无疑是十分重要的，但面对未来社会，如果只局限于此，显然不能满足社会和受教育者自身发展的需求，这种纯思想教育和政治性的品德教育将显得苍白无力。

当今的德育，其目标应该从单纯的政治思想品德功能，向注重学生综合素质和个性发展进行拓展，从而符合知识经济对人才全方位的要求。德育内容将根据21世纪的世界格局，根据受教育者的特点，不断改革和完善教学内容，在提高受教育者的综合素质上下功夫，促进人的全面发展和个性的自由发挥，从而使德育理论成为一个能适应变革的综合化新体系。同时，适应民族性教育和国际性教育的双重需要，德育工作在进一步深入挖掘和继承民族优秀历史文化传统的同时，把传统文化与现代化科学嫁接起来，把德育内容与世界政治、经济、文化、军事等方面联系起来，从横向和纵向两个方面不断拓展德育工作的范围和空间，从而从大视野、大思路去迎接世界的风云变化和发展格局，培养全面发展的综合型素质人才。

中国特色社会主义进入新时代，社会主要矛盾的变化对道德建设提出了新要求。习近平总书记指出："我国社会主要矛盾的变化是关系全局的历史性变化，对党和国家工作提出了许多新要求。"我国社会主要矛盾已经转化为人民日益增长的美好生活需要和不平衡不充分的发展之间的矛盾，其中物质文明发展与精神文明发展之间就存在某些不平衡不充分的问题。在新的历史条件下，坚持和发展中国特色社会主义，需要物质文明和精神文明全面发展、人民物质生活和精神生活水平全面提升。在新时代，公民道德建设不能只停留在公共场合讲文明、上车排队、主动为老幼病残孕让座这样的要求上，而是在社会责任、生态文明、国家安全等公益精神上要有新的境界。为此，我们要坚持依法治国和以德治国相结合，完善弘扬社会主义核心价值观的法律政策体系，把社会主义核心价值观要求融入法治建设和社会治理，体现到国民教育、精神文明创建、文化产品创作生产全过程；坚持马克思主义的美好社会理想，筑牢理想信念之基，推动理想信念教育的常态化、制度化；坚持以社会主义核心价值观引领道德规范、强化道德认同、指导道德实践，引导人们明大德、守公德、严私德，提高全社会道德水平和思想境界。高等职业院校应将社会主义核心价值观融入德育中，切实加强和改进当代大学生思想教育工作，培育并帮助大学生树立正确的人生观、价值观和道德观。

（二）德育内容应与人才发展的需求相适应

人才素质的标准：
（1）有积极进取开拓的精神；
（2）有崇高的道德品质和对人类的责任感；
（3）在急剧变化的竞争中，有较强的适应能力和创造能力；
（4）有宽厚扎实的基础知识，有广泛联系实际、解决实际问题的能力；
（5）有终身学习的本领，适应科学技术综合化的发展趋向；
（6）有丰富多彩的健康个性；
（7）具有和他人沟通和进行国际交往的能力。

这给我们发出一个强烈的信号，国际教育界人才培养思路发生了重大变化，从学知识到做事到与他人相处，再到学会做人，学会发展，都开始把眼光从单纯的专业技能教育，转向全面素质的提高；都强调人才培养要从单纯知识的掌握，到能力的发展，到与人相处的艺术，到广泛可持续发展的潜质。

可见，德育在人才素质的培养中具有重要的位置。德育内容创新要以党的最新理论为指导，把学生培养为全面的人、独立的人、道德的人、健康的人、创新的人，即不仅要关注受教育者政治方向、思想观念等意识层面上的问题，也要关注受教育者身心健康；不仅注重受教育者知识、技能、思维培养，也要重视受教育者情感、意志、兴趣、需要、信仰等个性素质，以及社会责任感与社会能力的培养。

总而言之，德育不仅要为受教育者成长指明方向，而且要为受教育者成长所需的个性与才能的发展提供必要的指导与帮助。

三、高等职业院校德育方法创新

(一)科学运用典型示范的方法并确立引导式德育方法

运用典型示范的方法,就是利用典型的人和事例对学生进行教育,引导学生去学习、对照和仿效。典型示范法的特点是将抽象的说理变成活生生的典型人物或事件来进行教育,从而激起人们思想情感的共鸣。

(1)深入实际,善于发现典型和推广典型,树立的典型必须有群众基础,其先进事迹必须真实可靠。

(2)组织、引导学生有计划、有步骤地学习先进。

(3)做好宣传工作,使学生提高学习榜样的思想认识,端正学习态度。如参观展览、听报告会、与模范人物座谈、听先进个人介绍经验等。

(4)形成一个比、学、赶、帮、超的良好舆论环境,推动学习。

(5)德育工作者自己也要把先进人物作为追赶对象,这样引导学生学习榜样才能有力量。

(二)重视校园文化建设并确立渗透式德育方法

校园文化是社会文化的一种亚文化,是具有高等学校特点的一种精神环境和文化氛围,它包括学校的教学、科研活动,以及校风、学风、校园环境、制度建设、管理水平、生活服务等多方面的内容。大学生活绝大部分时光是在校园文化的潜移默化作用中度过的,通过校园文化的渗透可确立渗透式德育方法。

1.由有形教育向无形教育转化

有形教育指"两课"教育、党团组织生活、形势政策报告,以及政治学习和讨论等专门的德育活动。无形教育指校风、学风、教风、班风等校园文化的潜移默化。有形教育是必要的。但是,若在运作方式上恰当地借助于无形教育,效果可能更好。无形教育形式多样,生动活泼,寓教于美,寓教于乐，使学生在无形无声中受到熏陶和感染。校园文化就具有这种无形教育的特点，因此，加强校园文化建设，努力塑造校园精神，弘扬富有时代特色的校园精神主旋律，成为教育学生的重要力量。

2.由有意识教育向无意识教育转化

有意识教育，是指有目的、有计划、有组织地对大学生施加思想、政治和道德影响的以理性形式出现的德育活动。无意识教育，是指体现一定价值观念和审美意向的、以感性形式出现的各种有声有色的校园文化活动及物质环境。校园文化通过提供具有教育意义的场景和活动，对大学生施加影响，使其在无意识中得到教诲。因此，在校园文化建设中，大力绿化、美化校园，发扬为人师表、尊师爱生的美德，完善校园文化设施，开展丰富多彩的文艺活动，努力营造校园氛围，这是使有意识教育向无意识教育转化的重要条件。

3.由外在教育向自我教育转化

不管是有形教育向无形教育转化，还是有意识教育向无意识教育转化，归根结底，是外在教育向内在教育即自我教育的转化。作为校园文化主体的大学生，其活动的主要结果应该是他们自身的发展。为此，校园文化建设中，应该创造各种学生喜闻乐见的形式，如各种演讲赛、辩论赛、学生宿舍文明建设等，通过学生积极主动的参与，不断提高学生自我教育的能力。

（三）拓展高等职业院校德育渠道并确立体验式德育方法

实践教育作为高等职业院校德育的渠道，是近年来高等职业院校德育工作者创造的一种理论联系实际的教育方法。

这里的实践主要包括三层含义：一是指德育对象的人生实践、人生体验，如参观访问、社会调查、社会服务活动等。二是德育活动中的社会实践，如公益劳动、青年志愿者服务队。三是德育行为的践行、养成，如学生参加军训、规范管理。实践教育之所以作为高等职业院校德育的一个重要方法加以提出，主要因为下列因素：从实践上看，改革开放以来，高等职业院校德育在实践方面大胆改革，成绩显著，走出了一条成功的路子；从理论上看，实践既是德育的起点，又是德育的终点，还是德育的重要途径和方法，高等职业院校应重视实践教育，确立体验式德育方法。

首先，要引导学生勇于实践。即增加学生对人生的感性认识、初始认识，建立学生的初始信念。艰辛知人生，实践长才干。为此，要让学生深入生活，了解生活的底蕴。

其次，要从根本上提高对社会实践的认识。当前，我国改革发展正进入关键时期，高等职业院校德育要突出拥护和支持改革这个时代性课题，要通过理论教育和社会实践，从根本上坚定改革的信念，正确对待改革中利益关系的调整，积极为推进改革贡献力量。为此，要适应改革开放的新发展，及时调整充实德育方法，使实践教学制度化、规范化和系列化。

最后，注重德行养成。纸上得来终觉浅，绝知此事要躬行。一个人要养成良好的道德行为，只有理论知识是不够的，必须付诸实践，知行统一。

（四）贯彻因材施教原则并确立咨询式德育方法

因材施教，就是区分层次，因人施教，根据不同对象的特点和需要开展工作，在德育过程中，确立咨询式德育方法，融德育内容于其中，往往会收到很好的效果。从目前的发展趋势看，心理咨询不仅是一种治疗过程，更重要的是一种帮助、启发和教育的过程。咨询式德育方法是满足学生多方面的需要，是通过咨询机构在开展咨询服务的同时，兼有培训与辅导，以及评价与对策研究在内的三个相互联系的组成部分。

1. 咨询服务

它是整个咨询机构的首要任务，其内容涉及大学生有关的诸多方面，不仅是心理领域，如理想、人生、人格、社会、友谊、爱情、学习，以及某些病症，而且涉及工作方法与能力培养、就业、择业等方面的一些咨询内容。

2.培训与辅导

旨在按照某种特定的要求，依据人的心理形式、变化和发展的相关原理，通过一定的背景与技术手段，训练辅导某个群体或个体达到某种特定的要求，从而增加一些培养学生心理素质或其他方面的不足内容。

3.评价与对策研究

咨询式德育方法要科学化与规范化，评价与对策研究，是必不可少的。这项工作是建立在咨询案例的积累与总结上。因此，咨询档案的建立成为首要的任务。结合高等职业院校的状况，可以进行以下几方面的评价与对策研究：一是新生基本素质的评价与分析，目的是把握学生的素质倾向性，并依此提出合乎科学的教育方法，真正做到因人施教。二是学生的基本素质评价与教育对策研究，目的在于科学地预测与把握学生的发展趋势，提出相应的教育对策，达到良好的教育效果，并为学生的择业提供指导性意见。三是常规测评内容与方法的研究，这是辅助咨询的手段，主要是通过一些量表来对学生进行评价。

（五）借助大众传播媒介实现德育手段的现代化

1.要注重传统媒体的德育功能开发

当今时代，是一个大众传播媒介飞速发展的时代。报纸、杂志、书籍、广播、电视、电影等大众传播媒介被称为最重要的舆论工具。我们在注重传统媒体作用的同时，更要加强对其功能的开发，如在学生宿舍安装闭路电视，充分利用校报、广播台等，及时传播正面信息，分析热点、难点问题，帮助大学生化解矛盾，把问题消灭在萌芽状态。

2.利用多媒体技术并增强德育课效果

信息技术、网络技术、多媒体技术在教育领域中的运用，使传统教学手段正发生着日新月异的变化。思想教育的个别谈话式将一改传统"直面"的形式，不受时间与空间的限制，教育者与受教育者之间的信息、思想、情感等交流，将通过计算机这个媒介来进行。新时代的高等职业院校德育，一方面，坚持和强化对大学生的社会意识形态教育、中华民族传统美德和优秀文化教育；另一方面，要努力实现德育课教育的现代化、多媒体化，深入研究德育课教学方法的特殊规律，开发一些多媒体德育教学软件，改变德育教学中呆板的一面，激发大学生学习的兴趣。

3.运用现代网络技术并实现德育网络化

德育信息网络包括校报、校刊、校广播台、校有线电视台、宣传橱窗，特别是校园计算机网络。该网络既应当充当"把关人"的角色，尽可能把一些流入学校的消极信息过滤掉，又应当发挥"天平"的作用，对一些难以过滤的消极信息进行平衡。该网络的主流应是积极向上的，阻挡、抵制网上的消极信息；要调动可以利用的校园内各种资源，或制作软件，或主动发布信息，主动向各种不良信息应战；要调动广大学生参与的积极性，让学生熟悉现代信息社会的基本运行手段和运行规则，使他们走出校园面对信息冲击时，能显得比较成熟和从容。

四、高等职业院校德育机制创新

只有建立一套在社会主义市场经济条件下有效运转的，科学化、规范化的工作机制，才能使高等职业院校德育工作按照其固有的规律，正确有序地运行，健康持续地发展。当前，要重点健全四大机制。

（一）健全领导机制

党委是学校德育工作的领导核心，应当研究德育的指导思想、工作方针、任务和重要问题，主持制定德育的总体规划与实施计划，定期分析学生思想政治状况和德育工作情况。在党委的统一部署下，建立和完善校长及行政系统为主实施的德育管理体制，校长对学生德、智、体全面负责。一般应明确一名副校长（可由党委副书记兼任）负责德育工作。可成立学校德育工作领导小组，也应建立相应的德育工作领导小组。

高等职业院校的党委宣传部、学生工作部、"两课"的教学部门、教务处、学生处、团委是组织德育实施的主要职能部门；党委组织部、学工部、人事处是德育队伍的管理部门。学校的其他相关部门都要主动参与、密切配合，真正做到齐抓共管。

中央有关部委及各省、自治区、市相关教育部门应有相应的机构，推动本地区和本系统高等职业院校德育的组织实施。

（二）健全激励机制

激励机制实际上是竞争机制。建立德育激励机制，应遵循教育的外部关系规律，及时地学习和贯彻领导机关有关德育工作的指示精神和信息，以激励和调动全体教职工搞好德育工作的积极性，其理论依据是施教者和受教者均有搞好德育工作的内在动力。其基本途径是鼓励和保护各种形式的竞争，通过物质和精神的两种鼓励方法，通过责、权、利的再确定和再分配，充分调动施教者和受教者的积极性、主动性、创造性，以互相配合，互相促进，齐心协力地把德育工作搞好。

目前，一些高等职业院校已经采取将德、智、体综合测评与学生的评优、学生贷款、奖金的发放实行挂钩的办法，也有的高等职业院校出台了对德育工作者工作成效的考评和评估的操作方案，对提高德育工作队伍的工作效果也起着激励作用。这种考核和评估要按照不同层次的工作目标、不同的工作职权确立不同的评估内容和标准，实行定性和定量结合，纵向、横向比较结合，专项考评和综合考评结合。考评结果要与物质奖励和精神奖励挂钩，通过考评合理拉开收入档次，激励先进，督促后进，及时改进工作。

（三）健全协调机制

高等职业院校德育是一个"和谐的大德育"系统，需要高等职业院校内部各个工作部门、各个岗位的协调和配合。

建立有效的协调机制，动员各方面的力量，包括党政协调、教育和管理协调、专职人员和非专职人员协调，特别是后者。要明确分工、职责，处理好集中教育与分散教育、阶段性教育与日常性教育的关系，专职人员要集中精力去解决那些带有普遍性、倾向性的思想认识问题，而在具体工作过程中出现的各种思想问题，应由做行政、业务工作的同志随时加以解决。

要做到协调，就要明确直接从事教学、科研、后勤等工作的同志的教育职责，提高他们"教书育人，管理育人，服务育人"的自觉性，同时，要求专职德育工作者要熟悉业务，提高科学文化素质和思想理论水平。这样，才能把德育工作同专业教学工作、行政管理工作，以及后勤服务工作有机结合起来，更好地服务于德育工作。

（四）健全投入机制

德育经费要确定科目、列入预算。其基本来源为政府拨给的事业费和收缴的学生培养费或学杂费。高等职业院校德育经费投入的范围，包括对学生进行思想教育的教学、管理和日常德育活动两部分。思想教育教学、管理经费投入，包括马克思主义理论课和思想品德课教学、德育专职人员和"两课"教师的培训提高、社会考察与调研、有关教研室的业务条件建设和图书资料、德育科研。日常德育活动经费投入，包括对学生的日常思想品德教育、假期和课余组织的学生实践、大型德育活动，以及用于学生和德育队伍表彰等所需经费。学校应把建设适应学生德智体全面发展的现代化德育设施、设备和活动场所、基地纳入总体建设规划，并从基本建设费和设备费中给予保证。各级政府要在德育工作"硬件"建设上给予支持和优惠，不断增添活动场所，更新设备,完善设施,从而使高等职业院校德育工作的各项方针政策真正落到实处。

五、高等职业院校德育环境创新

德育应是全社会的力量共同投入完成的大工程,要遵循德育规律,建立起学校、家庭、社会"三位一体""齐抓共管"的"大德育"格局。

(一)高等职业院校、社会和家庭各司其职

从学校方面看,幼儿园、小学、初中、高中、大学每个阶段都应很好地开展德育工作,这几个环节是相互衔接的。德育工作是一个过程,把每个阶段抓好,才能为高等职业院校德育工作铺好路,打好基础。高等职业院校是大学生成才的摇篮,营造优良的德育氛围,对大学生思想品德的形成和发展起着至关重要的作用。高等职业院校要全面贯彻和执行党的教育方针,加大德育工作的力度,全方位、全过程、多角度地对学生实施教育和影响,在各门学科教学中都努力渗透思想品德教育。高等职业院校德育工作要贯穿于学校工作的各个方面,贯穿于学校教学、科研、学科建设,以及行政管理、后勤服务的各个环节,做到教书育人、管理育人、服务于人,实现全过程育人、全员育人、全方位育人。

从社会方面看,社会的各个部门和行业,也应配合高等职业院校德育工作。大学时期是学生世界观、人生观、价值观形成的重要时期,社会环境对其思想道德素质培养起着重要的作用。优化社会环境应引起全社会的高度重视,需要各级党委、政府和全体公民的共同努力。

从家庭方面看,家长要时刻关注孩子的变化,多与孩子沟通、谈心,及时纠正他们错误的人生观、价值观。将孩子引向正常生活的轨道,跟上时代潮流。

（二）高等职业院校、社会和家庭的沟通与合作

毫无疑问，在对大学生的德育教育过程中，学校、社会、家庭三者的影响，都是不可忽视的，需要学校、社会、家庭三个方面形成一个有机的系统来共同完成。当前，高等职业院校德育工作中存在着与家庭、社会协调不够的问题，必须加以解决。

学校要主动争取家庭、社会对学校德育的支持，充分发挥家庭、社会教育的积极作用。教师要主动联系家长，建立家、校联系制度，互通学生有关情况，使学生的教育不留"盲点"；同时，使家长的意见及时得到反映，促进学校德育工作和家庭德育工作有针对性地开展。

学校应充分开发、利用社会丰富的德育资源，开展德育工作。通过校企合作、产教结合等形式，多渠道创建校外德育基地，紧密结合学生学习的专业实际，聘请有关人员为校外德育辅导员，并定期请他们来校讲课。通过"走出去、请进来"，开阔学生视野，使培养出来的学生适应社会的需要。学校应该定期对学生进行跟踪调查，了解社会对人才培养的要求和学生适应社会的情况，以改进高等职业院校德育工作。

六、加强师德建设

在高等职业院校德育中，教师作为人类灵魂的工程师，发挥着主导作用。一个学校的教师师德状况如何，不仅可以反映出该校教师队伍素质的高低和教学质量的好坏，还直接影响着师生的精神风貌和学校的整体文明程度。在学校德育工作中，衡量德育效果的高低，通常是看德育目标转化为个体品质的程度。如果教育培养目标的要求能够转化为学生个体的素质，那么德育工作就达到了预期的效果。德育效果一方面，与受教育者的接受程度有关，另一方面，也与教育者自身的思想修养有关。教育的一般规律告诉我们：教育是教育者和受教育者的双边活动，且教育者在活动中起重要作用，也就是说，

在德育工作中，教师队伍的师德状况是决定德育效果的主要因素之一。这是因为教育具有以人格培养人格，以灵魂塑造灵魂的特点。长期的教学实践表明，教师良好的思想观念、品德修养，对学生的健康成长具有重要的导向作用和潜移默化的影响作用。

制度建设是教师队伍建设的基础。俗话说，没有规矩，不成方圆。良好师德的养成是一个渐进的过程，既要靠自律，也要靠他律。在师德建设中，既要重视思想教育的作用，又要从制度上加以严格的约束和管理，督促教师自觉履行教书育人职责。

当前，应重点制定和完善以下几项制度。

（一）师德学习培训制度

（1）政治素质的培训。主要包括：政治理论教育、时事政策教育、法律法规教育等。当前，要重点加强对各项政治理论、重要思想的学习，以及党的有关路线、方针、政策和重大时事政治的学习，使广大教师坚定其政治信念。

（2）道德素质的培训。主要包括：公民道德规范教育、教师职业道德教育、学术道德教育等。提高广大教师爱岗敬业、忠于职守、教书育人、为人师表的自觉性。

（3）业务素质的培训。主要包括：学习教育的新理论、新观念、新思想、新知识、新方法等。通过业务素质的培训，使广大教师不断提高教育理论修养、知识水平、教学能力，从而更好地担负起教书育人的职责。

（二）师德考评监督制度

充分发挥师德考评和社会监督作用，是提高师德水平的重要保证。人非圣贤，孰能无过，有了他人和社会的监督，使教师更加注重自己的一言一行。对教师师德的考评，也是对教师德才表现和工作成绩的综合检查，对教师本身的发展有着重要的影响作用。高等职业院校应采取民主公开的方法，建立健全教师自评、教师互评、学生评价和领导评价相结合的考评机制，使教师更清楚地认识到自己的形象，从而督促自己在任何时候都要做到为人师表。

（三）师德激励约束制度

良好师德的形成，既要靠学习教育，也要靠激励约束。学习教育是基础，激励约束是一种必要的手段。激励就是表彰先进，树立榜样，建立师德标准；约束就是对违反师德的教师，按照规定严肃处理，对于品德不良、师德败坏、社会影响恶劣的，坚决取消其教师资格。从而使教师在制度的约束下，自觉规范自己的言行。良好师德的养成，有助于强有力的激励和约束机制，只有这样，才能确保师德建设取得实效。

（四）师德内化自律制度

提高师德修养，离不开外部的条件和作用，但是，主要还是依靠教师自身的主观努力和高度的自觉性。师德修养就其本质来说，是教师内心的自我认识、自我教育、自我提高。因此，建立师德内化自律制度，十分重要。内化就是教师将社会约定的职业道德规范转化为教师自身的行为准则，将外在的约束和要求转化为自身道德修养的过程；自律就是无论是否有外在的约束或监督，教师都能严格要求自己，自觉自愿地遵守规范。内化自律制度的建立，使得教师在行动中遵守师德规范时，内心会感受到欣慰和愉悦；如果违背了原则，就会内疚和自责，从而达到"慎独"自律这样一种高度自觉的道德境界。

七、德育评价机制的创新

（一）建立多功能的学生德育评价机制

高等职业院校的学生德育评价的目的，不仅仅在于评定学生的德育水平，对学生的德育状况有一个诊断，更重要的意义是，通过德育的评价起到鼓励先进、鞭策后进的激励作用。只有通过充分激发德育评价的激励功能，才能使学校的德育活动自始至终处于一种积极活跃的最佳状态之中。

（二）德育评价要从"单一结果评价"向"多样结果评价"转变

当前，德育评价单一结果的评价形式，越来越不能反映学生多样化的状况和不同的个体特点，在客观上也不能适应高等职业院校素质教育的推行和社会对大学生多样人才的现实需求。因此，德育评价在内容上，要从单纯重视道德认知成绩的评定，转向对学生的"德"和"能"综合素质的全面考察。在结果上，要从单一综合定性等级评价转变为客观反映学生各类情况多样化的纪实评价，建立起综合性的、多样化的学生新型评价体系，积极推进学生德育评价体制的革新。

（三）德育评价要将"自评"和"他评"结合起来

在高等职业院校的育人过程中，教育者和学生都是主体，既要充分发挥教师在教育过程中的主导作用，也要充分尊重学生的主体地位。这是一个重要的现代教育理念。但是，在现实的学生德育评价过程中，学生往往处于较为被动的被评定地位，学生德育评价往往注重"他评"，而忽视学生对自身德育状况的"自评"，没有能充分体现和发挥学生的主体地位与作用。因此，我们要通过德育评价从"他评"到"自评"的转变，将两者有机地结合起来，积极引导学生把德育的外在要求转化为内在的动力，促使评价活动成为学生自我教育、自我调节的有效载体，更大地发挥德育评价的导向激励功能。

（四）德育评价要将"定性评价"和"定量评价"结合起来

在现实操作中，通过定量评价产生学生德育定性等级的办法，带有很大的不合理性。同时，由于定量评价是产生学生德育定性等级的基础，因此，学生都十分注重各项指标的得分，这往往导致高等职业院校学生德育评价，由对学生德育的诊断与激励变成学生对利益的追逐，所以，要定性评价与定量评价相结合。定量评价是指采用数学的方法，收集和处理数据资料，对评价对象做出定量结论的价值判断。定性评价是指不采用数学方法，而是根据评价对象平时的表现、现实的状态或文献资料的观察分析，直接对评价对象做出评价的价值判断，以求得对学生更客观和更全面的评价。

CHAPTER

第二章

高等职业院校德育环境建设

TWO

第一节
高等职业院校德育环境及其对学生个体发展的价值

人的思想道德素质的形成和发展与德育环境密切相关。关于德育环境的研究是德育科学化研究的重要组成部分，同时又是德育工作者和相关人员在科学化道路上不断地自我扩展、自我更新和自我完善的过程。它作为一种内驱力推动了人与环境关系认识的科学化进程，从而促进了作为科学的德育学科的形成，也促进了德育科学体系的建构。近年来，有关德育环境的研究，学界已多有论及，但如何在新的时代背景下把德育环境的研究和建设置于整体性领域内进行系统把握，是现代德育体系建构亟须完善的重要环节。

高等职业院校德育环境作为大学生思想政治品德形成、发展和高等职业院校德育活动的外部因素，对高等职业院校德育工作产生了重要的影响。研究高等职业院校德育环境是现代德育体系自身建构的需要，同时也是对原有德育范式、手段的突破和创新。

一、高等职业院校德育环境概述

（一）高等职业院校德育环境的内涵

随着现代科学技术的发展，人类认识世界的能力不断增强，德育系统的环境也不断拓展且变得愈加复杂。从一般意义上说，德育环境可分为宏观环境和微观环境。宏观环境主要指社会政治、经济、文化环境，微观环境是指家庭环境、学校环境、工作环境。宏观的社会政治、经济、文化环境对人的思想政治品德的形成、发展起决定性作用；微观的家庭、学校、工作环境对人的思想政治品德的形成、发展也有着极其重要的影响和制约作用。从环境构成的内容来看，又可将德育环境分为硬环境和软环境。然而，德育环境是一个广泛而又复杂的系统，它是不同层次的环境因素相互联系构成的有机整体。用系统论的方法来审视高等职业院校德育环境，就不能孤立地看待各种标准的划分。合理把握、正确定位高等职业院校德育环境，我们倾向于将其分为物质性的硬环境和精神性的软环境，并兼而论及。以高等职业院校为桥梁和纽带也涉及部分社会环境和自然环境等其他相关环境内容。本书将在后面着重阐述。

（二）高等职业院校德育环境的结构系统

关于德育环境的结构系统，依据马克思关于环境创造人、人创造环境、环境的改变和人的活动统一于实践这一辩证唯物主义和历史唯物主义的基本观点，吸收前人对德育环境、人的认知实践与评价以及人的思想政治道德素质三者之间关系进行探索研究所取得的理论成果，运用现代社会的系统分析方法，我们可以把德育环境、人的认知实践与评价、人的思想政治道德素质看作德育环境理论中的三个要素。在这三个要素中，我们可以把环境看作客体，人的思想政治道德素质看作主体，人的认知实践与评价看作客体对主体发生作用的中介。由这三者形成的结构就是我们所说的德育环境"三维结构"。德育环境、中介、人的思想政治道德素质三者之间的关系是：一方面，德育环境对人的思想政治道德素质产生影响作用；另一方面，德育环境也通过中介因素对人的思想政治道德素质产生影响作用。

对德育环境内涵要素进行分解，理解高等职业院校德育环境结构系统中德育、环境、人三者之间的互动性关联，有助于我们对高等职业院校德育环境进行深刻的把握。

（1）德育环境对人的思想政治道德素质的影响体现了人和环境的关系。德育为两者之间的和谐关系提供了关联性基础和价值性要求。环境为人的生存和发展提供了各种可能性的物质资源，并同时不断影响人的精神生活。社会的政治、经济、文化、社会生活和学校生活的各个方面，以法律、道德、习俗、其他的社会规范和学校的各种规章制度等形式表现出来，并对人们的思想行为进行导向和规约。人在受环境影响的同时，也通过自己的活动不断改造环境。人们的思想观念，其具体存在的形态表现，大到社会各种学说、思潮、多元的价值观及社会导向、社会风气、社会心理等，小到校风、班风、家风等，精芜杂陈、层次不一，并总是处于不断碰撞、交融、衍生、变化的过程中，它的变化发展过程及其趋向，都对现实环境形成冲击。

（2）德育环境通过中介因素对人的思想政治道德素质的影响体现了德育和人的关系。环境是德育活动实施以及人在德育活动中品德形成的必要的手段和中介。环境在德育过程的各个阶段都影响着个体品德的形成，对人的道德认知、道德情感和道德实践发挥着重要的作用。

（3）德育和环境的相互关系体现了人始终是联结两者的逻辑起点和现实终点。德育实施的主体客体都是人，教育者和被教育者在德育活动的互动过程中推动着德育的建设和发展。而环境作为人的外部存在，在德育过程中，也是通过人的目的性改造而为德育服务的。

德育环境是一个由若干层次的复杂多元的要素构成的系统，根据不同的标准可以将德育环境划分为不同的类型。从德育实践的空间范围来划分德育环境，可将其分为社会大环境、社区环境、家庭环境、学校校园环境和网络以及大众传媒环境。另外，从学生个体发展人际范围来划分，可以将其划分为四类人际环境，即家庭成员、社区邻里、学校老师、同辈群体。本书将在后面分别对上述各类环境的内涵、特征及其对学生的思想品德形成发展的影响进行简要分析。

（三）高等职业院校德育环境对学生个体发展的价值

环境对学生个体发展的影响与德育对学生个体发展的影响有着明显的区别与联系。从区别上来看，主要表现为：一是目的不同。环境对学生个体发展的影响是无目的性的，环境的存在不是为了影响人的思想政治道德素质，它的存在是为整个人类社会的生存与发展提供前提和基础，在这个过程中会自觉和不自觉地对人的思想政治道德素质产生影响，从而对个体发展产生促进或制约作用；而德育是目的十分明确的教育活动。德育的目的就是影响人的思想政治道德素质从而促进个体的发展。二是层次不同。环境不仅影响人的思想政治道德素质的性质和水平，而且也影响着德育发展的性质和水平。而德育是社会上层建筑的一个组成部分，是环境的一部分。德育主要影响人的思想政治道德素质，有时也会反作用于环境。三是性质不同。环境对人的思想政治道德素质的影响，其性质是广泛的、多样的，其中有积极的，也有消极的，有正面的，也有负面的，涉及思想政治道德素质的各个方面。而且这种广泛性和多样性是时时处处自发地产生的。而德育对人的思想政治道德素质的影响是自觉地、有计划、有步骤、有内容、有组织地，在特定时间和地点，系统地进行的。从联系上来看，二者是作用与反作用的关系。社会环境的性质决定德育的性质，德育则通过培养和训练具有符合社会占统治地位的阶级所要求的思想政治道德素质的人，对环境产生反作用。具体说来，各种德育环境对学生个体发展的价值主要体现在三个方面。

1.德育环境对人的思想政治道德素质的形成和发展具有促进作用

德育的外部环境，无论是自然环境还是社会环境，都对人的思想政治道德素质的形成和发展具有促进作用。自然环境中，雄伟壮丽的疆土、恬静秀美的山川都蕴含着一定的教育内容，激发人们的爱国、爱家情怀。社会环境的各种因素，特别是思想层面的因素，常常是"鱼龙混杂"，有"香花"，也有"毒草"，积极向上的、高尚的、真善美的因素促使青年学生奋发向上、健康成长，有利于他们形成远大的理想，树立正确的人生观与科学的世界观，培养优秀的道德品质及高尚的情操。由于青年学生思想觉悟不高，缺乏社会生活经验，缺乏锻炼，意志力薄弱，各种消极腐朽的因素也会促使他们迷失正确的政治方向，胸无大志，追求享乐，沾染上不良的习气，甚至道德败坏，走向邪路等。所以，德育要重视和加强社会环境的研究，发扬社会环境积极因素的影响，抑制消极因素的影响，为青年学生的健康成长营造良好的社会氛围。

2.德育环境对人的思想政治道德素质的形成和发展具有潜移默化的影响

德育环境对人的思想影响不是强制的、有形的影响，而常常是无形的、潜移默化的影响。各种德育环境及其因素，以潜移默化的独特方式时时处处地熏陶、感染、引导、激励、教育着青年学生，使他们转变原有的思想观念并提高到新的思想水平。社会环境中的社会风气、社会氛围、社会舆论的教育，正是通过这种潜移默化、耳濡目染、内心的体验和情感的熏陶来实现的。对高等职业院校而言，社会文化对大学生的思想和行为的熏陶和感染更为强烈、明显。如一些大学生在流行文化的影响下，受明星的暗示作用，模仿明星，无论是发型、穿着、动作、行为习惯等，都力图仿效，甚至成了"追星一族"。社会文化作为环境参与或影响包括德育活动在内的人类个体和人类的行动历程的每一环节。社会文化不但影响学校德育工作者，还影响德育对象的身心特征，甚至制约学校德育的内容和方法。显然，社会环境对青年学生的影响，虽然不像学校教育那样，是有计划有组织有要求，运用特定的措施和方法的，但社会大环境的潜移默化的教育作用是不可忽视的。相比之下，它比灌输教育来得更自然，因更少强制性而更易为青年学生所接受，却又往往令青年迷惘而不知所措。正是德育环境的这种独特的教育特征和效果，使得自古以来的思想家和教育家都十分重视环境对人的思想的潜移默化的作用，因此才会有"近朱者赤、近墨者黑""蓬生麻中、不扶自直""孟母三迁"等古训。

3.德育环境对人的思想政治品德的形成和发展具有重要的约束和规范作用

环境之所以对人的思想和行为具有约束和规范的作用，是因为当人们的思想和行为在环境中表现出来后，就会受到周围环境和人们舆论的评判，同时还会受到法律、道德、纪律规范的检验，这就是环境对人的思想和行为的直接影响。好的思想行为得到肯定和赞誉后，会激励人继续保持甚至强化，也会给周围的人动力，引导他们仿效、改进；不符合社会规范，甚至违背道德和法律的思想行为会受到抑制、批评甚至谴责，使人产生压力和敬畏感，促使人改过。如学生到了图书馆、报告厅等自然会保持安静，因为这些公共场所有保持肃静的氛围要求。这就是制度环境中的条例、准则等对人的思想政治品德和行为的约束和规范作用。德育环境对青年学生的价值观、人生观、世界观以及理想、信念、道德品质等都有这样的约束和规范作用。以社会风气为例，一般认为它只会对人的思想和行为产生一定的影响，其实不然。一个时代或一个时期的社会风气，甚至制约着人们的思维方式与创造性。改革开放以来，人们思想解放，社会变得越来越宽容，价值取向趋于多元，人们个性发展的空间越来越大，这是社会的进步，但同时，社会风气又不可避免地出现新的负面影响，尤其是网络风气、环境对人的思想行为的约束和规范作用亦更加凸显出来。

二、高等职业院校德育环境的基本特征

高等职业院校德育环境从结构上来说，具有结构的复杂性、整体性、有序性；从本质上来说，具有政治性、广泛性、创造性、开放性和渗透性。

（一）结构上的复杂性、整体性、有序性

1.复杂性

高等职业院校是社会的一个重要组成部分，大学校园被称为社会的"晴雨表"，高等职业院校与社会有着不可分割的联系，社会环境的复杂性决定了高等职业院校德育环境的复杂性。学校自身也为学生的成长成才提供了各种物质、精神环境，这些环境因素对大学生的思想和行为无时无刻不在产生着

作用。此外，由于其性质不同，对大学生的作用方式也各不相同。它们有的是有形的，有的是无形的，有的表现出直接的、具体的影响，而有的则表现出间接的、渗透性的影响。各种不同的影响方式之间既相互联系，又相对独立，交互影响着大学生思想政治品德的形成和发展。这在一定程度上也构成了高等职业院校德育环境结构上的复杂性。

2.整体性

高等职业院校德育环境各要素之间密不可分、相互协调的关系，又体现了高等职业院校德育环境结构的整体性。也就是说高等职业院校德育环境的功能和作用是在特定的结构中产生的，是有机联系的，牵一发而动全身的。除了各因素间密不可分的关系之外，高等职业院校德育环境结构的整体性还表现在各因素之间的彼此协调，也就是说，在一定的环境中，各因素的存在不是机械的、独立的，而是相辅相成、相互配合、相互作用的。高等职业院校德育环境只有发挥好整体功能，才能对学生的思想行为产生最大的影响和制约作用。

3.有序性

高等职业院校德育环境从时空上来讲体现了结构上的有序性。从空间上看，高等职业院校德育环境各因素是相对独立的，是德育环境大系统的一个子系统，这些子系统处于不同的位置，充当不同的角色，其本身又是一个独立的功能体，它们在构成德育环境系统时具有一定的结构和层次，具有有序性，并各自有相应的功能。从时间上看，高等职业院校德育环境各因素不是一成不变的，而是变化发展的，是与大学生身心发展要求和规律相一致的，前后更替具有有序性。一方面，高等职业院校德育环境是各因素按照一定的结构形式组合而成的有序系统；另一方面，高等职业院校学生思想活跃，接触面广，乐于接受新事物，其思想政治道德会随着环境的变化而不断发生变化，但这种变化并非杂乱无章，而是会呈现一定的规律性。

（二）本质上的政治性、广泛性、创造性、开放性和渗透性

1. 政治性

学校德育历来被视为再生产既定的政治关系的重要工具。学校德育的这种政治关系再生产功能首先通过学生的政治社会化、实现政治角色的认同而实现，其次通过培养学生自觉的阶级意识而实现，还通过对不同阶级、阶层的融化、改造而实现。所以，高等职业院校德育环境在本质上具有政治性。我国从社会到高等职业院校，包括家庭，要营造各种各样的环境，来培养德才兼备的社会主义事业合格的建设者和接班人。此外，从社会生活的角度看，高等职业院校德育环境在一定程度上是高等职业院校学生的社会生活环境，而无论是宏观的国家、法律、道德、社会意识，还是微观的个人思想与行为，都受到政治的直接或间接的影响。既然社会生活环境不可避免要打上政治的烙印，那么，主要由社会生活环境构成的德育环境自然也有政治性。再者，高等职业院校德育对社会政治也有着巨大的影响，可以引导人们对政治目标做出正确的选择，高等职业院校的文化传承与创新更是引领社会文化的繁荣与发展。

2. 广泛性

世界是普遍联系的，万事万物都处在一定的联系之中，人与周围的事物存在着普遍的多样的联系。因此，无论是已经认识到的自然和社会对象，还是尚未认识到的，都可能构成环境。随着人们对人类社会文明史的认识的不断深入和发展，人类活动范围不断地扩大，人们对未来的预测、分析及创造环境能力的加强，环境的时空在不断拓展。作为传承、发展人类文明的重要场所的学校，尤其是作为社会高层次人才培养摇篮的高等学校，更会与社会客观存在着直接或间接的联系，一旦现实社会环境发生变化，高等职业院校德育就会为适应其变化而变化。

3.创造性

由于德育环境具有可变性,总是处在不断发展变化的状态之中,这就给我们发挥创造性,促使其朝着积极影响的方向发展提供了可能。即当现实的德育环境对人的思想品德及德育活动发生影响的同时,我们能够积极发挥主观能动性和创造性,引导和改造现实的德育环境,使之成为有利于德育活动和德育对象身心健康发展的德育环境,从而促进德育目标的实现和德育任务的完成。

4.开放性

德育是对人的思想与道德施加影响的活动。德育环境具有广泛性,导致德育的环境很难固定。除此之外,德育环境也不能被人为地封闭起来。所以,影响德育环境的因素在空间上没有固定界限。社会存在决定社会意识,社会意识是对社会存在的反映,但社会意识具有相对独立性。人们的思想道德不仅是对现实的反映,而且也会受到历史和未来因素的影响,因此德育不可能机械地固定在某一时间或某一个界限内。这就说明高等职业院校德育环境无论是在空间上还是在时间上都具有开放性。

5.渗透性

高等职业院校德育环境对学生的影响不是直接的,主要是间接地熏陶,是一个长期的潜在的过程,这种潜移默化的隐性效应,使得环境对高等职业院校德育的影响不直接显露,不能引起即时的反应,而必须通过对社会、经济、政治、文化等各种信息进行筛选、吸收、积累,将其渗透到学生世界观、人生观和价值观的形成和思想品德的发展中以产生影响。例如,优秀的文艺作品能对学生起到鼓舞志气、振奋精神的积极作用;健康向上、丰富多彩的校园文化活动,能够创设一种文化氛围,发挥教育功能、导向功能、审美功能和娱乐功能,帮助学生树立正确的人生观、世界观和价值观。总之,高等职业院校德育环境对人的影响不是强制的、直接的,而是通过感染、熏陶,使人在不知不觉中接受教育,是一种渗透性的、积累式的影响。

三、高等职业院校德育环境的功能

德育环境的功能主要有以下几个方面。

(一) 规范导向功能

高等职业院校德育环境对青年学生的思想政治品德的形成、发展及德育活动具有规范和导向功能。从社会环境来看，其规范导向功能表现为：一是学校关系是社会关系的一种，一定的社会形态如社会主义制度、资本主义制度等，以及具体的社会制度如政治制度、经济制度、文化制度、教育制度等，都对高等职业院校德育起到规范导向作用。如我们正在进行的中国特色社会主义建设事业及深化改革、实现第二个百年奋斗目标等社会大环境，毋庸置疑规范导向了高等职业院校德育的目标、内容、方法等。二是社会环境中的政治、经济、文化等各种具体环境因素通过学生的自觉道德实践和学校的德育活动不断进行物质、信息和能量的交换，使社会信息源源不断地传入学校。这样既对学生的思想认识和价值观念的形成和发展产生影响，又对学校德育活动产生作用。良好的健康的社会信息可将学生的道德认识、人生价值观和德育活动导入正确的方向。反之，消极的不良的社会信息既误导学生思想道德的认识和实践，也会误导学校德育活动，最终削弱德育的效果。从学校自身环境来看，一方面，学校的制度关系规范制约着德育。学校的各种规章制度，如考勤制度、奖惩制度等，都对人的思想行为产生影响和制约。另一方面，学校中的非制度关系，如校园气氛、班级课堂气氛等，也在规范引导着学生的思想行为。

(二) 渗透传导功能

高等职业院校德育环境对青年学生的思想政治品德的形成、发展及德育活动具有渗透传导功能。具体表现为：一是学校的硬环境，从校园建筑风格到校舍楼宇的装设等，都给生活于其中的成员一个具体可感的参考，并传递出一定的价值信息，给每个成员以一定的心理暗示，使他们自觉或不自觉地从周围环境中接受那些人们所认可或学校倡导的价值观与道德观。如古典的建筑沉淀着学校悠久的文化底蕴，现代的风格蕴含着学校国际化的视野。再如学校校舍的精心装设、校园的花草树木等都面向学生的生活世界，处处感染学生热爱生命、热爱生活、热爱学校。二是学校的软环境，尤其是学校在长期的文化实践中形成的体现学校风格个性的校训、校风，凝聚着学校的基本精神与价值取向，它可以将学校的意志和价值渗透于学校的各种文化活动中，使之成为学生生活环境的不可分割的一部分，进而在有意无意中对学生产生影响，对他们人生态度和道德认识的形成发挥导向作用。三是学校的德育活动主要是在学校环境中进行的，学校环境的各种因素对德育活动同样起着导向作用。如志愿者活动、升国旗仪式、参观有历史价值的纪念场馆、参加义务劳动、参加文体活动等能让学生接受爱国主义、社会主义、集体主义的教育；参加学术活动、艺术活动、读书活动等都能使学生在不知不觉中受到心灵的感染、情操的陶冶、哲理的启迪，使教育者的意图逐渐渗透到他们的思想中，由量变到质变，使其思想感情发生改变或将原有的思想提高到新的层次，特别是那些只能意会、不能言传的东西。

（三）教育示范功能

高等职业院校德育环境对青年学生的思想政治品德的形成、发展及德育活动具有教育示范功能。具体表现为：一是教师人格榜样的示范。教师尤其是与学生联系最多的专兼职班主任和辅导员，通过言传身教，他们的政治态度、品德作风和生活方式都会对学生的政治观、人生观、价值观、道德观产生直接影响。许多学生的思想作风、兴趣爱好和行为习惯都深受教师的影响。二是学生身边的榜样示范。大学生的年龄结构、社会阅历、知识水平、兴趣爱好有相近或一致的特点，因而他们所在的环境中受到奖励或舆论褒扬的先进人物和事迹对他们的道德、情感和价值观的形成有着最直接的重要的影响。学生中受表扬和奖励的好人好事会成为学生效仿的对象及进步的动力。同理，对违纪学生进行处罚，也会使学生努力去避免这种行为在自己身上发生。三是社会模范典型的示范。"雷锋精神"影响了几代人，时至今日早已成为一种民族精神，并且以后还将继续产生深远的影响。孔繁森、杨善洲等优秀共产党员的事迹也深深触动了大学生的心灵。张海迪和被誉为当代中国第一位"轮椅上的女博士"的南京师范大学教师侯晶晶，更激励大学生自强不息。这些社会模范典型的光辉业绩和高大形象容易引起学生心理上的共鸣，产生向他们学习的愿望，进而把这种愿望转化成为学习的动力。此外，渗透于校园雕塑、学习园地、教材中的各种英雄、劳模、科学家、文学家等杰出人物的先进事迹，也对学生具有示范作用。

（四）驱动反馈功能

高等职业院校德育环境对青年学生的思想政治品德的形成、发展及德育活动具有驱动反馈功能。高等职业院校德育环境是动态变化的。变化的环境必然会给学生的个性特征及思想品德带来新的变化，也会给高等职业院校德育带来新的研究任务。高等职业院校德育要想取得良好的效果，就必须研究客观环境，揭示环境的运动变化的特性，根据变化了的环境、变化了的教育对象，不断调整教育目标，选择相适应的教育内容和方法，把握环境构成的各因素之间的相互关系及其对人的思想产生影响的规律，为人的思想政治品德健康发展创造良好的成长环境。高等职业院校德育环境的驱动反馈功能具体表现为：一方面，社会通过正向的信息传导及逆向的信息反馈，不断向学校发出指令性或指导性信息，对高等职业院校德育工作提出明确的要求，学校会根据社会要求进行德育环境的改进，并对院系、年级、班级、宿舍等环境层次进行优化，直至对德育对象提出要求，施加影响。同时，社会环境也根据德育对象的社会化行为做出的反馈进行调整。另一方面，国际重大政治经济动荡,国家重大政治经济事件或重大灾害等德育社会环境因素的突发性、偶发性变化,引起高等职业院校德育环境要素的反应与变化,这是非常规性的,也是无序的驱动反馈。

（五）心理建构功能

高等职业院校德育环境对青年学生的思想政治品德的形成、发展及德育活动具有心理建构功能。具体表现为：一方面,大学生因为外部环境的因素,如市场经济的确立、竞争机制的导入、生活方式的变化、中西文化的碰撞、价值观念的冲突等,产生压抑、焦虑、茫然等一定程度的心理疾病,又由于内部环境因素,如学习生活紧张、竞争激烈、人际关系复杂、业余生活单调、就业压力大等,产生无所适从的心理状态。这就使得德育在心理品质培养中具有特殊的地位和作用,也使得健康良好的心理品质成为德育的心理基础,把德育和心理教育结合起来成为德育方法改革的重要环节。另一方面,由于学校的育人环境具有特定的导向功能,因此,它对学校的环境氛围具有特定的调节作用。这些环境能在一定程度上推进大学生心理品德的健康成长,使学生具有健康的个性心理和完善的人格特征。

第二节
高等职业院校德育环境的基本构成

根据德育环境的结构系统分析,我们将高等职业院校德育环境分为社会环境和学校环境两大部分,也可以称之为外部环境和内部环境。

一、外部德育环境

高等职业院校外部德育环境,是指较大范围内围绕学生的需求,直接或间接影响和制约大学生思想政治品德形成和发展的各种外部因素的总和，主要包括社会经济、政治、文化等宏观环境和家庭微观环境等。

（一）社会经济、政治、文化等宏观环境

经济环境是最基本的环境因素，直接影响德育的要求和规格，决定德育的发展水平。不同的生产方式对人的思想政治品德的要求是不同的，社会经济环境以其特有的生产方式对人的思想政治品德产生直接的影响。在社会主义社会，我国实行以公有制为主体、多种所有制共同发展的经济制度，以按劳分配为主、多种分配方式并存的分配制度，这种经济环境要求在全社会弘扬以为人民服务为核心、以集体主义为原则的思想政治品德。同时，经济环境还通过对政治、文化等其他环境因素的影响来间接影响德育，繁荣的经济环境能激发人的内驱力，鼓舞人的意志，振奋人心，有助于人形成积极向上的思想政治品德，而衰退的经济环境则容易使人失去动力而意志消沉。

政治环境是形成人的政治观的外在重要因素，也是实现人的政治社会化的客观条件。政治环境决定了我国高等职业院校德育的目标、内容、基本原则等，因此德育必然要把视野投向社会政治环境，从中把握学生的思想政治品德形成、变化的规律性，通过进行党的基本路线、方针、政策的教育来提高学生坚持党的领导和坚持中国特色社会主义道路的自觉性，通过进行社会主义民主、法治的教育来提高学生辨别是非的能力，增强他们遵纪守法的意识，通过形势政策教育、党史国情教育来使学生对周围环境、社会生活、社会关系有正确的认识，帮助他们树立正确的政治立场和价值观念。

文化环境是人们在精神文化支配下的各种行为联系而构成的社会文化关系。文化环境通过融合各种教育因素间接地潜移默化地影响人的思想面貌和价值取向。当前坚定不移沿着中国特色社会主义道路前进、实现第二个百年奋斗目标、实现中华民族伟大复兴的中国梦，作为全社会的共同理想和精神支柱，就起到精神动员的作用，激励学生坚定信念、明确方向、开拓进取。此外，高雅、健康、进步的文学艺术作品、新闻出版作品、广播电视电影作品等能够滋润人们的心灵，升华人们的精神境界，良好的社会风气、社会思潮、社会心理等因素也潜移默化地影响学生思想政治品德的形成。

（二）家庭微观环境

家庭作为社会的细胞，是社会组成的基本单位，也是品德教育的前沿阵地。父母的言行对子女的思想、品质、作风的形成具有潜移默化的作用。可以说，家庭是人生第一所学校，父母是子女的第一任老师，父母的言传身教和家庭的熏陶至关重要。改革开放和社会主义市场经济的建立和发展，为家庭环境建设奠定了物质基础。现在家长为适应社会，在家庭教育上不惜血本进行投资，花费了大量财力、时间和精力，从某种意义上说，这是家庭环境建设的进步与发展。但这种无微不至的关怀、照顾甚至包办，也使得一些子女缺乏独立自主的能力和自强的精神，有的因为逆反、不适应挫折和困难等造成严重的心理问题，还有的没有勤劳简朴、艰苦奋斗、团结协作的品德而不适应大学的学习和生活，因此家庭环境对高等职业院校德育的影响已随着经济和社会的发展而不断增强。为此，重视家庭环境建设是提高德育实效的重要环节。要着力提高全民的素质，家长素质的提高是家庭环境建设的根本和保障。要在全社会大力弘扬中华民族优秀传统文化，并吸收世界先进文明成果，形成有时代特征、民族特色的家庭美德。学校要采取一定的方式培养家长家庭教育的意识和能力，并倡导家长以身作则、率先垂范。总之，加强中华民族的德育建设，必须从家庭抓起。家庭德育氛围也是高等职业院校德育环境建设的重要着力点。

二、内部德育环境

高等职业院校内部德育环境，是指直接或根本影响和制约大学生成长成才、思想品德形成和发展以及影响和制约高等职业院校德育工作及其成效的各种内部因素的总和。高等职业院校内部德育环境主要包括校园硬环境，即物质环境；校园软环境，即高等职业院校学术环境、高等职业院校文化环境、高等职业院校管理环境以及高等职业院校生活环境等。

（一）校园物质环境

物质环境是影响大学生道德品质形成和发展的重要因素，良好的物质环境有利于产生良好的德育效果。校园物质环境是指校园内对学生的学习和生活产生影响的一切物质条件的总和，主要包括由学校的建筑、设施设备、活动场地、绿化美化和景点设置等构成的自然地理环境、人文景观、教学科研设施、文化基础设施。学校的德育离不开特定的校园，校园物质环境既是学校生存发展的基本条件，又是精神环境中的各种因素的载体。虽然物质环境是没有生命和感情色彩的客观存在物，但如果能够按照有利于育人的要求，遵循德育规律，匠心独运地加以精心设计构造，就会使其散发出生命的灵性，引起人们对美好事物的向往，激发人们对美好生活的追求，从而使其所蕴含的人文底蕴和自然和谐的美感及所表现的文化观念、文化内涵成为影响学生道德品质的强大外部物质力量，并对学生的思想道德素质产生潜在的影响。因此校园物质环境建设得好不仅有利于学生控制情绪、调适行为、陶冶情操、美化心灵，还可以启迪智慧，激发灵感，使学生时时感到精神生活的愉悦。

（二）高等职业院校学术环境

科学研究是高等职业院校的主要功能之一，大学素以灵动的学术气息而意蕴深邃，充满着求真的科学精神与求善的人文精神就是高等职业院校的学术环境。学术活动既是学者的活动，又是教育学生的活动，同时也是德育工作者教育人、启迪人、感染人、熏陶人、引导人的活动。高等职业院校学术环境充满着对学生的终极关怀，充分调动着学生成长成才的自觉性与积极性，因而，它正日益成为大师的造端地、学生的滋育场。自由的学术氛围要求学生培养求实的科学精神，培养创造性、批判性的思维，培养自主、自强的独立人格。高等职业院校学术环境及氛围如何是一所高等职业院校是否兴旺发达的标志。一所大学是否具有社会影响,能否对社会做出应有的贡献,不取决于大学的地理位置、建筑、师生多少,而取决于该校的学科建设、学术水平和学术氛围,取决于有多少科研成果转化为现实生产力及其对社会贡献的大小。

(三)高等职业院校文化环境

高等职业院校文化环境是指影响高等职业院校德育的各种文化要素的总和,包括国家的思想和意志、民族传统文化、社会的道德风尚等在高等职业院校的文化体现以及高等职业院校本身的各种文化因素。校园文化具有重要的育人功能,要建设体现社会主义特点、时代特征和学校特色的校园文化,形成优良的校风、教风和学风。新时期高等职业院校德育工作,必须营造良好的校园文化环境及氛围,始终代表中国先进文化的前进方向,并充分发挥其在人格塑造中的调节和导向功能,做到以科学的理论武装人,以正确的舆论引导人,以高尚的精神塑造人,以优秀的作品鼓舞人。校园文化是以校园为中心,以丰富和活跃学生课余生活、培养全面发展的合格人才为目的,并由广大师生直接参与和组织的一系列活动所形成的一种精神环境和文化氛围。校园文化的灵魂和核心就是校园精神,校园精神是深层次的群体意识,又是群体的向心力和凝聚力,是校园群体共有的价值认同、价值取向和行为方式。校园文化环境从广义上讲,是指教职员工在学校教学、工作、学习过程中共同形成的物质条件和精神条件的总和;从狭义上讲,是以学生为主体,教师为主导,在学校这个空间范围内所逐渐形成的精神文化形态。树立优良的校风是创造良好的校园文化环境的核心内容。校风是校园文化的本质表现,是学校教职员工共同形成的,具有办学特色的、全局性的、稳定性的精神力量和行为作风,是学校管理和办学水平的集中表现。

校园文化环境对大学生的精神风貌和态度情趣具有同化作用，对大学生的道德品质的形成起着重要的塑造作用。因此，高等职业院校应开展丰富多彩、积极向上的学术、科技、体育、艺术和娱乐活动，把德育与智育、体育、美育有机结合起来，将德育寓于文化活动和社团活动之中。为德育工作创造良好的文化环境，是高等职业院校德育环境建设面临的重要课题。

随着信息技术的迅猛发展，网络环境成为校园文化环境的崭新领域。网络环境的交互性、即时性、便捷性、开放性、匿名性、平等性等特点，为学校德育提供了丰富的信息资源，拓宽了学校德育渠道，使学校德育环境建设最大限度地实现社会化。但网络是一把双刃剑，在给高等职业院校德育带来积极影响的同时，也不可避免地带来了负面作用，这为高等职业院校德育环境建设提出了一个全新的课题。

（四）高等职业院校管理环境

管理环境主要包括制度环境和组织环境。制度环境作为高等职业院校德育的软环境，为高等职业院校德育的开展和实施提供了基础性的安排和保障。没有规矩不成方圆，没有切实可行的规章制度，即使有最好的环境条件，环境建设也不可能协调发展。现代德育已区别于传统的言传身教和上行下效，不再是一种随意性自发性的教育方式，而是一个制度性的活动，因此，制度环境日益成为高等职业院校德育环境的重要组成部分。制度不但推动德育环境不断优化，还保证德育环境建设井然有序，强化德育环境对大学生的道德感染和熏陶作用。制度环境由维系学校生活和各种关系的规章、规则和制度构成，具体包括师生道德行为规范、校园管理制度等。制度环境一旦形成，就具有一定的稳定性和普遍的约束力，要求大家共同遵守，不得随意更改和破坏。高等职业院校德育活动是由各级互相依存的组织实体机构来实施的，高等职业院校德育环境自然也包含作为高等职业院校软环境的组织环境，它是高等职业院校实施德育的组织保证。高等职业院校德育必须在组织的团队中，在各级组织的相互配合支持下才能发挥其系统性和有效性。组织的重视程度、理念方法、理论研究水平和实际工作能力等都在很大程度上制约着德育建设的发展。组织环境主要包括德育工作的领导体制和德育队伍状况。有效的领导体制是高等职业院校德育环境协调、有效建设的根本所在，高素质的德育队伍是建设高等职业院校德育环境的人力保障。

（五）高等职业院校生活环境

高等职业院校生活环境主要指在特定空间范围内形成的社区氛围和人际环境。其中社区氛围主要是指在大学生宿舍等生活园区形成的生活、交往、文化等氛围。宿舍将不同地域、不同生活背景、不同专业、不同素质的学生集合成一个小群体，在这个小群体中他们朝夕相处，心灵沟通，情感交流，学习帮助，相互影响，形成特定的生活环境，这种环境极具影响力和感染力。高等职业院校德育的人际环境是大学生与其所能接触的人通过交往形成的主要以情感为基础的相互关系和氛围，是一种交往环境。良好的人际环境不仅是大学生学习、生活的重要保证，也是学校德育价值的重要体现。高等职业院校生活环境不仅会影响德育主客体的价值导向和行为模式，还会影响德育主客体的思想情绪和工作动力。

在高等职业院校德育环境的构成中，除上述主要构成因素外，还有一些其他环境因素，即对主要环境起支持、维护、保证和促进作用的环境。这些环境虽然对大学生思想品德形成、发展造成的影响不如上述主要环境那样强烈，但是这些环境控制和建设的好坏，同样会给高等职业院校德育工作造成重大影响，甚至直接对主要环境起促进或阻滞作用，因此也是高等职业院校德育环境中不可或缺的因素。这些环境主要包括：高等职业院校的精神和办学理念、雄厚的办学实力与社会影响、所在城市完善的基础设施建设、国家的法律法规和政策等。

三、高等职业院校德育的内部环境与外部环境的关系

在高等职业院校德育环境构成中，宏观的社会环境是影响高等职业院校德育的大背景，控制、影响、决定着其他环境的总体状况。学校环境是高等职业院校德育环境的重要组成部分，它对德育活动及学生的思想政治品德的形成和发展非常重要。社会环境针对社会大众层面，学校环境主要针对学生群体或个体，但这并不意味着社会环境和学校环境是对立的、毫无关系的，更不是"井水不犯河水"，它们之间存在着一种互动关系。学校是社会的组成部分，学校环境的形成和发展离不开社会环境的影响和作用。社会环境对高等职业院校德育的影响一般是通过学校环境实现的，反过来学校环境的营造又会影响社会大环境的整体建设。

学校外部环境和学校内部环境对学生的影响是纵横交错、互相制约、互相影响的。学校外部环境是内部环境的背景和基础，而优化学校内部环境又能对外部环境建设起促进作用。因此高等职业院校德育环境建设要正视现实，扬长避短：既看到学校外部环境中的有利因素，引导学生认同和接纳它，又要看到外部环境中的不良因素、弊端和危害，引导学生加以抵制和摒弃；既要加强学校内部环境的建设，优化育人环境，又要加强对学校外部环境的优选和调控。实践证明，正确处理高等职业院校德育内部环境和外部环境的关系，才能更好地建设高等职业院校德育环境。

第三节
高等职业院校德育环境建设的实践探索

系统论的协同作用原理揭示了系统的活动机制，揭示了系统的要素之间、系统与环境之间的相互关系和作用。系统要素之间、系统与环境两方面的协同作用，可以使系统在原有要素不变的情况下发挥更大的作用，从而提

高系统整体功能的效果。系统要素之间的协同作用是系统运行的微观机制和内在机制,它是系统存在与发展的依据。系统与环境之间的共同作用,是系统运行的宏观机制和外在机制,它是系统存在和发展的必要条件。德育系统的运行机制同样包括系统要素间的内在机制和系统与环境之间的宏观机制。因此,在学校德育过程中,不仅应当关心德育管理运行的内部机制,而且应该重视其外部机制,从而为德育管理创造必要的背景条件。

一、高等职业院校德育环境建设的理论依据

近年来,德育环境建设越来越受到人们的重视,它逐渐被纳入德育系统工程研究的视野中来审视和规划。从某种意义上说,它一方面体现了环境对德育的不可忽视的作用;另一方面也从一个侧面反映了在现代德育中对德育环境研究的相对欠缺。有关环境和德育之间的关系在古今中外的教育理论中已多有论及,然而如何在新的时代背景下正确地理解它们的关系,以及如何把德育环境的建设置于整体性的领域里进行全面的把握,是现代德育体系中亟须完善的重要环节。

(一)环境心理学理论

环境心理学以环境与人的关系为研究对象,从心理学、社会学以及人文地理学等跨学科的角度来研究环境对人的情感、情绪、行为所产生的影响和作用。环境与行为的关系问题是环境心理学的基本问题。环境心理学的主要理论有:认为现实环境是我们很重要的感觉信息源的刺激理论及基于刺激理论的适应水平理论、压力理论和唤醒理论。这些理论主张个体在环境中适应某一水平的刺激。尽管对任何人来说,并无一个特定数量的刺激是好的或坏的,但当刺激与其适应水平不同,或当环境刺激超过个体的适应能力时,就会改变他的感觉和行为。唤醒理论假设我们的行为和经验的形式和内容与我

们在生理上被如何激发有关。交互作用理论强调人和环境并不是互相独立的，是一个相互包含着的实体的一部分，这意味着不论是人还是环境，不可能不参照对方而单独定义，并且一方的活动必然影响另一方。即我们对环境会产生一定的影响，环境也会影响着我们。场所理论以环境评价为取向。这里的"场所"并非指一个地域，而是反映在人们的经验中，是人们环境经验的一个单元，是表示在此场所中活动着的人们的个体的、社会的和文化的各方面综合起来的经验系统。"场所"的意义包括人们从直接的环境经验和辅助信息源获得的个人的概念和情感，许多场所对个别人和人群具有它或它们的特殊意义。

面对现代社会日益复杂的环境和改造环境的日益艰巨的任务，人们的心理状态和行为方式也发生了深刻的变化。因此，德育需要从环境心理学得到启示和借鉴，利用这些理论研究现代社会环境及环境的变化对大学生思想、心理和行为的影响，及时调整德育环境建设的内容和途径。

（二）隐性课程理论

高等职业院校德育环境建设的另一个理论依据是隐性课程理论。从20世纪60年代末起，西方国家开始注重隐性课程的研究、开发和运用。隐性课程是相对显性课程提出来的。所谓隐性课程，就是隐藏或渗透在显性课程及专业课程之后或之外的课程，特别是教育环境的体制性和气氛性课程。良好的制度环境和氛围环境的教育作用并不比专门的德育课程小，它具有很强的渗透力和感染力，这种课程的作用是经常的、潜移默化的，它直接影响学生的价值取向、行为规范和道德风貌。隐性课程具有影响的间接性、范围的广阔性、发生作用的无意识性等特点，这些特点与德育环境的特点有很多相似之处。因此，隐性课程理论也是高等职业院校德育环境建设的理论依据之一。

综上所述，无论是西方德育环境建设理论还是我国传统的马克思主义德育环境论，对于高等职业院校德育环境建设的指导或借鉴意义在于：一是要及时研究现代社会环境及环境的变化对大学生思想、心理和行为的影响，及时调整德育环境建设的内容和途径并利用心理学理论正确引导大学生对德育环境的改造和优化；二是要积极主动地挖掘隐性课程的德育功能，注重营造校园良好的育人氛围。

二、高等职业院校德育环境建设的基本策略

高等职业院校德育环境的性质和特点决定了我们必须坚持集成人学教育观，具体来说就是要坚持大空间观、大时间观和大主体观。大空间观要求德育工作应以积极的姿态面向社会，通过环境建设工作，优化和开发高等职业院校德育环境，同时将德育内容渗透到环境建设工作的方方面面。大时间观就是从德育环境建设的角度，把高等职业院校德育活动作为一个动态的连续的过程，形成一种共时性和历时性高度统一的德育环境。高等职业院校德育工作只有贯穿大学生在校生活的始终，才能通过长期的渗透和熏陶，为大学生形成良好的思想道德素质打下坚实的基础。大主体观就是将各级党委、政府部门，社会的有关组织、家庭、学校的力量都整合到德育中来，拧成一股绳，形成教育的合力，提高教育的效果。

这种大空间观、大时间观和大主体观就要求我们要提高"大德育"意识，这是优化德育环境的重要前提。德育环境的优化必须使全社会建立起较为充分的对于学校德育的义务感和德育自觉意识，只有在全社会德育意识水平普遍提高的基础上，德育环境的优化才有可能走向现实。每一个具有一定的实践能力、认识能力，并且能够运用这些能力影响和改造德育环境的组织和个人，都是德育环境建设的主体。只要确立并强化这样一个大德育主体观念，就能够实现由主要依靠学校力量实施德育的模式向多主体参与、多渠道渗透、开放动态的整合力型的德育新模式转变。为了践行这种集成人学教育观，我们认为在高等职业院校德育环境建设方面应该采取以下策略：

(一)整体建构策略

高等职业院校德育环境是由学校德育环境、家庭德育环境和社会德育环境三个子系统共同构成的大系统,三者处于不同的层次和维度。高等职业院校德育环境的优化涉及多个方面,整体建构策略是常用的策略和方法。这种策略调节、控制环境各要素对德育的影响,发扬、扩大积极因素的范围并统一其作用的方向,同时抵制消极因素、减少负面影响,使之形成并始终体现正面教育的整体合力和效应。只有使用整体建构策略,有目的、有步骤地调节社会宏观环境与微观环境的矛盾,保持整体协调统一,才能有助于把家庭、学校、社会德育环境三股力量有机结合,构建三位一体的高等职业院校德育环境教育模式,从而形成教育合力。

整体构建策略实施过程中,首先要重视政府的主导力量。政府在社会经济、政治、文化等发展目标的选择上起宏观调控作用,在此过程中,应该将构建一个有利于学生健康成长的德育环境的理念贯彻渗透其中,除了要重视与学生特别密切的社区文化环境、传媒环境的建设管理,促进文明家庭的建设等以外,还要重视改善社会风气,形成正确的社会价值导向和中国特色的新文化,从而使得大德育观的实现、良好的大德育环境的营造得到强有力的保障。

其次要充分发挥学校在营造优化的德育环境中的主体性和主动作用。学校要根据育人根本任务建设好校园环境,同时主动地参与社会德育环境的建设。既善于利用各类环境系统中的积极因素,组合各种正面的影响而形成合力,又以自身特有的优势,传播先进的道德文化并辐射影响社会,从而使外部环境中的正面德育影响源最大限度地转变为现实的德育影响,并促进外部环境中的德育影响有序化,形成德育环境建设的良性互动,以开发学校德育的现实空间。

（二）和谐发展策略

构建社会主义和谐社会，作为中国特色社会主义事业的重要组成部分，在党的十八大报告里再次被提上议程。教育作为社会系统的重要组成部分，在经济社会发展中起着基础性、全局性、先导性的作用，如何将和谐发展理念融入教育，使其在构建社会主义和谐社会中发挥出重要的作用，是一个重大而崭新的课题，需要广大教育工作者深入思考和不断探索。将构建和谐教育的理念贯穿到德育环境的建设中，能够促进德育环境的优化，为新时期德育改革提供新的思路，对高等教育的改革和发展同样具有重要的指导意义。

构建和谐的高等职业院校德育环境，就是努力使学生生活在各尽其能、各得其所而又和谐相处的高等职业院校德育环境中，也就是良性运行和协调发展的高等职业院校德育环境，它是和谐社会的一个重要子系统。十八大报告强调"发挥文化引领风尚、教育人民、服务社会、推动发展的作用"。大学生最主要的生活环境是校园，营造健康、高雅、积极向上的校园文化和生活环境，对大学生的健康成长有着潜移默化的导向作用。因此，高等职业院校应结合自身的特点，积极优化校园德育环境。首先，要形成融洽的人际关系环境。良好的人际关系是大学生学习、生活的重要保证，是学校德育价值体现的重要方面。其次，要营造各种和谐的校园环境。学校德育环境包括学校内部的一切事物，即包括物质的和精神的、有形的和无形的多种因素。通过融合多种德育价值，使学术研究与道德修养相统一，使科学精神与人文精神相统一，以促进"大学生全面素质教育工程"的实施，促使学校在凝聚力、对外吸引力和向心力等各方面都能够得到发展，从而使德育能有效促进人的全面健康发展。

（三）比较鉴别策略

环境的各种构成要素能对学生产生不同的影响。德育环境的优化要通过纵向和横向的比较，才能鉴别其作用的效果。因此，在德育环境建设的过程中，应该纵向地把德育环境的影响与过去的环境影响、与创造设想的新环境相比较，找出差距；横向地把同一发展水平的环境影响、国内外的环境影响相对比，区别好坏与优劣，并进行优化。通过比较鉴别，还能增强或突出德育环境的某些特征，重点发挥其作用，形成某些特定的环境条件来影响德育活动和师生的行为。这种策略要求在高等职业院校德育环境建设时努力挖掘和创造资源，人为地、有意识地去优化高等职业院校德育环境。

（四）判断预测策略

环境的运动、变化、发展在特定条件下是有一定的规律的。德育环境对于人的影响也具有规律性。高等职业院校德育环境的建设者作为环境的主人，可以对环境未来的发展趋势及状况做出判断、预测并进行综合分析、择优，从而对环境建设加以正确的引导、适时的调控，不断强化、不断优化，让优质的德育环境发挥最大程度的育人功能，让反面的环境因素在建设过程中被过滤，为学生的德育发展提供一个优化的、纯净的环境。这种策略主要是组织各领域的专家运用直观归纳法，也可以采取专家会议来预测环境的过去、现在的状况、变化发展的过程，进行分析判断，通过专家之间掌握的环境信息进行交流，引起思想共鸣，进行创造性思维，从而为优化选择环境资源做出正确判断。它有助于政府和学校对环境优化的舆论导向，并提供决策、立法及制度制定的依据，因此在环境优化的策略中有着重要地位。

（五）隐蔽教育策略

该策略是由高等职业院校德育环境的渗透性特征决定的。它是指在高等职业院校德育环境建设过程中应注重德育环境教育功能的自然化和情景化，注重创设情境和氛围促使个体产生内在的需要和情感上的共鸣，让物质环境、精神环境在不知不觉中对学生发挥教育作用，从而实现环境育人的目的。因此，学校德育的信息输出，应融于学校的一切活动中，尽可能以自然的方式出现。首先，要重视科学规划校园建设，创建一个优美的校园环境，以陶冶学生的情操，激发学生的学习热情，从而对学生进行"无声"的教育。其次，要加强优良校风、学风建设。通过从严治校、改进领导作风、建立健全规章制度、狠抓教学秩序和考场纪律等确立符合学校传统和特色的校风学风，形成无形的舆论力量和精神力量，从而促进适合学生发展的良好校园环境的形成。再次，要组织丰富多彩的校园文化活动，活跃学生课余生活。通过融政治性、学术性、知识性、健身性、娱乐性、公益性等特征的各类文化活动，有意识地创建一种有利于学生发展的良好文化氛围和教育情境。最后，要重视宣传工作在校园文化建设中的重要作用。要坚持以团结、鼓动、稳定、正面宣传为主的方针，突出主旋律，发扬正确的舆论导向作用，大力发展先进文化，加强社会主义精神文明建设，改造落后文化，抵制腐朽文化；加强校园环境管理，增加一些硬件设施，充分发挥好校园广播、宣传橱窗、院报校刊等文化教育的作用。

三、高等职业院校德育环境建设的实践探索

前面我们从理论角度系统分析了德育环境的内涵、结构、理论基础和构建策略等，然而，用系统论的方法来审视高等职业院校德育环境，如果孤立地看待各种标准的划分，不利于对其进行合理地把握。对高等职业院校德育环境应该进行正确的定位，它包括物质性的硬环境和精神性的软环境两大方面。下面笔者拟从硬环境和软环境两个方面具体提出高等职业院校德育环境建设的构想。

（一）硬环境建设

高等职业院校德育的硬环境既是学生生存发展的空间，又是他们的精神家园。学校的师生员工是校园环境建设的主体，他们自己创造、建设、美化

的校园环境，身临其中倍感亲切也倍加珍惜，这是最微妙的德育领域，也具有奇特的感染力。建设好高等职业院校德育硬环境，使之从一般的物质环境优化为有育人功能的德育环境，往往会使这些物质环境因素成为影响学生思想感情、道德行为的重要外部力量。高等职业院校德育的硬环境建设一般包括以下内容：

1.校容校貌建设

校容校貌是学校外部形态、整体面貌的综合表现。首先，学校要围绕育人的根本目的，利用环境学和教育学的基本原理，结合美学、建筑学等各种学科知识，潜心设计，合理布局，精心雕琢一个学校的校容校貌、校内各种建筑及设施等物质实体的构成空间，努力使每一幢楼、每一条路、每一棵树、每一片绿荫都能寄情含意，使之体现一定的价值目标和审美意向，体现校园环境的熏陶作用和潜移默化的力量，同时也体现学校的文化底蕴和治校理念。学校在校园环境的具体建设中，要因地制宜，富有个性和特色，在高等教育国际化的大背景下，更要体现中西文化的交融与碰撞。其次，校园环境建设还要体现严谨的科学精神和自由的学术氛围，教室、实验室的设计要宽敞明亮、充满现代化气息，各类学术报告厅要错落有致，英语角、生物角、读书廊等要小而精致，随处可见，使师生员工在欣赏、享受美的环境的同时，又能领略到奋发有为的时代感、增长知识的紧迫感、创造财富的自豪感。再次，校园环境建设还要充分考虑青年学生的个性特点和成长需要。当代大学生思想活跃、解放，富有创造性和生活激情，但同时他们也追求个性、崇尚自由、抵制循规蹈矩，有的还会自由散漫、不遵规守纪，因此校园的环境设计要把学习氛围和生活氛围结合起来，把轻松愉快的氛围和严肃的制度、纪律约束结合起来。既重视学习环境的建设，也要重视生活环境的建设。如有些高等职业院校的大学生活动中心是校园最亮丽的风景线；许多高等职业院校越来越重视学生生活园区的建设，不断改善住宿条件等，都有助于学生的健康成长。此外，校园显眼之处应有校训，处处应有规章制度。这既符合社会主义现代化教育目标，也从一个侧面反映了学校的精神文明水平和学校现代化管理思想与水平。

2.基础设施建设

基础设施建设是德育活动得以正常运行的必要的物质条件。大学生的学习和生活离不开必要的基础设施。如设备齐全的宿舍、食堂，先进的学生文化娱乐活动中心、体育活动中心、演讲厅、图书馆、电教馆等，可以给大学生的学习生活带来便利，既节省时间，又提高学习效率；同时，这也是在对青年学生进行一种面向世界、面向未来、面向现代化的教育，有利于激发学生为追求美好生活而努力学习的动力。为此，首先要引导大学生自己动手，创建优美的校园环境。如组织大学生在校园植树种花，实行美化校园责任制，建立"共青团林""院系责任区"等，营造一个人人参与校园美化和管理的氛围。其次，信息技术作为一种现代化的科技手段，为德育提供了高端的知识信息平台，丰富了德育的素材，成为德育重要的外部影响条件。因此，高等职业院校要重视信息系统设施建设，如图书馆的信息系统建设，其他以信息技术为媒介的服务系统、管理系统建设等都是信息系统建设的重要方面。当前，要特别重视网络系统的建设，对网站的设计既要有很强的政治导向性，又要有很强的吸引力，力求增强美观教育效果。总之，高等职业院校要适应信息技术迅猛发展的时代要求，抢占网络空间，有效利用网络虚拟世界，更好地开展德育工作。再次，大学生活是社会生活的部分缩影，高等职业院校在基础设施建设中要更多地关注学生的生活空间，同时为学生提供丰富多彩的校园生活，完善学生生活空间，促进学生全面发展。因此，对学生活动场所的系统性建设是高等职业院校德育环境基础设施建设中的重要方面。学生生活场所的建设必须从系统性角度着手，围绕学生个体全面发展的各方面需要的整体性特征，在建设中关注人性化设计，突出隐性教育特征，把具有德育内涵的因素巧妙合理地安排在实际建设中，从而激励感染学生，促使学生养成良好的行为习惯和德性品质。

3.德育基地建设

面向生活世界是高等职业院校德育的新视域。当前高等职业院校德育仍存在与现实生活相脱节的现象，学生一般在学校里以学习科学文化知识、全面培养自身的素质为主，而很少接触社会生活。这就造成学生对现实生活的适应能力不强，缺乏对社会现实问题的综合判断力和分析力，从而缺乏树立积极的人生观和价值观、养成良好德性的土壤。因此，高等职业院校德育必须和社会接轨，不但要向学生传授实用性知识和技能，还要通过建立广泛的校内外基地来培养学生的实践技能和交往能力，为提升学生的德育品质提供良好的环境氛围。这一可塑性环境的开辟对高等职业院校德育意义深远。它作为校内外德育实施的中间环节，既拓展了高等职业院校德育的实践空间，同时又在德育实践中，为社会德育提供了积极的价值引导和知识贡献。具体来说，在校内，可以通过设置与一定德育课程相关的模拟情境来深化所学知识、展现实际问题，如模拟法庭、模拟社区、模拟公司等。在校外，高等职业院校应和相关企事业单位、政府职能部门及一些社会机构共建社会实践基地，加强学校和其他社会组织的双向互动，如爱国主义教育基地、共建社区、产学研基地、各种实践基地等。

（二）软环境建设

高等职业院校德育的软环境主要指影响大学生思想品德形成与发展的各种精神及制度因素，这些因素大多是在德育形成和发展过程中自觉构建、自然形成的。在德育环境中，硬环境是德育环境建设的基础，软环境是德育环境建设的核心和灵魂，也是学校精神文明建设的重要内容。软环境之所以能在大学生品德发展中发挥重要作用，是因为它不仅集中反映了学校精神风貌，反映了校园文化特征以及目标追求、价值体系，而且还由于各种软环境因素中的积极因素是通过学校师生共同实践并经过历史的积淀、选择凝练而成的，它所倡导的道德价值已浸透在校园内的各种环境因素和人文因素之中，会使学生在不知不觉中受到教育和熏陶,成为其自觉成才的稳定的推动力量。高等职业院校德育软环境是一个完整的系统,包含诸多相互联系的构成因素。总体来说,德育软环境建设主要包括人际环境建设、文化环境建设、制度环境建设、心理环境建设等。

1.人际环境建设

人际环境是高等职业院校德育环境的一个重要因素,从某种意义上说,人际关系也是校园文化的一种体现。良好的人际关系不仅可以使学生全身心地投入学习,促进学生奋发向上,还有助于学生形成良好的集体意识,形成一种向上的群体规范,是促进学生健康成长的一种无形的巨大的力量。

师生关系是高等职业院校最基本的人际关系,它时刻影响着教育过程和结果。师生关系融洽和谐,就会取得最佳的教育效果。反之,如果师生关系紧张,甚至对立,教师就很难对学生施加影响。创造和谐的师生关系,一方面,教师要起主导作用,要具有较高的师德修养、精湛的教学艺术、良好的外表形象,只有具备扎实的知识、能力素质和工作水平,才能赢得学生的尊重和信服。同时,教师要热爱学生,尊重学生,做学生的知心朋友,赢得学生的信任。另一方面,学生也要做到尊敬教师,勤学守纪。双方共同努力,才能建立起和谐的师生关系,形成乐教乐学的生动局面。

学生的人际关系,既影响学生的健康成长,也影响优良集体的形成。教师要有目的地加以引导,强调学生间的理解、团结、互助,鼓励学生充满自信、公平竞争、大度为怀,提倡学生间学习上互帮互学,共同进步。同时要重视学生的心理疏导,帮助他们解除因人际关系而造成的各种心理烦恼,正确地引导学生在团结友爱、相互尊重的气氛中健康地成长。

2.文化环境建设

文化环境也是重要的软环境因素,良好的校风、班风是文化环境的主要内容,它能约束每个成员,逐渐使自己的行为、态度趋同于校风班风体现出的价值规范。集体是一个熔炉,能把生铁炼成钢,也可能是个染缸,给学生以不良影响。学生在集体中，思想行为容易受到集体舆论的制约和同化，心理学上称之为"从众心理"。因此，学校要重视文化环境的建设，尤其是校风、班风的建设。

加强文化环境建设，首先，学校要培养正确的集体舆论。学校要通过多种教育途径，提高学生的思想认识水平及明辨是非的能力，帮助学生树立正确的世界观、人生观、价值观，养成良好的道德行为习惯。其次，学校要根据社会发展要求及自己的实际情况、办学特点，提出校训和奋斗目标，并通过开展先进个人、先进集体的评比活动，在全校形成比、学、赶、帮的良好氛围。再次，学校要加强作风建设，包括领导的作风、教师的教风、学生的学风建设。学校领导在加强自我修养、提高自身素质的同时，也需要保证在学校的各项工作以及执行各项规章制度中发挥好带头作用。广大教师要以高度负责的责任心，率先垂范、言传身教，以良好的思想、道德、品质和人格给大学生以潜移默化的影响。总之，教师高度的事业心、责任感和无私奉献的精神以及学生远大的理想抱负、开拓创新精神会使整个校园充满一种浓厚的积极向上的文化氛围。

3.制度环境建设

要使德育活动能有效开展，就需要严格完善的管理，使其在一定的秩序下进行，以便从约束和调整学生的行为着手达到优化德育环境的目的。如果学校管理不严格，规章制度不健全，纪律松弛，秩序混乱，就不能有效地实施德育活动。因此，制度环境建设也是高等职业院校德育软环境建设的重要内容。要着重校规校纪建设，完善学校各项规章制度，以形成井然有序的管理氛围，使学生感受到这种氛围并自觉按照要求去规范、约束自己的行为。俗话说："没有规矩，不成方圆。"学校应遵循教育规律，以教育方针和教育法规为指导，以培养"四有"新人为目标，建立和健全各种规章制度。在制度的建设过程中，应着重考虑以下三个方面：一是规章制度应该是全方位的，做到事事有章可循，如行政管理制度、德育管理制度、教学管理制度、后勤管理制度、内部体制管理制度等；二是规章制度的内容具体明确，操作性强，且要符合学校的实际及各项工作的需要，切忌空洞乏力；三是规章制度制定后要严格执行，纪律严明，赏罚分明。通过制度环境建设要形成自我激励、自我约束、自我管理的制度文化环境。同时要建立一个完善的管理网络，保证德育管理制度的落实，做到分工明确，职责分明，考核到位。

总之，一个管理有序、制度健全的校园环境，总是充满着向上的朝气，学生往往会注意自己的言行举止。因此，管理并不是消极的约束，而是培养学生良好的行为习惯和作风、促进学生全面发展的育人手段。通过制度环境建设，可以创造出使教育得以发挥作用的良好环境，从而促使学生自觉养成良好的道德习惯和道德行为。

4.心理环境建设

当代大学生作为一个特殊的群体，他们面临着怎样的心理环境以及他们的心理是如何成长的，这是高等职业院校德育面临的重要问题。心理环境建设不仅直接关系到个体正常的成长和心理健康，也影响、制约着高等职业院校德育的发展。因此，在高等职业院校德育环境的建设过程中，应该根据当代大学生的心理个性特征，在发展他们自由个性的同时，进行正确的心理引导和合理的心理疏导。心理环境建设要以高等职业院校这个共同体为范围，通过必要的心理健康知识传授及行之有效的引导、疏导工作，给学生以心灵的归属感和精神的慰藉，创造良好的心理环境，让学生在学校内养成良好的心理素质，从而健康成长。

高等职业院校德育的软环境作为高等职业院校德育的独特氛围，从各个方面影响、改变和塑造大学生的认识、情感和行为。大学生能否树立正确的世界观、人生观、价值观和道德观，很大程度上受到他们所处的现实环境的影响和制约，其中，高等职业院校德育软环境的作用与影响尤为突出。因此，高等职业院校应当把德育软环境建设提高到一个新的高度来认识，并采取切实有效的措施加强学校德育软环境建设，努力营造一个优良的学校德育软环境。

第三章

高等职业院校
德育的实践体系

第一节

高等职业院校德育实践的理性审视

德育的现代化不仅要求理论的现代化，或者说德育的现代化不仅是理论的问题，更重要的是实践的问题，任何一种德育，都要根据一定的德育思想建立起一套实践体系。德育实践在德育体系中的地位与作用是不可替代的。体现大学生自主性、能动性的德育实践，是高等职业院校德育主体和客体相互联系的桥梁，是大学生走向政治成熟、思想成熟、行为成熟的基本依托。德育实践也是一项系统工程，面临着许多新的课题，需要我们认真研究。

一、高等职业院校德育实践的现状和反思

（一）高等职业院校德育实践的现状

高等职业院校德育实践的发展理念、体系建构、理论研究、教学改革、方法创新、形式丰富等方面均取得了实质进步和巨大成绩，对培育社会主义核心价值观、培养社会主义"四有"公民、实现当代大学生的政治社会化、提高全民族的思想道德素质起到了极为重要的作用。当然，重德育理论灌输与轻德育实践并存、德育理论教育和德育实践体系改革力度的反差、德育实践内容形式整合的探索努力与隔离现实也是当前德育实践现状的另一方面。

首先，尽管我国高等教育理论界与德育理论界从不同角度出发，用不同语言表达方式对德育实践做了局部的、零星的认识与论述，但是，从总体上看，这些理论的探讨与阐述还处于起步阶段。不过，高等教育及高等职业院校德育的实践发展已经先于理论研究迈出了较大的步伐。在当前高等教育特别是德育实践的改革与发展中，已有不少新措施、新方法与新尝试正被逐步归入德育实践性课程，但严格地讲它们并不完全，也并不严格地符合实践性

德育课程的要求。

其次,传统的德育理论课程往往忽视学生主体的主动内化作用,造成知行脱节及言行矛盾,这一现状也使得传统的德育实践活动,是在教师、学校、家长与社会的"要求"下,由整体对学生个体,从上而下,自外向内单向地"组织"或"发起",并要求学生"参加"的。这种德育实践是一种被动的甚至是强制性的,有时候还是一种机械的、条件反射式的实践活动,在多数情况下,学生是在教育者的"要求""号召"的压力下"消极实践",丧失了学生的主体性、主动性与创造性。学生只是作为消极被动的对象或客体在"活动"中接受"教育",被人"塑造"或"改造"。

(二)对高等职业院校德育实践的反思

高等职业院校德育实践的上述现状,反映了当前高等职业院校德育实践在取得成绩的同时,与党和国家的满意度、社会的认可度、大学生的积极性、教师的创造性与理想状态和目标要求还有相当大的距离,虽然造成这种局面的原因是复杂且立体的,但根本缘由却并不复杂。

1.未能准确把握和深刻认识高等职业院校德育实践的本质

首先,德育实践的本质要求体现和实现作为道德教育目的和手段的统一的实践。实践是道德产生和发展的根源,我们说德从何来,它既不是传统的说教,也不是空洞的理论,它来自丰富的社会,来自人们现实的生活;实践是道德教育的有效手段,利用现实社会蕴藏的丰富德育资源,能够起到理论灌输所不能企及的特殊效果,而忽视道德经验的非理性方法之最大危险在于可能自始至终关闭了道德学习主体对价值真理和道德原则的真正理解之路;实践是道德养成的关键环节,是道德知识内化和外现的中介,德育的目的是培养德性的人和发展人的德性,而德性的形成与发展是道德主体通过消化、吸收、实践德育内容,使理性认识通过感性体验,达到内化和升华的实践活动过程。

其次，高等职业院校德育必须高度重视实践环节。实践能够推动学生更好地理解道德规范、生成道德观念、养成道德习惯，使大学生在社会交往和处理人际关系中增强责任意识和实际本领。这既是西方伦理学的基本理念和传统观点，也是中国传统道德教育的主要方法。"诚意、正心、修身、齐家、治国、平天下"的基本精神就是把远大的道德教育目标与教育对象日常生活实践紧密结合。这更是马克思主义在道德课题上的根本突破，马克思主义把道德理解为人的现实活动，认为"善被理解为人的实践"，对一个人进行道德的判断，最终只有通过行为考察，只能通过他对道德要求的实践状况来加以判定。因此，高等职业院校德育效果的有无及大小最终取决于其实践性。

2.没有科学把握高等职业院校德育实践的特性

首先，高等职业院校德育实践目标的确定在全面性上存在不足。通过思想教育引导学生掌握辩证唯物主义和历史唯物主义基本观点而形成科学的世界观和人生观，通过政治教育引导学生坚持社会主义道路和党的领导而形成爱憎分明的政治态度和立场，通过道德教育引导学生掌握社会主义道德规范而形成高尚的道德品质。但在高等职业院校德育实践中，思想教育和政治教育的目标是深受重视、严格测评的，而道德教育的目标则容易被忽视和虚化。

其次，高等职业院校德育实践目标的实施也存在缺陷。目标的实施缺乏科学的规划，存在极大的随意性，或没有科学的计划或大纲，或虽有计划和大纲却未能付诸实施；目标的设定未能考虑学生的差异与个性，或是定位过高，用无产阶级先锋队的道德标准要求所有学生，或是以最基本的、最低层次的道德标准要求学生。无论哪种偏向，都不利于学生的道德成长，影响德育实践效果。

最后，高等职业院校德育实践目标没有充分发挥学生的主体性和积极性。在现实的高等职业院校德育实践中，通常是由教师、学校、家长与社会自上而下、由外向内地"组织发动"，学生更多的是被动"参加"甚至是强制"参加"，而非主动和自觉地"参加"，有时候还是一种机械的、条件反射式的

"训练"。学生只是作为消极被动的对象或客体在"活动"中接受"教育",被人"塑造"或"改造"。

3.高等职业院校德育实践的创新性不够

首先,未能正确处理市场经济对高等职业院校德育实践的挑战。市场经济的利益最大化原则可能致使一些学生价值观扭曲,功利主义盛行,过分看重待遇高低,往往把物质利益和金钱多少作为价值判断的标准,不愿过艰苦生活,不愿通过自己的劳动创造幸福生活,这就给高等职业院校德育实践提出了新的侧重点和着力点,显然现实的高等职业院校德育实践还没有完全做好准备。

其次,未能正确处理急功近利的教育观念对高等职业院校德育实践的负面影响。与社会过分重视教育经济功能和唯智倾向相对应,"重智轻德""重智轻能""德育是软指标,智育是硬指标""德育说起来重要,干起来次要,忙起来不要"等观念在高等职业院校德育实践中有相当大的市场,而且曾经开展过的道德教育实践也存在着明显的急功近利色彩。

综上,高等职业院校德育实践的过程既需要继承传统、传承经验、吸取教训,更需要面向现实,正确面对新问题,合理分析新情况,特别是坚定德育是学生的主体性活动,是培养学生德育能力,走向自我教育的唯一途径。

二、大学生德育实践的内容与形式的整合

道德教育应当注意道德内容与道德形式的统一,这是发展完整道德认知的前提。高等职业院校德育的一项重要任务是,将德育实践的内容与形式整合起来,建立大学生社会实践保障体系,探索实践育人的长效机制。

(一)德育实践内涵与外延的界定

德育本质上是一种理性的实践活动。德育的目的是培养和发展人的德

性，而德性的形成与发展是道德主体的一种实践活动过程，其实质是学生在教师的帮助下，消化、吸收、实践德育内容，使理性认识通过感性体验，达到内化和升华的过程。现实社会中蕴藏着丰富的德育资源，对受教育者具有良好的教育作用。社会中丰富的德育资源对学生教育和影响的效果是理论灌输所达不到的。实践是沟通人的主观世界和客观世界的桥梁；是个体思想道德形成、发展的根源与动力；是受教育者实现思想道德知识内化和外现的中介；也是高等职业院校德育的重要环节，对于促进大学生了解社会、了解国情、增长才干、奉献社会、锻炼毅力、培养品格、增强社会责任感等具有不可替代的作用。它不但可以使大学生加深对科学理论和道德规范的理解，为其思想的转变和道德的生成奠定基础，而且可以使大学生在社会交往和处理人际关系中增强责任意识和实际本领。近年来，党中央和国务院就进一步加强和改进大学生思想政治教育做出了重要部署，并提出了"实践育人"的德育新理念，为加强和改进高等职业院校德育工作指明了方向。德育工作的实践也表明，德育绝不只是课堂上的理论教育，必须注重其实践性。德育有无成效及其成效之大小，最终要看大学生思想道德素质是否得到提高。德育实践既是提高大学生思想道德素质的重要途径，也是检验高等职业院校德育工作的重要环节。

德育实践的内涵还在于德育从本质上来说是德育主体的一种实践过程，这个过程也是学生在德育主体帮助下消化、吸收德育内容，并逐渐成长，达到自我教育的实践过程。在德育过程中，学生除了在课堂上学到一些基本的政治理论之外，大量的德育内容是靠渗透在教学之中的教师的人格力量和校园文化、社会实践等活动来感染、影响与同化的。德育工作者和广大教师除了通过教学影响学生的思想和行为以外，自身的实践行为对学生来说是最好的德育，所谓"喊破嗓子，不如做出样子"，可以说一个教师就是一本德育教科书。近年来，各高等职业院校通过各种实践活动对大学生进行思想政治与道德教育，积累了不少好的经验，形成了一些好的传统。在此基础上逐步形成了高等职业院校德育实践课程的大致范围及内容：如社会调查、公益劳动、社区服务和挂职锻炼、青年志愿者活动、勤工助学、环保活动，以及讨论、演讲、文化娱乐、体育等社团活动。特别是近几年来以科技、文化、卫生的"三下乡"为主要内容的社会实践活动作为大学生接触社会、认识国情社情的一种重要形式得到了广泛的开展与研究。丰富多彩的社会实践活动既是一种广义的教育、教学活动，也是一种特定的德育活动。社会实践活动不仅对大学生专业学习来说是必要的，而且对学生理想政治与道德素质的发展也有着积极的促进作用。

因此，从外延或范围上看，我们所说的德育实践，既包括传统的与现行的德育体系中所提到的各种专门活动，如团队、班组活动以及旨在进行德育的社会实践活动，也包括各种非专门性的，从未被看作德育活动的，甚至从未被看作教育活动的，但却具有德育作用的，即对学生思想政治与道德发展有着客观必然影响的其他一切校内外的正规与非正规的活动。这些都可以被称为广义的德育活动，都应该被德育实践的设计者与执行者加以认真地考虑与吸纳。

（二）德育实践的基本形式

1.以课堂教学为主的德育实践

以课堂教学为主的德育实践是传统的德育实践形式，也是德育实践的最基本的形式。尽管我们排斥单一的灌输式知识教育，但毋庸置疑，学校的育人功能任何时候都无法在脱离课堂教学的状态下获得完美实现。思想政治理论课教学仍然是学生接受道德知识的主渠道。只是当前我们要把思想政治理论课建设的主要任务放在全面落实课程设置新方案的基础上，加大教学改革的力度，增强实践性环节，通过课堂讨论、案例分析、社会调查、撰写心得体会等方式让学生更多地参与教学，使德育课堂成为教师与学生的良性互动过程。除思想政治理论课教学外，我们要深入发掘蕴含在各门专业课程中的德育资源，发挥各门学科的德育效应；还要广泛开展各类主题报告会、演讲赛、知识竞赛、主题班团活动等，这种教育形式渗透性、吸引力、感染力强，学生更易接受。

2. 以职业规划为主的德育实践

高等职业院校是学生走向社会的最后一站，以职业规划为主的德育实践是最具高等职业院校德育特点的德育实践形式。这种类型的德育实践也是学生接受道德教育、形成道德品行的重要途径。它包括专业实习、创业实践、勤工俭学等形式。专业实习既可以锻炼学生的岗位技能，也可以使学生逐步形成职业道德观；创业实践有利于培养学生的创新意识、创业思维、竞争意识、团队意识等，同时也能充分挖掘学生的潜能，增强他们的主人翁意识和责任意识；勤工俭学既使学生缓解了经济压力，又使他们增强了自信、自立、自强意识。

3. 以公益服务为主的德育实践

公益服务是一种直接服务于社会的活动，也是一种正确处理自我与社会关系的手段。近几年来，以公益服务为主的德育实践越来越成为高等职业院校德育实践的重要形式，也是高等职业院校德育实效性的重要体现。通过组织开展"三下乡"活动、社区援助、挂职锻炼、希望工程、慈善募捐、扶贫支教等各种社会实践和青年志愿者活动，使大学生在服务社会的同时，又能正确认识社会、认识自我，极大限度地激发其积极投身中华民族伟大复兴伟业之中的热情，使其切实有效地受到新的道德陶冶，获得新的道德境界的提升。

4. 以生活体验为主的德育实践

生活是德育的基础，是德育的意义之源；道德感是在人的生活的种种关系中生成的，它是对生活的领悟。生活也是德育不可避免地要回归的地方。以生活体验为主的德育实践就是将德育的基本内容与日常生活结合，使学生在日常的学习、工作、生活中接受德育训练，探寻和感悟人生的乐趣、意义和价值。与大学生密切相关的集体生活、交往生活、情感生活、党团组织生活、学生社团活动等都是学生对生命的体验，是构成学生各种认识素材的主要来源。同时，学校开展的各类文化艺术节、体育文化节、学术文化节等校园文化活动不仅丰富了校园生活，也陶冶了学生的情操，提高了他们的综合素质。

（三）大学生德育实践的内容与形式的整合路径

理论研究和实践发展揭示：教育可以定性为人类的一种社会实践活动。当代的教育具有实践的各种特征。它以人自身为活动的客体（对象），以促进人的发展为目的；其结果是实现人自身的优化，也即是使作为教育对象的人发展成更能满足人的本性需要的人。因而，当前高等职业院校德育的一项重要任务就是有机整合德育实践的内容与形式，建立科学的德育实践体系，探索实践育人的长效机制。而最为紧要和迫切的是探寻科学合理、功能突出、结构完整、易于操作、形式新颖、类型多样的高等职业院校德育实践路径。

首先，在通过理论学习、理论灌输、理论教育等途径掌握理论的基础上，探寻由抽象理论转化为具体实践的科学路径和具体方法，即理论转化型实践。

马克思主义实践论、人类社会发展规律和个体生活体验经验都说明，实践决定认识，认识对实践具有能动的反作用，科学的理论能够指导实践的正确发展，而歪曲的错误的理论则会起到相反的作用。虽然实践是理论的来源，但对特定阶段的具体个人来说，理论不会在实践中自然产生，即使是自发产生的理论也必然是盲目和零乱的，因为对理论的产生和形成来说，必须有长期的系统的专门的研究，对理论的学习和接受来说，系统的讲授、集中的学习则是必需的、主要的乃至唯一行之有效的途径和方法。

对于当代大学生而言，虽然接受途径更加多元和便捷，但毫无疑问，高等职业院校思想政治理论课的课堂教学仍然是并将长期是其接受理论教育、获取政治知识和道德知识的主渠道，是学校完成育人功能的主力。任何否认课堂教学的认识和做法必将付出极大代价，严重影响教育目标的实现。但问题的另一方面则是，如果将课堂教学等同于空洞的说教、强制的灌输、单向的强制，效果也必将适得其反。

因而，高等职业院校德育实践首先要求改革高等职业院校课堂教学，这种教学改革既包括课堂组织形式、教学语言、教学手段等外在的使学生易于接受的理论方面的东西，更要通过课堂讨论、自由辩论、案例分析、社会调查、撰写心得体会等方式让学生更多更好地参与教学，更好地思考问题，更好地运用理论，更好地将所学知识与国家发展、社会进步和自我成长结合起来，将理论知识转化为自觉的意识和行动，真正实现理论实践化。

当前，德育理论实践化的根本要求和具体内容就是如何将马克思主义理论转化为积极投身实现中国梦的伟大实践的自觉行动，在把握"全面深化改革"和中国梦的科学内涵和精神实质的前提下，真正实现"民族梦、国家梦和个人梦"的统一。在理论教育上，在系统讲授马克思主义、马克思主义中国化两大理论成果的基础上，更应该突出理论创新的最新成果，特别是中国特色社会主义"四个自信"、社会主义核心价值观、中国梦、全面深化改革等直面现实、直面生活、关涉未来的理论，让大学生产生对党的理论创新成果的亲近感，加深对理论创新成果的理解度，提升理论分析社会现实的运用力，增强对多元思潮的鉴别力，并以之为大背景，科学地对待生活、学习、工作、人生，对待过去、现在和将来，对待自己、他人、集体和国家，以科学理论指导下的正确选择和成功成长实现个人价值，增强幸福感。

其次，在掌握理论、参与课堂的基础上，探寻高等职业院校德育实践如何与大学生的学校学习结合、与学校的各种课外活动有机融合的路径，即活动升华型实践，作为专业学习群体，大学生的主要状态应该是包括课堂学习和课余活动在内的学校学习，从某种意义上来说，课外实践活动是大学生从学校走向社会的中介和桥梁。因此，高等职业院校德育实践既包括所学理论在学校课堂内的运用和参与，也应该包括学校课堂外的融合。培养出职业人和社会人统一的学生，在职业层面，主要是专业能力、就业观念和职业道德，在社会层面，主要是道德观念、法律常识。高等职业院校德育实践可以通过哪些具体途径实现呢？

第一，通过组织引导学生积极参加校内各种有利于增强素质和提升能力的活动。在活动中，培养学生的创新意识、竞争意识、团队意识、主人翁意识和责任意识，帮助学生正确认识社会、认识自我，激发创造热情和奉献精神，切实有效地接受道德陶冶，提升道德境界。

第二，通过组织开展与学生将来从事职业结合的实践，特别是结合专业实习、创业实践、勤工俭学等进行高等职业院校德育实践。具体说来，大学生的专业实习，既是锻炼学生岗位技能的过程，也是学生逐步形成职业道德的过程；大学生的创业实践，对于培养创新意识、创业思维、规范意识、竞争意识、团队意识和市场观念等均具有重要作用；勤工俭学，既能够使学生缓解经济压力，还可以增强学生的自信、自立、自强意识。

第三，通过参与社会、服务群众、回馈社会等公益性活动提升理论水平和道德水准，即公益性德育实践。目前，高等职业院校的公益性德育实践主要包括"三下乡"活动、社区援助活动、挂职锻炼活动、慈善募捐、义务劳动、扶贫支教等各种青年志愿者活动。这些活动有助于大学生正确认识社会和认识自我，切身体会人民群众的创造热情和奉献精神，从而陶冶道德情操，提升思想境界。

最后，在参加活动、参与社会的基础上，当前高等职业院校德育实践必须探寻如何发挥学生的主体性、主动性而协同外化要求和内化努力的路径，即生活感悟型实践。

高等职业院校德育活动必须实践化和生活化。第一，生活是高等职业院校德育实践的基础，立足生活平台，挖掘生活素材，丰富德育资源，充实德育内容，实现理念转变；第二，生活化是高等职业院校德育实践的过程，高等职业院校德育实践就是一个社会化过程，是一个内化过程，是一个外在理论、思想转化为自身观念和自觉行为的过程，而内化过程总是与受教育者的日常生活相关联的；第三，生活化是高等职业院校德育实践的动力，较之抽象、空洞、乏味的说教和灌输，借助于日常的学习、工作、生活，进行道德训练、探寻和感悟人生的乐趣、意义和价值，才能吸引学生、感动学生、提升学生，才能更好地真正推动高等职业院校德育入脑入心入行；第四，生活化是高等职业院校德育实践的目的，德育的目的不仅在于道德理论的传播，更在于培养出与道德理念要求吻合，具有较高道德水准、良好道德习惯、优秀道德行为的现实人，这也是其实效性的体现，是避免德育实践流于形式、切实保证实践质量与效果的路径。

上述原则和理论指导下的当前高等职业院校德育实践生活化的主要形式应该是丰富多彩的，高等职业院校开展的各种类型的艺术文化节、体育文化节、学术文化节等不能只是简单地追求形式新颖与场面热闹，更应该与大学生的集体生活、交往生活、情感生活、党团组织生活、学生社团活动等紧密结合，解决学生在现实生活中可能遇到的问题和产生的困惑，以贴近学生和贴近生活的外部活动实践高等职业院校德育，更为重要的是，要鼓励引导学生有意识、主动地、积极地将高等职业院校德育的理念、理论、原则、观点、方法与自己的生活相结合，通过反省、顿悟、思齐等多种方法，以自我修养和内在追求塑造道德的"我"，以之促进高等职业院校德育实践实效性的提升。

第二节

高等职业院校德育实践模式的理论构建

一、构建高等职业院校德育实践模式的意义和作用

近年来，教育系统外社会大众生活的道德失范，以及教育系统内道德教育自身在目的、内容、方法等方面的不足，造成我国高等职业院校德育工作不同程度地存在"失效"的现象。其根本原因是社会的生产方式及与其相对

应的政治、经济、文化的变迁和人们对这种变迁所产生的模糊认识。也就是说，既有社会大环境的问题，也有校园小环境的问题；既有德育主体本身的问题，也有德育客体自身的素质问题。当前我国高等职业院校对德育的重视程度越来越高，投入也越来越大，但成效仍不明显。为此必须要摆脱"知性德育"的范式，大力推进高等职业院校德育的实践性，提高德育的时效性。构建高等职业院校德育的实践模式，就是要将德育与现实的生活情境相结合，将道德知识内化为道德意识并指导道德行为。通过道德实践活动促进个体道德的形成和发展，为道德客体实现道德知识的内化提供条件。实践活动不仅使道德客体加深了对道德知识的认识，更促使其在实践中和交往合作中培养道德情感和道德意识，并转化为道德行为。因此实践是检验道德教育成效的根本要素。

我国学者对德育模式的定义也多种多样。有的把德育模式归入方法范畴；有的强调它与方法既有联系又有区别，表现出特定的结构与活动序列；还有的认为，德育模式是德育理论以简化的形式表达出来。但是，我们应当明确的是：德育模式既不能等同于讲授、谈话等德育方法；又不能简单视之为德育计划，因为计划是它的外在轮廓，仅此不足以揭示其内含的德育思想和意向；也不能将之完全作为德育理论，它内含着程序、结构、原则、策略等，远比纯理论丰富得多。所以，德育的方法、计划、理论、结构、程序等都仅是构成模式的某个要素或侧面，以其中任何一项来定义德育模式都不是科学全面的。德育模式是一种教育模式，是运用"模式"研究法，对在德育现象中逐步形成的、相对稳定的、较为系统而具有典型意义的德育经验，加以抽象化、结构化，使之形成特殊的理论形态。我们可以认为，高等职业院校德育模式是指在一定的德育理论指导下，在长期的德育实践中建立起来的比较稳固的德育范式及其实施方法的策略体系。在此基础上，高等职业院校德育实践模式就是教育者尊重学生的主体性，遵循学生的品德形成规律，让学生在理论学习的基础上以走向社会、服务社会为出发点，在更多的活动和实际锻炼中发展和巩固其良好品德的活动过程。

皮亚杰的德育理论表明，道德的发展总是从他律到自律的过程。实现道德要求从他律到自律的条件是：当教育因素触及人的精神需要时，受教育者才能处于积极的接受状态，从而产生良好的内化过程。而实践是解决德育从他律到自律的重要途径。德育的本质是实践，德育的理论只有与实践结合起来，才能真正转化为学生良好的行为与习惯。特别是针对当前学生的思想特点，在德育课中采取单纯的"说理""讲解"等方式，不仅不能被学生接纳，同时还可能导致学生对德育的逆反心理，引起德育教学的危机。当代大学生的实际特点要求德育课从学生的实际出发，加强德育实践形式的探索，使教育的方式生动活泼，接近学生，接近现实生活，激发学生学习的积极性和热情，给学生更多自觉感受的机会。这样才能有效地实现学生从他律到自律的转化，培养高素质的大学生。

目前我国高等职业院校的德育工作主要通过三种途径进行：一是德育理论教师通过思想政治理论课对学生进行理论知识的传授、教育。思想政治理论课是高等职业院校对学生系统进行思想政治教育的主要渠道和基本环节，也是每个学生的必修课程。在思想政治理论课教学中要坚持学生的主体性地位，发挥教师的主导作用。教学方法要适应新的思想政治课教育理念，充分调动学生的主动性和创造性，提高德育教学效果。二是德育工作者通过日常教育、管理开展德育工作。辅导员和班主任是高等职业院校日常思想政治教育的组织者和协调者。可以通过参与培训来提高他们的德育工作能力，还可以通过建立多样化的考评机制对德育工作进行考核，促进他们德育水平和能力的提高。三是全体教职工通过教书育人、服务育人，将德育工作引入学校的方方面面。全体教职工在日常的教育、管理中，要做好班级、年级工作，开展丰富多彩的教育活动，做好心理健康教育和辅导工作，以及在日常教学、管理和活动等方面开展德育活动。目前，这三种德育模式在高等职业院校德育中虽取得一定的效果，但逐渐陷入一种低效的困境。实现德育效果，不能光靠知识的灌输，而要让学生通过知识的传授内化为内心的情感体验，并转化为行为实践，避免出现德育与生活实践相脱离的问题。德育与生活应当是相融合的，人们的道德品质只有在生活实践中才能体现出来。学生参与德育实践有利于提升道德认识，培养道德品质，养成道德行为习惯。在德育实践中，学生在教师的帮助下，了解德育内容，在理性认识中通过感性体验达到知识的内化和升华。道德不是传统的说教和空洞的理论，道德来源于生活并最终应用于生活。

德育实践的理论与时刻发展变化的德育实际之间总是存在一定的差距。构建德育实践模式就是要解决这个矛盾，在德育理论和德育实践之间架起一道桥梁和纽带。德育实践模式是德育实践理论体系的具体化，它以简明扼要的形式和易于操作的程序来反映有关德育实践理论的基本特征和具体框架，使德育工作者在德育实践中把握和运用有关德育原理。所以德育实践模式能使抽象的德育理论发挥其中介作用；同时，德育实践模式又直接来源于德育实践，是在长期的德育实践和德育活动中形成的，对德育实践经验的系统概括和总结，是德育工作者在实际工作中可以参照的标准样式及实施策略，对于提高高等职业院校德育实效性有着重要的意义。

二、高等职业院校德育实践的理论模式与特点

（一）高等职业院校德育实践的理论模式

德育实践是高等职业院校德育系统工程的重要环节，德育的实效性有赖于德育实践模式的科学构建。高等职业院校在进行德育的过程中，开放性地引入实践机制，促进学生了解社会、了解国情，对于培养学生品格，增强学生社会责任感，使学生养成知行合一的道德观念具有不可替代的作用。德育实践模式构建的前提是以培养大学生科学的人生观和世界观为基础，以规范学生行为为目标，以中共中央关于全面推进素质教育的精神为指导，以突出提高大学生的思想道德素质为宗旨，以培养学生的创新精神和实践能力为出发点，在遵循德育的整体性、主体性和实践性等原则的基础上系统构建德育

实践模式。当前高等职业院校德育实践的普遍模式是：

1.以德育实践研究和指导中心为平台，加强综合研究

高等职业院校应以思想政治工作队伍、思想政治理论课教育工作者以及教育理论研究人员为主体，吸收部分学生和社会有关人员参加，成立德育实践研究和指导中心，进行综合研究，在研究的基础上科学地指导德育实践，推进德育实践工作专业化、科学化。有关部门应加强对中心的支持与管理，把德育实践研究和指导中心建设作为大学生思想政治教育的科学研究阵地、决策研究机构、理论创新基地和研讨交流平台。

2.顶层设计，科学制定德育实践的目标和内容

学校要科学制定德育实践的目标，既要考虑德育实践目标的整体性、一贯性，又要兼顾德育实践目标的现实性，做到目标"近、小、实"，避免"高、大、空"。应以帮助个体实现社会化为目标，培养适应社会的人。只有这样，在德育实践目标的现实性的基础上，德育实践内容才可能具有可操作性、可接受性和富有时代特色，德育实践目标还可以作为学生实践内容确定的根据，也可以作为学生德育实践成绩的评价标准。

德育实践内容的制定要注重学生的主体地位，让学生在德育实践活动中发挥主观能动性。此外，德育实践内容要面向生活实践，把德育的内容转化为学生的日常生活和行为习惯，把德育的理论知识转化为个体思想品德的内在体现，从而实现德育的感悟与熏陶功能。

3.多途径设计德育实践的实施过程

一方面将德育实践融入专业课教学中，对专业课的学习也可以引入道德教育实践活动，将专业知识与道德教育结合起来，让大学生边学习专业知识，边接受道德文化的熏陶；另一方面将德育实践融进校园文化艺术活动中，校园文化艺术活动围绕德育育人这个中心展开，通过校园文化活动、社团活动开展德育实践工作，寓教于乐；此外还可将德育实践汇入大学生活中，大学

生的德育实践工作必须与大学生们的生活紧密挂钩。

4.健全德育实践的管理和评价体系

一方面要健全规章制度，加强德育实践过程的监控。对大学生德育实践过程进行有效的和务实的监控是保证德育实践目标得以实现的重要保障。实践过程中要面对复杂多样、被诸多现象包围着的实践对象，年轻的实践主体易于迷失自身，或陷于现象不能判断，或被迫改变原有的选题准备。这会导致系统运行过程的中断和偏离，失去实践性体验教育的价值和意义。因此，通过各种渠道、采用多种方式全面深入地对大学生的实践过程进行有效监控，不断修复反馈信息，是保证德育实践真正实现在改造客观世界的同时改造主观世界的目的。另一方面要构建科学的德育实践评价体系，即建立学校评价、社会评价、家庭评价和学生自我评价相结合的评价系统。首先要从实际出发制定量化指标，既详细具体，又具有可操作性。其次要健全考评制度，认真做好各种数据的收集和整理工作，努力使平时的考评工作落到实处。最后要使考评指标体现努力方向，能够起到规范学生思想表现和日常道德行为，激发学生奋发向上的作用。

5.建立信息反馈系统

人的认识是在不断的实践过程中实现由低级向高级的飞跃和发展。因此从认识论意义上来说，高等职业院校学生的德育实践并不是一次性的体现，就德育实践的系统而言，评价和反馈既是上一轮实践活动的归宿，又是新一轮实践活动的开始，也是德育系统保持旺盛生命力的标志。这就要求不断地完善德育实践的评价和反馈环节，逐步把德育实践转换为大学生自觉、自发的行动，真正提高其道德修养和道德能力。

（二）高等职业院校德育实践模式的特点

高等职业院校德育实践模式除具备社会实践活动与其他第二课堂活动

的一般特征外，还有自身所固有的特点，主要表现为：

1.建构上更加规范化

德育实践模式纳入德育教学计划，按照课程化设计和建构，它有一定课时，更有一系列的规范要求，其教学过程的各个层面和操作都必须周密有序，有明确具体的大纲和教学计划，按部就班，分阶段、分计划实施。

2.设计上更加个性化

学校德育实践模式建构如何，直接决定学校德育的效果。因此，在设计上一方面要体现教育自身发展的特征，既面向每一个学生，又让他们在全面发展的基础上，个性特长都能得到充分的发挥；另一方面，现代教育技术，特别是多媒体网上教学的广泛应用，为每个受教育者不同能力、兴趣、特长的发展提供了更广阔的平台。这就意味着教育的发展对人才的个性化要求空前提高。学校德育实践只有适应这一时代的新要求，才能保持旺盛的活力。

3.实施过程更加生活化

首先，高等职业院校德育实践更加关注和指导学生的生活实践。学校德育实践可以强化对学生的人生观、价值观和理想信念、爱国主义教育，有针对性地引导学生把学习与自己的发展和祖国的前途命运联系起来，增强其学习的动力和毅力。其次，高等职业院校德育实践更加关注和指导学生的交往生活。即指导学生交往的基础知识，培养和锻炼他们的交往能力，引导帮助他们建立起平等友爱、互帮互助、开放宽容、诚实守信的良好人际关系，为自身的健康发展和社会的安定创造良好的氛围。最后，高等职业院校德育实践更加关注和引导学生的日常生活方式和生活习惯。即向学生传授与现代文明生活方式及人与人之间和平共处的相关知识，指导他们建立勤劳节俭、自尊自爱、文明健康的生活方式并养成良好的生活习惯。德育生活化是对目前德育实践模式的新的挑战，要提高德育实效性，就必须大胆地进行改革创新，使德育实施过程更加生活化，使德育真正服务于德育对象。

4.评价体系更加科学化

一方面,对德育实践模式的评价克服了以往以考试成绩来评价学生思想品德水平的状况,而是在充分参考各种不同主体评价的基础上对学生做出评价,是一个动态的过程性评价,不是终结性评价。另一方面,对德育实践模式的评价不仅体现了学生自身价值的实现程度,而且还体现了社会价值的实现程度。德育实践模式不仅可以更形象生动地对大学生进行道德教育,使其综合素质得到极大的提高,更重要的是,这带来了社会价值的体现,大学生整体道德素质的发展,对社会的发展具有十分重要的意义。

三、高等职业院校德育实践模式构建

(一)高等职业院校德育实践模式构建的原则

1.有效性原则

德育的效果决定德育的成败。德育实践模式的各个环节都应注重效果。"立德树人"作为教育的根本任务,进一步强调了"育人为本,德育为先"的理念,强调提高德育工作的先进性和有效性。德育工作不仅仅要解决学生对于德育的理论认识,还要能将德育知识内化为学生个体的德育意识,并最终外化为符合德育要求的行为。因此德育实践模式的构建要坚持有效性原则,应根据学生的实际情况,有目的、有计划地将德育因素渗透到实践活动中,在实践活动中对学生的道德意识和道德行为产生潜移默化的影响,完善学生的修养和人格,切实提高德育的有效性。

2.可操作性原则

德育实践模式的构建还要强调各实践环节的可操作性。要从全程可操作、全面可操作、全员可操作三个方面来衡量与检验高等职业院校德育实践的可操作性。具体来说就是德育实践工作应贯穿于整个德育过程之中,环环相扣;高等职业院校德育实践工作还应全方位地深入到大学生学习、生活活动的全部领域；每一个德育工作者均要根据自己的职责分工做到"教书育人、管理育人、服务育人"。

3.整体性原则

德育实践模式的构建要坚持整体性原则。这是发挥德育工作整体效应，构建社会、家庭、学校的大德育体系，从而使德育工作形成系统，发挥作用。在德育实践模式构建过程中，应制订"教学"计划、活动模式、评估方案等，将学生的爱国主义教育、集体主义教育、社会主义教育及理想信念、思想品德教育等内容融入实践活动的各个环节中，使德育实践活动真正成为学生思想品德和道德教育的社会大课堂，使德育实践模式从整体上系统性地贯彻德育规范，组织实施德育实践性教学。

4.层次性原则

德育实践模式的构建要坚持层次性原则。德育实践模式的层次性，不仅指作为德育主体的学生因不同年级、不同年龄、不同教育环境使其德育发展具有层次性，同时也指德育工作者由于不同的分工而具有不同的层次性。因此，注重德育实践模式的层次性有利于德育实践模式的实施。随着时代的发展和社会的变迁，教育环境呈现出日益复杂化的特点。由于教育对象的德育基础不同，德育追求的目标层面不同，教育者的工作分工不同，德育必须进行分层教育才能提高高等职业院校德育工作的针对性和有效性。在德育实践中，要按照分层的要求对学生进行因材施教，尊重学生的个性差异，遵守教育的规律，使教育实践在分层中提高德育的时效性。

5.主体性原则

德育实践模式的构建要坚持主体性原则。这是因为，学生是德育实践模式的主体，在德育实践过程中，只有注重学生主观能动性的发挥，充分调动主体的积极性，使主体的作用得到最大限度的发挥，才能增强德育的实效性。德育应当进一步转变理念，将主体性视为学生全面发展的核心和精神实质，尽管对主体性德育实践模式的研究目前还处于探索阶段，但主体性德育实践的深入研究不仅是对传统德育实践的挑战，同时也是促使德育实践模式朝着科学化和人性化方向发展的新路径，是当代德育理论与实践符合时代发展的必然趋势。

（二）构建高等职业院校德育实践模式应注意的问题

（1）要立足长远，以发展的眼光构建高等职业院校德育实践模式。德育工作者，要根据国内外形势的新变化、教育改革和发展的新任务以及学生思想的新变化开展德育实践，一方面既要关注眼前社会热点问题对学生的影响，抓住契机对学生进行教育。另一方面又要立足长远，从学生的实际出发，根据学生现实中存在的问题，结合学生的年龄特点和教育过程的阶段性特点，选取现实的教育内容。如针对新生可以选取以适应大学生活、认识自我等为主题的实践内容，针对毕业生则应选取以创业、就业等为主题的实践内容等，以解决学生最迫切的思想及现实问题。用发展的眼光，选择有针对性的符合学生实际需要的实践内容，有利于激发学生对德育实践的热情，实现德育实践向现实生活的延伸，是德育实践模式的构建中应当注意的问题。

（2）要立足德育目标，遵循客观规律构建高等职业院校德育实践模式。德育实践模式的构建首先要立足德育目标，即提高学生的道德认知能力，培养学生认识、分析、解决多种具体道德问题的能力。虽然不同的历史时期，高等职业院校德育实践目标在侧重点上有所不同，但它们在培养学生德、智、体全面发展方面，都起了积极的导向作用和保证作用。德育实践模式的构建还要遵循学生的思想道德形成规律和学生道德个性的发展规律，遵循内化和外化过程相统一的原则。在德育实践中，要加强对学生的引导和指导，提高他们正确认识社会、辨别是非的能力，自觉抵制社会、家庭消极因素的影响。

（3）要立足实践，在高等职业院校德育实践模式的构建中注重制定科学的评价体系。德育实践模式的构建要立足实践，既来自实践，又要在实践中不断地完善。如何更科学地制定评价体系，更准确地量化评价指标，都有待于在实践中摸索。德育实践模式实施的具体内容、途径和方法等都要经得住实践的检验，德育实践活动的内容既要反映时代的特点，又要具有较强的吸引力，使大学生乐于参与。此外，德育评价是教育评价的重要方面，构建一个动态的、立体式的评价网络，改变过去那种为评价而评价，评价经验化、单一化的局面，更科学地制定评价体系，更准确地量化评价指标，也是德育实践模式构建中值得注意的问题。

（4）要立足时代特点，在高等职业院校德育实践模式的构建中注重优化环境。德育实践模式的构建受多方面的制约，既受学校环境的制约，又受社会客观条件和家庭环境的制约。尤其在价值多元化的当今，各种复杂的社会现象对大学生产生了负面影响，给高等职业院校德育工作带来了更大的困难。因此，立足时代特点，优化社会环境，净化高等职业院校德育实践空间，为学生创造一个良好的实践环境对德育实践模式的构建也显得非常重要。

（5）要立足人的本质，在高等职业院校德育实践模式的构建中强调社会化。马克思主义始终强调人的社会化。现代大学生是未来社会的栋梁，需要较强的社会适应和生存能力。因此，德育实践模式的构建要重视德育的社会化，要突破学校德育课的时空限制，在充满复杂和冲突的社会情景下，根据学生的接受程度，开展多样化的社会实践活动，分层次地引导学生初步接触社会、关注社会并积极参与社会道德生活，在社会矛盾和冲突中寻求平衡。在社会大课堂中把校内学习和校外学习有效衔接起来，在与各个阶层的社会交往中陶冶情操，体验真情实感。反之，学校既与社会隔离，学校里的知识就不能应用于生活，因此也无益于品德。

（6）要立足实效性，在高等职业院校德育实践模式的构建中注重德育形式和内容的有机结合。从辩证唯物主义的立场看，内容和形式是辩证统一的，超越任何内容的空洞形式是毫无意义的，回避道德内容的研究是不完全的研究。一定的内容都有它的最佳存在形式，一定的形式总是为一定的内容服务，将道德教育的内容与形式结合在一起研究，是高等职业院校道德教育实践模式的构建中应有的价值取向，也是提高德育实效性的必然要求。

第三节
高等职业院校德育实践的途径和载体建设

一、传统途径和载体的建设

（一）德育实践途径和载体的含义

高等职业院校的德育过程，就是教育者、受教育者和社会要求的思想品德规范这三大要素之间相互作用和变化发展的过程，也是不断解决三大要素之间矛盾的无限循环的过程。是教育者根据社会的要求和受教育者的思想品德形成的过程，对受教育者进行有目的、有计划、有组织的教育，使受教育者形成社会、阶级或社会集团所期望的思想品德和心理素质的过程。

德育实践的途径从根本上来说就是德育实践过程的方法选择，它在一定意义上决定了德育内容以及受教育者在德育过程中的地位。德育途径的选择从根本上来看是对教育观念和教育方式的一种选择。传统德育将德育等同于道德知识的教育，选择以讲授德育内容为唯一的形式来开展德育实践；现代德育选择受教育者自身体验的实践为德育活动，体现了受教育者在德育过程中的主体地位。当然，任何单一的途径对于单个受教育者而言，其作用和效果都是有限的，只有通过适合受教育者并采用多种途径开展的德育实践，才能够发挥德育实践真正的价值和作用，因此德育实践的途径在德育实践过程中的地位和作用是显而易见的。

任何一种途径都要依赖一定的载体，德育载体同样具备一般载体的属性和性质。德育载体就是指在德育过程中能承载并传递德育内容或信息的所有事物、活动及过程。它是教育者与受教育者之间的桥梁，是实现德育工作目标的基本条件和保障。载体在发挥其作用时会"隐而不见"，让人感受不到其存在，但是载体却是德育得以发生实现所必不可缺的。载体选得好，可以收到事半功倍的效果。载体是德育的土壤,选择了合适的土壤,德育才能生根、开花、结果,才能发挥更大的作用。德育载体担负德育主客体之间信息的传输功能,是一种承载和传输德育信息、不断促进教育过程中德育主客体双向互动的信息场。只有在德育实践途径和载体的选择相契合、相适应的情况下,德育的载体才能真正发挥功能。

(二)传统德育实践的途径及载体

传统德育过度注重理性说服和灌输教学,强调在课堂中进行道德知识的传授。这种德育的理念是将受教育者作为知识的接受者,将德育等同于道德知识的教育,于是德育更注重道德知识的单向传输。在这种理念之下,高等职业院校德育实践主要依赖两个载体:

1.课堂教学载体

课堂教学是学校教育的主要途径,也是高等职业院校德育实践的常用载体之一。课堂教学就是通过把德育内容系统化、标准化、课程化,在课堂上通过教师有意识地传授,使学生掌握正确的道德观点和科学的政治理论,培养良好的思想道德素质的过程。

课堂教学作为高等职业院校德育实践的基本载体,以传授理性知识为主,教师通过课堂上对理论知识深入浅出的讲解为学生提供了增强道德认识、培养理想信念的途径。如通过系统讲授马克思主义理论知识使学生树立共产主义的远大理想,坚定中国特色社会主义信念。在教学过程中,教师对教学内容准确、深刻的全面理解和系统的讲解,会成为学生获得道德知识和能力的重要途径,使学生获得更多的正确思想观念,从而为塑造理想人格和指导自身行为实践提供理论指导。为了增强认知功能,课堂教学更多的是采用直接灌输的方式,即教育者通过传授、讲解,把德育内容灌输给受教育者,使其接受,并转化为思想意识和行动。课堂教学载体是由大学生自身思想发展的内在需要所决定的。

2.管理载体

高等职业院校德育是一门科学，教育载体的运用，从根本上讲，是教育规律的反映和体现。所谓管理载体，即"以管理为载体"，是指高等职业院校德育过程中管理活动与管理手段相配合，更加紧密地贴近学生的生活实际和思想实际开展高等职业院校德育。

传统德育实践将管理作为基本载体之一，是高等教育的规定性和教育对象的特殊性所决定的。一方面，高等教育要求德育内容系统化，德育实践必须做到组织工作制度化。另一方面，由于教育对象在心理和生理方面还很不成熟，自制能力和抗挫折能力较差，加之喜欢以自我为中心，如果忽视管理，后果将是难以想象的。管理对于建立宽严有度、有张有弛的教育环境十分重要。

管理载体具有四个特点：一是管理载体是一种制度化的教育形式。管理必须依据由法律、规章、纪律所构成的制度进行。将管理载体与德育相结合，就使得德育具有了一定制度化的特征，带有一定的强制性。有效的管理也是一种教育，而且是一种具体的教育。通过他律对自律的促进作用，把德育与管理紧密结合起来。德育的管理载体就是寓德育内容于管理之中，一方面通过运用一定的规章制度、行为规范和有效的管理方式来约束、规范和协调人们的行为，以养成良好的思想品德和行为习惯。另一方面借助一定的权力来保证实施，通过行政、经济、法纪等手段进行管理，对全体成员都具有强制的约束力，最终使学生从他律走向自律。二是管理载体相对于其他载体来说更具有广泛性和实践性，使德育与其他工作实现了最好的结合，具有渗透性。这是管理载体最为突出的功能。把高等职业院校德育与具体工作结合起来，在日常生活中渗透高等职业院校德育因素，管理载体能及时跟踪、考查学生的思想状况，并及时反映问题进行调整，确保高等职业院校德育能够更加深入、更加贴近学生的思想实际。面对德育对象在德育实践中的问题，如果出现管理不及时、管理不到位、管理不适当，就会对高等职业院校整体的德育产生负面影响。反之，制度健全、纪律严明、公平公正、秩序良好的管理，能使人情绪稳定、对管理认可、心悦诚服，德育工作的内容、信息和目的也就能及时地通过管理载体传达至德育对象，使其在投身于道德实践时积极发挥自身的主观能动性，促进德育的实施和发展。三是管理载体与其他载体相比具有更强的规范约束性，它通过明确的政策、法规、条例、制度，综合运用教育手段、经济手段、行政手段乃至法律手段，对不良的思想意识和行为习惯辅之以必要的管理手段进行约束甚至是惩罚。借助管理载体，高等职业院校德育工作者可以把高等职业院校德育的要求通过管理的规范影响、制约德育对象的言行，并促使他们将德育内容和要求内化为思想，外化为行为，达到教育的目的。四是管理载体具有沟通、协调功能。管理的过程就其实质而言就是沟通、协调的过程，沟通是管理的方式和手段。沟通是为了达成共识，协调是为了化解矛盾，使各种资源发挥最大效益。管理的这种沟通、协调功能从某种意义上来说就是高等职业院校德育的原则和方法的体现。管理者要及时地向德育对象传输正确的行为方式、道德观念，掌握德育对象的感想和建议，又要及时协调、疏导德育对象出现的心理不平衡、利益冲突、人际矛盾等问题。管理载体这种沟通与协调的功能在德育中有着不可替代的重要作用。

二、拓展高等职业院校德育实践途径和载体的尝试

（一）拓展高等职业院校德育实践途径的突破口

高等职业院校德育的实施，一定程度上的道德知识的传授是不可或缺的。但受当代大学生自我意识、自尊心、独立性与参与意识强等个性与心理特征的影响，过多的灌输又容易使他们产生强烈的抵触情绪。为此，高等职业院校德育工作者在德育的实施过程中，既要在道德知识的传授过程中注重趣味性，避免枯燥和乏味，采用灵活多样的方法，增强感染力和吸引力，又要充分发挥学生的主动性和积极性，更要多采用启发、诱导的方式，以培养学生的道德自觉性。道德教育的实践表明，传统的德育实践忽视德育过程中

教学的情感性、学生的主体性而造成的片面的灌输只会引起受教育者的逆反心理，不可能培养受教育者独立思考的能力及自主性的人格，德育也就因此缺乏实效性。因此，应当从以下两个方面来寻求拓展高等职业院校德育实践途径和载体的突破口。

第一，在德育实践过程中发挥道德情感的内驱力。德育过程是培养受教育者知、情、意、信、行统一发展的过程，只有注重这五种因素共同发展，道德观念才能更好地通过一定的德育实践作用于受教育者，德育才能发挥其真正的价值和作用。在从道德认识到道德行为的转化过程中，道德情感起着重大的作用。在德育实践过程中应重视以情施教，发挥道德情感的内驱力作用。在道德认识阶段，情感能促进他人言行的"内化"。教育者真挚、生动的情感易打动受教育者，使他们易于接受、采纳教育者的言行；而冷漠、无情或不真实的情感，则易使受教育者产生隔阂，甚至反感，从而会大大降低对教育者言行的接受程度。在道德行为阶段，情感能激励自我观念的"外化"。情感的这种效能是通过其促进良好人际关系的建立来实现的。心理学家的研究表明，愉快的情绪体验会带来面部表情的愉悦，有助于人们建立友谊，增进人际互动、谅解和相互信任。为此，情感可以通过促进良好的人际关系的建立，使学生愉悦地进行德育实践，获得将道德观念进行外化的机会。

第二，在德育实践过程中培养道德主体能力。高等职业院校德育的目的是使德育对象形成正确的思想、立场、观点和合乎社会要求的行为规范。而德育目标的实现有赖于德育对象的主动参与，及他们心理内部开展的矛盾运动所做出的正确道德判断和道德选择。因此，培养和提高大学生的道德主体能力，包括自我教育能力、道德判断能力、道德创造能力是高等职业院校德育实践的一项基本任务。首先，要培养学生的自我教育能力。大学生所处的身心发展阶段说明他们已有了一定的自我教育能力，高等职业院校德育工作者的任务是促进受教育者自我教育能力的进一步提高，以使他们能顺利地实现由"他律"向"自律"的转变。其次，要培养学生的道德判断能力，即识别、判断行为善恶的能力，这是学生自我教育能力形成的基础。这就要求高等职业院校德育工作者给学生提供有关方面的知识和经验，同时给他们提供进行道德判断的机会，更多地变"教育学生应当干什么"为学生主动地展开思考"自己现在该做什么"。再次，要培养学生的道德创造能力。伴随时代的变迁，道德也表现出可变性、发展性的特征。作为社会主义的建设者和接班人的大学生，理应具备创造新的伦理道德精神、创造性执行现有道德规范、有效地解决现有道德问题的能力。为此，高等职业院校德育实践要高度重视学生的道德主体地位，为他们道德创造能力的发展营造良好的外部环境。

（二）新时期拓展高等职业院校德育实践途径和载体的有益尝试

受教育者作为道德主体，逐渐在新时期德育实践载体中发挥更多的自主作用，以自身的体验完成道德教育的过程。因此，让受教育者更多地进行自我体验成为新时期德育实践载体建设的主要目标，高等职业院校围绕这个目标在德育实践途径和载体的拓展上做了有益的尝试。

1.校园文化活动载体

校园文化活动载体是德育工作者围绕教育目标和内容，以高等职业院校学生为主体，通过开展各种活动，寓德育于活动之中，使学生们在参与活动的过程中潜移默化地受到道德的熏陶，从而达到教育的目的所采取的方法和途径。在学校教育中，让学生能够投入群体性的实践活动，可以使学生在开放性的活动中形成开放的个性，在现实的活动中感受自我、认识自我，并逐渐形成与现实相关联的理想人格。校园文化活动载体主要包括社会实践活动、科技创新活动、文体娱乐活动等。

（1）校园文化活动载体的特点。

一是具有广泛教育性。校园文化活动有丰富多彩的形式，有较强的感染力和吸引力，学生能广泛参与。此外，校园文化活动涉及的教育内容更加宽泛，大学生可以根据自己的喜好，选择自己感兴趣的活动，并从中受益，达到学习和锻炼的目的。因此，从参与对象及教育内容上来讲，校园文化活动载体具有明显的广泛教育性。

二是具有间接教育性。校园文化活动的开展主要是运用隐性教育的方法，通过使受教育者由被动转为主动地参与教育活动，在潜移默化中培养其良好的道德情操，使受教育者充满参与的成就感，从而达到"润物细无声"的教育目的。因而它具有间接教育性。

三是具有开放教育性。校园文化活动打破了高等职业院校德育课的封闭性，是一种开放的道德教育。德育课主要是教育主体向客体施加影响，客体接受影响的过程，而以开展活动的方式进行道德教育，就会使大家既是教育者，又是受教育者，达到一种相互影响、自我教育的效果。

（2）校园文化活动载体的作用。

一是校园文化活动是高等职业院校文化传承与创新的关键环节。一方面，它促进校园精神的培育。校园精神是在校园文化活动中诞生、发展并升华的，还必须依靠校园文化活动来进一步体现、巩固和发扬光大。另一方面，它促进校园文化环境建设。校园文化活动直接改善校园物质环境，引导校园精神环境向更具文化品位的方向发展。校园文化活动既可以改善德育的硬环境，也可以优化德育的软环境。它是高等职业院校文化传承与创新功能发挥的重要环节。同时，校园文化环境的改善也为校园文化活动开创了更加和谐的空间。

二是校园文化活动是实现德育目标的重要途径。大学生处于世界观、人生观和价值观的形成阶段。丰富多彩、文明健康的校园文化活动给了他们更多的发展空间。校园文化活动，使学生能够在轻松愉快的环境中接受新事物，按自己的爱好选择参加的活动，在浓厚的兴趣中吸收新思想，也可以使学生在各式各样的活动中，通过复杂的人际接触，提高自身的素质和能力。校园文化活动的开展使学生在良性循环中不断完善自身的审美修养，逐渐成长为全面发展的高素质人才。这是实现德育目标的重要途径。

2.心理咨询活动载体

所谓大学生心理咨询就是德育工作者或心理咨询专家根据咨询对象的具体情况，运用心理学的知识和原理，通过与学生谈话和讨论，帮助求助学生发现自己心理问题的根源，引导其改变原有的认识结构和行为模式，以维护和增进心理健康，促进潜能充分开发和个性全面发展。当今社会的一个显著特点是发展迅速，变化复杂，竞争激烈。对每个人来说，不但机遇与挑战同在，而且往往成功与挫折并存。这种社会状况很容易引发学生的紧张和焦虑，使大学生的心理承受能力、自我控制能力和适应能力相对减弱；一旦学生自我实现意识难以达到期望值，便会增加他们心理上的负担，产生严重的焦虑、抑郁、紧张等心理问题或心理障碍。面对这些问题，传统的思想教育方法往往力不从心，不能从根本上解决，心理咨询活动载体便日益成为德育实践的重要载体。

（1）心理咨询载体的特点。

一是具有科学性。心理咨询以一种平等交流的关系，通过讨论的形式进行推心置腹的交谈，这种方式容易深入学生的内心世界，解决深层次的心理问题。同时，心理咨询科学性强，它是建立在对人脑思维、情绪和情感等心理因素发展规律研究的基础上，有系统的科学理论作为指导，容易取得较强的信任感。心理咨询载体，有助于各种心理问题的解决，其方法和作用是传统教育方法和作用所无法取代的。

二是具有实效性。教育效果不仅取决于教育内容的科学性、先进性和教育者本身的素质，还取决于教育对象对教育内容的吸收和内化程度。教育者与教育对象本身就是一对矛盾，如果教育对象形成对教育者的逆反心理或对抗心理，就会拒绝接受其施加的教育内容；相反，如果教育对象与教育者建立和谐、融洽、信任和理解的关系，对其施加的教育内容就容易被接受并内化为自身的思想意识和道德品质。因此，通过心理咨询载体，可以及时对学生的各种矛盾心理和冲突进行调适，从而为德育创造一种和谐、稳定的接受心境，增强德育的效果。在新形势下，学生思想趋向多元化，高等职业院校德育只靠传统的方法很难真正掌握学生思想的实际情况，心理咨询就显得更加重要。因此，它日益成为高等职业院校德育的重要载体。

（2）心理咨询活动载体的建设路径。

心理咨询活动载体的建设应该着重考虑以下几个方面：一是加大对心理咨询知识的宣传力度，通过开设心理咨询课程及建立心理咨询中心等方式，使更多的学生了解心理咨询的意义、内容、方式和原则等，提高学生对心理咨询工作的认识。二是结合新形势，推广网上咨询。大学生处于自尊心较强的个性发展阶段，当出现心理困惑时，总是有相当一部分大学生掩饰内心世界，没有勇气去咨询室，同时又有强烈的被他人接纳的心理需求，渴望与人沟通和交流，而互联网虚拟隐藏性的基本特征为这部分学生提供了交流的平台。因此要充分利用网络平台，大力推广网上咨询。三是开展集体咨询。集体心理咨询可以使参与者通过对共同关心的问题交流讨论，彼此启发、支持和鼓励，观察、了解自己的心理行为反应和他人的心理行为反应，从而促进个人的成长与发展。对于大多数学生来说，在遇到心理问题的时候，往往求助于身边的同学和朋友，而不求助于心理咨询者。所以通过集体咨询更容易达到心理咨询的目的。四是提高咨询者的素质。通过各种形式和途径提高咨询者的素质是大学生心理咨询顺利进行并富有成效的关键因素。五是加强心理咨询的理论与实践的研究。在消化、吸收西方的心理咨询理论、方法的同时，与我们现有的教育理念、方法进行融合，形成具有我们自身特色的心理咨询理论与方法。加强心理咨询的理论与实践的研究，是心理咨询活动载体建设的重要途径。

3.网络载体

网络正在深刻地改变着人类的文化生活。网络既给高等职业院校德育工作提供了新的载体和阵地，也给高等职业院校德育工作带来了前所未有的挑战。如何把握机遇，迎接挑战，已成为迫切需要解决的课题。

（1）网络载体的优势。

利用网络开展思想政治教育具有传统教育方式不可替代的优势。

一是大学生通过网络可以接收来自各方面的信息，包括党和国家的政策、学校对学生的要求、家长对学生的期待等。大学生之间还可以通过网络互相碰撞思想火花。网络载体从根本上改变了过去社会、学校、家庭对学生的教育各自发挥作用，信息分散，有时相互冲突，无法很好协调的状况。通过网络可使分散的信息聚集起来，使各方信息在网络这个平台上相互作用，这就使过去相对狭小的教育空间变成了全社会共同做好学生思想政治教育工作的广阔空间。

二是网络的发展使高等职业院校德育实践具有了更广阔、更深入的舞台和方式。网络载体改变了过去传统的以课堂讲授方式为主的教育，改变了过去由于受场所等多方面的限制而不能产生广泛的教育效果的状况。网络载体能够使学生在任何时间、任何地点接受道德教育，这就摆脱了时空的局限，增强了及时性、广泛性和直接性。

三是网络也建立了一个让人真实表达自我的平台。在网络世界的虚拟空间，学生们更容易流露出自己对社会、对人生、对学校的真实想法，这就给高等职业院校德育工作者准确把握学生的思想动态提供了极大的便利条件。

（2）网络载体的建设路径。

网络对青年学生的影响越来越大，并已日益成为青年学生学习生活的一部分。因此，要想利用网络对青年学生进行道德教育，就要建设好网络载体。

一是加强网络阵地建设，建立德育专门网站。当代社会是信息化迅猛发展的时代，作为培养社会人才的高等职业院校德育应该具有时代性与前瞻性，紧密跟随时代的发展，做到与时俱进，发挥互联网在高等职业院校德育方面的重要作用。因此必须加强高等职业院校网络阵地的建设，发挥专设德育网站的积极作用，将党委、团委、院系网站与德育紧密联系，发挥好党委、团委、院系网站作为德育载体的重要作用。结合当下社会热点问题进行分析，提出正确的观念，传播社会正能量。同时做到贴近学生，立足校园德育实际，提高德育网站的实用性和服务性。

二是加强管理，努力限制和消除网络的消极影响。网络是一把双刃剑，在带来便利的同时也存在着许多问题。网络信息良莠不齐、真假难辨，对于辨别能力、自我防卫能力较差的大学生来说，他们往往难以辨别真假良莠，最终容易受到不良信息的不利影响。所以在校园网络建设的过程中加强对信息的审核，保证信息的真实性，加强后期内容的检测，一旦发现有问题的内容及时解决，提高实效性。解决该问题最为根本的就是尽快制定和完善网络法规。高等职业院校要通过管理载体加强校园网络信息管理系统，预防有害信息侵入校园，为思想政治教育功能的发挥提供坚实的网络平台，制度的建设和完善为网络平台的发展提供保证。

三是建立最新的网络交流平台。随着当代社会移动端的普及，微信、微博、QQ、短视频平台等成了人们交流互动的主要网络方式。教育工作者应该紧随时代的发展，积极有效地利用大学生常用的交流软件与其进行对话和交流。学校也可以根据本校的特点、立足本校的实际情况以及根据本校的需求建立本校具有特色的交流和沟通方式，比如各校的微信公共平台建设、校园APP的开发等。教育者在运用这些方式时要体现导向性原则，对一些事关大局、具有一定政治敏感性的话题，要在平等对话的基础上对学生进行正确的引导和正能量的传播。网络具有隐蔽性，同时，在网络环境下开展德育工作是长期并复杂的，我们要积极发挥主观能动性，把握其规律和特点，巩固创新德育工作的方式和方法。

第四章

高等职业院校
德育与文化

第一节
高等职业院校德育的文化本质

文化育人是在育人中传承文化、实践文化、创造文化的过程，在价值上要有使命的担当，要有文化价值的弘扬以及文化内涵的开掘与提炼，体现出文化自信与文化自觉，进而成为公民、社会和国家价值观教育的基础性保障。所谓价值观，是社会成员对于社会现象和思想意识进行是或非、有意义或无意义、值得接纳或不值得接纳的判断时所依据的一系列最基本的准则或尺度，其内涵与人的生命意义和社会发展终极目标紧密联系，指向人与社会之"应然"，显示了社会成员的总体期待与心灵诉求。核心价值观则是其中最具广泛主导性和普遍根本性意义的准则和尺度，作为社会主流意识形态，它在消解各种价值主张的紧张对立中使各种价值观念间保持合理的张力，整合社会力量、凝聚民族精神、实现共同理想，深刻体现了人类社会文明及民族文化孕育的价值共识。随着现代社会多元文化的发展及影响的日益加深，加之世界各国对文化软实力问题的认识不断提升，从文化自觉、文化自信、文化自强的层次认识核心价值观教育的现状，以文化发展的视角观照核心价值观教育的未来，必将成为社会核心价值观教育的研究趋势。

一、核心价值观教育的文化哲学

人类社会发展进程表明，面对价值真理和道德规范，社会成员并不是一味被动地接受，而是会主观能动地甄别和取舍，最终形成固有的价值观。这种价值观一经形成，就会渗入社会成员的价值活动之中，并在根本上成为其价值判断、选择、追求及创新的主要依据。价值观教育是教育对象在教育者的价值引导下自主地构建思想理念和道德品质的过程。任何社会都需要有占主导地位的核心价值观来反映社会发展本质规律、引领社会成员精神生活、促进个体进步发展，没有核心价值观的社会是极不稳定的。社会存在和社会意识影响社会核心价值观的形成，核心价值观教育使社会成员自觉遵从并愿意用这个价值观来指导和规范自己的行为，以软性方式体现社会意识形态对社会成员的控制和领导，是主流意识形态掌握社会生活的根本性手段。

人的能动本性，决定了作为教育对象的社会成员在初始阶段对社会核心价值观教育是接受与拒斥、认同与否定、选择和摒弃同时并存的。从教育的内部机制来看，作为根源性影响因素，核心价值观教育成效取决于教育对象对价值理念的认同、需要及应用程度，即这种真理、规范对其自身价值实现的影响和作用。当今社会，多元文化汇聚导致的价值多元很大程度上带来社会主流价值观所引领的社会生活的无序和无力，需要我们从追溯文化起源、统一文化共识的德育实践中探究相应的工作方法和途径。人文文化素养是塑造高尚道德情操和责任感的基石。青年处于价值观形成时期，较易受到外来文化的影响，但是一旦经过实践认知确立了价值理想，并将这种理想作为终生追求，就会在坚定不移的推崇中构建起个人行为法则。在这种法则的指导下，具有共同价值理想的个体的行为逐渐趋同，为实现社会大同发展创造了可能。多元文化的发展既给社会核心价值观教育带来了严峻的挑战，也带来了难得的机遇。它有助于人们的多元化观念、全球意识、开放意识、竞争意识、创新意识、民主意识、权利意识及自由平等意识的形成和提升，其内涵丰富性为相关教育实践提供了大量的信息资料，有利于增强核心价值观教育的针对性和实效性。

人只有为他人的完美和幸福而工作，才能使自己也达到完美，深刻地体现出人的社会价值和自我价值是相辅相成、辩证统一的。大学生在成长发展的这一阶段有着高昂、积极、自觉的能动性，随着社会实践经验的丰富，能动选择的能力不断增强，个体价值观的深刻变化也从一个侧面反映着社会价值观的深刻变革。大学生核心价值观教育作为一项关系国家、民族和社会发展的长远战略性工作，应当立足国家和民族的历史文脉，关注大学生身心发展的特征和规律，结合个体生命诉求，积极处理好社会价值和个体价值的关系，促使两者实现充分互动和有效循环。社会价值的实现必须通过个体的自觉价值创造活动来具体承担和完成，而且社会价值实现始终是以个人的生存、发展和个人的全面发展为起点和归宿的；个体也只有通过改造客观世界促进社会发展的价值创造活动才能实现自我价值。

二、文化传承视域下的我国大学生核心价值观教育

价值观决定个体的自我认识，影响并决定着个体的理想信念和目标追求。大学生处于身心快速发展阶段，自我发展意识不断增强，"用自己的眼睛"寻求发展机遇、满足自身需要、实现人生价值，他们的价值理念不仅承载了基础教育的厚重思想积淀，而且在汲取新思想的过程中能动转化和升华。中华民族在五千年长期发展融合中形成了兼容并包的民族性格、思想心理、行为方式和价值取向，铸就了民族向心力、凝聚力，这也是华夏儿女价值观稳定性和持久性的重要基础。中国文化具有"人文"核心，立足民族文化根基，一以贯之，绵延不断。同时，开放融通，博采众长，在自我超越中日渐丰富和完善，具有深厚蓬勃的价值生命力，其灵魂始终存在于社会成员精神意识中，是中华儿女价值观最重要的基础元素，深刻影响着社会核心价值体系的构建。正是核心价值观的持久性主导和引领，才在成千上万个体价值实现过程中实现着社会价值追求，并不断构筑起全社会文化的软实力。新时期，我国社会民族文化与外来文化剧烈碰撞，多元文化环境消解社会主导价值观，一定程度上造成大学生道德认知模糊和价值选择紊乱，处于希望和迷茫并存交错的心态中，他们对核心价值观认同上的矛盾和冲突时有增加，但必须看到，强烈的爱国情怀和国家意识、高度的民族自信心和社会责任感仍是大学生的思想主流。

当前我国大学生价值观处于更理性、更客观的新的建构发展过程中，随着理想主义和精神价值明显隐退，价值取向的个性化、多元化、世俗化、功利化倾向明显增强。尤其是个人利益的合理性与合法性得到承认和肯定，大

学生开始追求务实进取、协调兼容的价值选择。他们以"中庸之道"寻求个人与社会、物质与精神、理想与现实之间的合理支点，既反映出成长中无法避免的人生彷徨，也体现出"现实主义"的思想成熟。

长期以来，我国社会建构大学生的官方传统就是将其视为担负未来社会建设重任的生力军，注重强调其"接班人"的意识形态特质，这种文化传统灌输忽略了大学生的心理自觉性和主动性。然而，随着20世纪90年代主流话语中政治与文化的逐渐分离，给大众文化预留了越来越多的生存空间，加之日趋开放、平等、宽松的环境中，叛逆在某种程度上已经成为青少年成长和社会化过程中的一个必经阶段，正面教育存在的形式化倾向使得"80后""90后"大学生崇尚"自由选择""自我实现"，与主流价值观的对峙、疏离和较量姿态逐步明显。

由于教育方式比较简单，实施途径相对狭窄，教育机制过于呆板，缺失相对公允评判，教育对象主体性仍未得到很好的强化，尽管有声势浩大的"众人拾柴"，但并未见到我们期待的"火焰"升高。核心价值观内涵的深入及扎根甚至受到较为严重的阻碍，最终导致不少大学生信仰迷失和价值选择的颠倒、无序。

三、文化传承视域下的西方大学生核心价值观教育

当代世界，社会核心价值观教育作为国家战略，都是在全球化不断深入、世界变革急剧展开的大背景下发展和推进的，并日益突显出积极作用。尽管我国与西方国家意识形态、社会文化和政治制度不同，但核心价值观教育对巩固并加强社会主流意识形态、培养服务国家和社会发展的人才的作用同样重要，尤其是其大学生核心价值观教育中采用的思路方法及实践经验值得我们有选择地加以借鉴。

西方发达国家较早地从引导价值判断、追求、评价和选择入手，在价值观教育方法上进行探索，依托认知教育、人格品质教育及关怀主义立场等理

论基础，形成了价值灌输法、价值澄清法、道德推理法和价值分析法等教育方法。同时，注重多种教育方法的综合运用，逐渐形成了相应的教育理论系统。不少国家针对青年大学生出现的道德沉沦及精神颓废等现象，构建"意识形态复归教育模式"，其内涵不仅与民族价值观深度结合，也与人类道德价值有机联系，以培养和强化具有国家精神的公民为目标，开展系统的核心价值观教育，力图把握时机，有效传承民族价值观、整合社会价值观。

（一）重视以强化民族情感奠定教育基础

民族文化和民族精神凝结着世代情感与理想，超越时空成为道德和价值的标杆。可以说，核心价值观在深层次上反映出一个国家的民族性格。价值观教育要服务于社会经济、政治、文化及社会发展的需要，就离不开用民族认同感来加以维系。西方不少国家都立足自身文脉和民族传统，力求通过本民族的斗争史、发展史、成就史激发青年大学生强烈的民族自尊心和自信心，树立起为国家强盛、民族振兴而奋斗的思想意识和价值追求。

（二）重视以系统课程渗透影响价值取向

课堂是教育的基本途径，课堂教学可以说是一个最根本的价值传递和内化过程，本质上承载着道德教育性质，其中潜在的价值观教育资源值得我们有效挖掘和整合。不少西方国家十分重视依托公民教育、心理健康教育、宗教教育及相关科目课程进行价值观教育，从中引领大学生的价值取向和道德素质构建。

（三）重视以现实生活体验促进价值认同

知识中心主义和价值多元化趋向使得核心价值观教育的社会生态遭受一定程度的破坏。在价值观教育实施的方法维度上，面对大学生对社会主流意识形态价值理念的追问，不少西方国家都力图避免直白的说教和灌输，着力在教育的渗透性、互动性和实效性上下功夫，相关举措及途径力求贴近现实生活，充分调动他们积极参与和深刻体会，进而达到培养道德实践能力的目的。校园作为大学生生活的第一环境和人际交往的主要场所，其制度文化、管理风格、关怀体系及信息沟通模式等成为价值引导的"氧气"，不少学生在参与校园管理和参加社团活动的过程中不自觉地完成了政府和学校预设的价值观传输过程。

（四）重视以服务个体需求深化价值引导

教育活动就是一种以人的需要为动力，以掌握社会历史经验为媒介，以培养人为特征而构成的价值认识、价值选择、价值实现的特殊活动。核心价值观教育既要满足社会总体发展的需要，同时也要重视社会成员的主体地位，促进个体的全面发展。西方高等职业院校十分注重学生对学校管理的民主参与，许多学校都制定了审理学生诉讼案件的正式程序，在英国高等职业院校学校或院系层面的管理活动中，为使相关政策能够有效反映学生的意愿和心声，政策制定过程中都会按照既定程序充分征求学生的意见和建议。心理咨询和职业生涯规划指导是许多西方国家高等职业院校价值观渗透的有效形式，并已形成了比较完善的工作组织体系和运行机制。美国大学生心理咨询内容主要是心理健康咨询、学习咨询和职业咨询，敏感性训练小组、心理剧疗法等举措教育引导成效明显，如加州大学的心理咨询家每年在一年级新生中精心设计心理健康教育课程，营造丰富的团体活动环境，对大学生人格发展施加有意识的影响。核心职业能力培养是近年来英国高等教育的热点，它打破了原来职业能力培养的专门化、个性化方向，强调能力融通，其实质是介于抽象原理知识、价值观与个性发展、具体操作技能、应用技术之间的一种能力，这一能力培养理念立足个体价值的充分发掘，使得职业教育与价值观教育无缝连接。为保证价值观教育活动的制度化和连续性，一些国家的政府通过专门法案，划拨专款推行相关项目，同时建立了跨地区联盟组织，指导、协调服务性教育活动。在美国，大学生价值观教育的活动往往呈现出教育界、执政党、社会媒介及教会组织等多方通力协作、共同参与实施的格局。

四、我国大学生核心价值观教育的提升路径

（一）与时俱进，科学厘清价值观教育内容

核心价值观是一定社会背景下的意识形态，在不同时代、不同地区都会呈现其独特内涵，其教育必须顺应社会发展规律和进步潮流。开放时代，我国大学生接收信息的广度和深度变化显著，给传统价值观教育带来了不小冲击，价值观教育方法的选择虽然要考虑教育过程本身的规律、价值观维度自身的规律，但也必须考虑受教育者所处时代的需要，以往强势、教条化的教育内容必然无法使日新月异的社会环境中的核心价值观教育达到理想效果。同时，价值观从来就是一定时期社会文化的价值观，世界各国大都注重从根本上培养民族精神和寻根意识，联系时代发展趋势和要求，不断激发大学生对国家、民族的由衷热爱和强烈使命感，有效地统一和强化社会价值认同。

中华文化源远流长、博大精深，历经历史长河洗礼传承不辍，具有强大的生命力，其精髓是我国社会道德教育的基础和灵魂。可以说，丰富的传统文化积淀和滋润是中国特色社会主义核心价值体系建设的源头活水，民族精神与时代精神相辅相成，在核心价值观教育中发挥着主心骨的作用。如何在社会主义核心价值体系的框架下深化价值共识，树立价值标杆，需要从中国梦的深刻内涵和实现举措上探寻有效契合点。作为中国未来发展的目标和方向，中国梦不仅凝聚人心、汇聚共识，充满了正能量，同时也包容和谐，与世界各国人民的发展之梦交相辉映。我们要秉持历史继承性、时代现实性和未来前瞻性相结合的教育理念，积极把握马克思主义指导思想、中国特色社会主义共同理想的当代中国文化主流话语系统，在现代道德生活的基础上培

育充满生机与活力的社会主义核心价值观。同时，核心价值观的凝练也要兼容并包，拓宽视野，勇于超越民族、区域的界限，认真协调异质性文化间的矛盾冲突，积极汲取全球人类文明的共同成果。科学厘清社会核心价值观内容，是核心价值观教育的前提和基础。

（二）丰富载体，全面优化价值观教育环境

当前我国大学生的核心价值观教育缺乏广泛有效的认知场景，尚未很好地引导他们去体验角色，培养其批判性思维和决策能力。也正因为如此，较为僵化的思想引导无法激发大学生的思维积极性和创造性，从而动员自我来提升精神境界，发自内心地将道德原则内化为道德信念。从组成形态上来看，社会环境把理性的道德精神遍布在自然的教育环境中，抽象的特点使其影响具有显性教育无法替代的作用。

我们要立足社会需要与大学生全面发展的有机结合，探索创新广泛、高效的社会主义核心价值观普及传播的载体，充分利用他们身边熟悉的社会环境资源，把理论教育与社会体验结合起来，使他们在社会现实生活中准确自我定位，培育起有利于个人发展并符合社会要求的情感意愿和价值信念。政府要借鉴西方经验，充分重视利用社会文化机构和大众传媒对大学生施加思想影响和意识熏陶，通过组织特定的群体性、主题性活动统一道德认知，使大学生由浅入深地理解和吸收社会核心价值理念，最终实现根深蒂固的认同、信仰和持之以恒的实践、奋斗。高等职业院校也要努力建设体现国家文化特点、时代特征和学校特色的大学文化，使大学生在现代大学精神的教育下烙上社会主义先进文化之印，形成符合时代潮流的社会核心价值观。此外，我们也要积极把握大学生社会化成长趋势，注重强化大学生以社区精神为核心的精神家园意识，以社区文化为纽带，把社区变成大课堂，让大学生以"社会人"角色现实领悟社会主义核心价值体系的真正要义。全面优化各类载体和环境，是核心价值观教育的重要保障。

(三)尊重主体,着力转变价值观教育方式

全面深化教育改革的时期,由来已久的传统教育体制仍存在一定的思维定式,我国大学生价值观教育理论与实际脱节问题尚未有效得到解决,具体举措的科学性、实践性、联动性不强,缺乏对相关教育环节的系统把握,认知与行为还容易出现较大程度上的分裂。特别是着力主动占位,过于强化单项价值灌输,价值澄清、价值推理及价值分析等方法在教育过程中往往被忽略或弱化,导致价值观教育活动流于说教。西方人本主义心理学、认知发展派别及杜威的经验主义价值论高度重视个体生命诉求,十分强调价值观形成中对教育对象主体性的关注。社会核心价值观要成为能够指导并约束个体行为的信念,必须要经过内化过程。这个过程仅靠简单灌输是无法完成的,必须尊崇人性和体认人情,吸引教育对象的主动参与。

我们要注重培养大学生的道德判断能力,帮助他们形成高级批判性思维;尊重并激发他们思维的选择性、自觉性、能动性和创造性;引导他们自我教育、协同发展,增进与社会成员间的情感维系,不断增强社会归属感,把社会价值目标变成自身的价值追求,实现个体价值与社会价值的充分融合。对于处于社会化进程的大学生,教育者要在情感上理解、接纳并欣赏他们的时代特质,注重强化身心辅导、人生规划等引导性教育,让他们主动克服功利主义思潮,树立正确合理的人生追求。同时,道不可生论,德不可空谈,价值观教育要内化于心、外化于行,切实引导大学生以主体身份参与教育过程,在实践中逐步掌握社会生存能力,确立起符合社会发展要求的理想信念和道德准则。作为一种追求、信仰和使命,当前我国社会深入开展的"学雷锋"活动及志愿服务,实践倡导对生命价值与人的尊重,培养大学生对社会、对人类发展无私奉献的责任心,洗礼灵魂、升华境界,使他们在追求真善美的体验中树立积极的世界观、人生观和价值观,值得我们去深入探索其常态化运行机制。确立"以人为本"的教育理念,是核心价值观教育的本质诉求。

（四）协同创新，有效拓展价值观教育空间

当前，我国社会核心价值观教育的制度化、规范化尚处于起步阶段，立法尚不健全，理论界对核心价值观的表述虽然不断明晰，但未全面深入传播，大众化普及还缺乏足够的舆论支撑，大学生爱祖国、爱社会、服务他人的道德信念受各种主客观因素影响，时常容易出现动摇。分析教育主客体关系及影响因素，当代社会的大学生价值观教育无疑是一个多元影响、开放互动的系统工程。这一工程的建设需要进行全方位的统筹规划。

秉持协同创新理念，社会各层面要从国家战略的高度，齐心协力地共建社会主义核心价值观教育平台。高等职业院校要围绕人才培养目标，着力改革相关领域教育教学的内容和方法，创新组织管理形式；同时，要重视理论问题的深刻阐释和形势透析，大力推进学科德育，融合专业教学，强化实践体验，在系统的课堂教学中进一步提升价值观教育的成效。政府和社会机构要积极借鉴西方国家的有益经验，根据大学生思维方式、生活方式及行为方式的变化，重视以服务个体需求深化价值引导，通过运用一定的思想观念、道德规范和法律制度，结合自身职能，实施有目的、有计划的组织，在生涯教育、心理辅导等方面优化资源配置，创新协作方式，将核心价值观教育体系有机融入公民教育和社会生活"隐性"大课堂之中，激发大学生关怀社会和造福人类的使命感、责任感，促使他们形成符合社会要求的道德信念和价值理想，达到价值追求的新境界。构建全员全程格局，是核心价值观教育的提升动力。

当下，大学生核心价值观教育应以体现国家价值目标、社会价值取向、公民个人价值准则的 24 字核心价值观为统领，积极把握中国特色社会主义发展要求，充分结合社会人文素养、精神追求及行为规范的提升，在塑造大学生"完全人格"过程中为社会发展不断积蓄精神动力。

第二节
高等职业院校文化的德育价值

社会的发展离不开拥有共同理想的社会成员，社会成员的成长和发展也必然需要与其心智相匹配的理想信念为指导。理想信念教育是一个社会特定发展阶段的德育基础和缩影。中国梦作为我国青年奋斗目标的公约数和交汇点，是每个青年成长进步的动力，广大大学生要在实现中国梦的征程中积极实现个人价值，促进自我发展和完善。

高等职业院校文化以其闪耀的理性光芒扎根于社会文化内核，是高等职业院校全面汲取历史文化精髓，融合时代发展特色不断充实并形成的切合自身使命和职责的世界观、价值观和方法论的集成。同时，作为社会先进文化的重要组成部分，它具有继承和创新相统一的理论品质，汇聚优秀历史传统与先进时代精神，以科学、民主、平等、自由、宽容、创新等内涵影响着一代又一代大学生的价值判断、思维方式和行为习惯，激励着他们肩负使命，心系国家、民族和人民，为实现社会共同理想而不懈奋斗。高等职业院校文化孕育的大学精神不仅为高等职业院校持续发展注入内在精神动力和坚强生命底蕴，而且以强烈融合性和渗透性内化成大学生行为的共同理念，是高等职业院校德育的重要支撑和内涵来源。

一、我国高等职业院校文化发展中的理想信念教育

文化本质与人性本质统一于人类社会发展过程之中，文化本质可以说是人性本质的全面展现与积极发挥。崇高的理想信念是一种强大的精神力量，对于推动个人和社会发展都有变革性影响。高等职业院校是人类社会高尚理想的发源地，优质高端的高等职业院校文化激励着先进思想理念的产生，促进人们对生命意义更高层次的探索。

高等学校的出现源于文化的积淀，文化的凝聚促进了社会的变革，新文化运动、五四运动等对中国社会的影响也都说明了高等职业院校文化熏陶下形成的青年理想信念对社会发展的积极意义。可以说，没有近代高等教育的引领，中国近代化历史进程就必定要推迟。作为我国历史悠久、最具代表性的高等学校，北大精神是以中国文明为根基，容纳古今中外诸多思潮，结合时代背景进行创新的精神结晶；清华的创建也是汲取了源远流长、底蕴深厚的中华民族优秀文化传统，勇挑起民族救亡的重担。高等职业院校文化的这种精神指引力量也体现在南京大学老校长罗家伦的铿锵言语中，我国大学的使命就是为中国建立有机体的民族文化，这是大学永久的负担与责任。因此，具有历史和民族特质的高等职业院校文化，把个人的成长进步融入国家发展、民族振兴的洪流中去，联结起民族发展的血脉，引领着社会前进的方向。

新中国成立后，在社会主义改造和全面建设社会主义时期，革命文化的魅力深刻影响着大学精神的升华与创新。大学生的思想认识与党的路线、方针、政策保持高度一致，具有坚定的共产主义信念，充满着为理想献身的高度热情，时刻准备着以实际行动响应党和国家的号召。

二、高等职业院校文化的理想信念教育价值

文化认同是大学精神传承和发展的直接依据，是不同时期大学精神相互关联的内在纽结，也是大学生理想信念产生的根基。高等职业院校根据社会文化环境和自身条件，结合国家、社会及自身的未来发展目标和任务考虑文化模式，建设反映时代精神、代表社会发展方向、体现人民群众根本利益的先进文化，其"潜在性、深刻性、持久性"具有不可替代的教育力量。我国高等职业院校文化的传承和发展对于大学生树立顺应历史潮流的"中国梦"理想具有极其重要的影响。

（一）统一共同价值追求

高等职业院校是社会文明的源泉，聚集了人类历史中思想、文化和科学的精华，高等职业院校文化孕育的大学精神自然成为一定社会的核心价值系统。大学精神使大学生在正直的文化系统中平等地交流和分享思想，奠基起远大的人格目标和高尚的价值观基础，其中达成的高度思想共识赋予了他们坚定的人生信念和原则。理想是社会成员共同的思想基础，是社会赖以存在和发展的根本前提，作为社会精英群体的大学生的理想信念必须与国家民族命运紧密相连、与社会发展前进方向紧密相应。当代中国，以马克思主义为灵魂的社会主义核心价值体系是历史和人民的选择，也是高等职业院校文化发展的新成果，这一科学理论以中国特色社会主义共同理想为现实内容，统领大学生的价值观念和思维方式，构筑起他们奋发向上、积极进取的精神支柱。沐浴着先进文化的光照，大学生对这一体系的把握不仅仅从"理论坚信"跃升为"信念坚定"，更是从个体的"思想自醒"转化为统一的"行动自觉"。

（二）传承民族复兴理想

文化是一个民族得以强大的本源。作为服务民族战略利益的高级文化机构，高等职业院校承载的文化体现了民族的最高文化水准。自从高等学校这一社会组织形态产生以来，它始终伴随国运沉浮，引导广大青年学生高举爱国主义旗帜，将个人发展与国家前途、民族命运和人民福祉紧密相连，树立坚定的民族自尊心和自信心，形成维护国家利益、促进民族进步的强大精神动力和高尚情感。中华文化历经时代变迁绵延不断，与时偕行，真、善、美和谐共融的道德标准、人文品格和经世智慧始终扎根在世代华夏儿女心灵深处。追求真理、严谨求实，求新求变、生生不息，兼收并蓄、博大精深等特征既是传统文化的精髓，也已然成为我国高等职业院校文化的根本特质，对于当代大学生人格塑造、心理养成及精神构建大有裨益。我国社会发展进程已经充分印证，大学生只有在追求繁荣富强的大"我"中才能真正体现小"我"

的人生价值，只有在实现中华民族复兴的伟大实践中，才能真正使自己获得自由而全面的发展。民族复兴理想是中国梦的核心要义。

（三）顺应时代发展潮流

高等职业院校文化表征和承载人类文明内在稳定的优秀特质，同时以自己的独立性和批判性进行文化的选择、传承和创造，代表了未来社会的发展方向。崇高价值追求与崭新时代潮流、社会发展要求相结合就形成了科学的社会主流精神，它激励全民族前赴后继、奋发图强，不仅成为一定时期全社会共同意志和思想状态的集中体现，而且形成了大学生在振兴祖国、服务人民中实现人生价值的强大精神动力。高等职业院校文化紧扣时代脉搏，弘扬和创新具有时代特征的主旋律文化，切实强化社会责任感和历史使命感，成为社会主义先进文化的忠实代表，这也为其与时俱进地开展大学生理想信念教育营造了积极氛围。

（四）实践先进思想理念

大学精神追求身体力行，实践一直是高等职业院校育人的基本途径。高等职业院校文化不仅通过文化氛围和精神环境使广大青年学生对社会主流文化价值产生认同，而且注重理论与实践、理想与现实的紧密结合，有效地解决思想生活和生产发展中的实际问题，成为推动社会前进的重要力量。它以各种形式的教化实践陶冶情操、锻炼思维，使大学精神内化为大学生终身的精神气质、价值理想和行为规范，通过大学生的社会实践产生对社会发展的价值导向和进步影响。随着高等教育大众化发展，越来越多的社会成员经由高等职业院校文化的熏陶形成共同的人生价值目标，他们务实进取、开拓创新，从中汲取正能量，最大限度地形成了社会思想共识。我们欣喜地看到，在当代中国社会，社会主义核心价值体系的践行群体正由此得以不断扩大。

高等职业院校是中国特色社会主义先进文化的示范区和辐射源，其文化客观真诚地弘扬人类美好信念和朴素情感，不仅是社会主流文化的产物，而且是社会文化的先导者和先进文化的创造者，更是时代精神的精华。高等职业院校文化以教育、理论、系统化的道德规范、有意树立的社会典范等来自觉地、有意识地、有目的地引导和左右着人们的行为，启迪人们的心智，提高鉴别是非、善恶、美丑的能力，提供价值观与理想信念的指导，激发人们追求高尚的道德情操和精神境界，在精神层面为民族发展和社会进步打造先进思想和时代灵魂，树立了大学生实现人生价值、追寻中国梦的风向标。

三、文化本性视域下理想信念教育的困境

一直以来，高等职业院校以其所蕴含的深厚文化底蕴和民族文化精华、高尚人文精神和科学思维方法为全社会提供思想和文化先导，高奏时代最强音。然而，全球化及信息革命的到来，经济、社会、文化繁荣背后是其结构与运行方式的深刻变革，由于这一发展进程中诸多不可抗因素的干扰，加之大学生身心发展阶段认知和接受水平的局限性，我国高等职业院校文化的教育引导功能也受到各类体制机制因素影响而不能有效发挥，由此引发了大学生思想困惑，思维方式与价值观念迷失。

四、基于高等职业院校文化传承的理想信念教育路径

高等职业院校文化在继承中创新，由理论走向实践，不仅仅创造了大学生理想信念培育和成长的氛围，更是奠定了大学生理想信念科学实现的坚实根基，其内在品质不仅是实现理想信念的价值目标，而且是指导和促进理想信念实现的源泉和动力。我们应立足"文化强国"的远大战略，积极发挥高等职业院校文化的育人优势，使大学生通过文化过程认知和剖析社会现实，形成顺应社会发展方向的价值观，在中国梦战略统领下不断完善民族精神、国家意志、社会进步要求与现代大学精神相互融合的大学生理想信念教育体系。

（一）积极发挥高等职业院校文化统领性，明确教育内涵

价值追求决定着人们践行理想信念的方向和内容。作为融汇人文精神、价值理念和道德诉求的精神文明成果，高等职业院校文化表达了社会主导思想信念、行为规范和价值取向，促使大学生培养科学的世界观、方法论和追求民主、务实的科学精神，确立起崇高的民族观、国家观和社会价值观。大学教育要清楚自身的使命与责任，要"了解民情、体会民意、关注民生"，要"努力实现人类社会的至高价值"。这从一个侧面反映了高等教育培养大学生社会责任意识的终极目标。长期以来，我国高等职业院校文化对马克思主义理论的汲取与研究促进了共产主义理想信念的形成与发展，这也构建了社会主义核心价值体系的指导思想和理论基础。同时，社会主义核心价值体系在总结吸收中华优秀传统文化的基础上顺应时代发展赋予的新内涵，无疑是当下我国社会的"文化精髓"。高等职业院校应以此为统领，高扬社会主义文化理想，积极维护国家文化安全，坚持用马克思主义的立场、观点和方法引导大学生正确认识社会发展规律、国家前途命运和自身社会责任，避免他们在社会大变迁中的思想困惑和心理失衡；同时，也要用民族复兴的中国梦激励广大青年学生，引导他们将主体需求与社会发展紧密相连，使个人价值在与社会的共同发展中得以实现，从而增强对中国特色社会主义的道路自信、理论自信、制度自信、文化自信。

高等职业院校文化总是深深扎根于民族文化，维系民族文化的血脉，从而免于在全球化的巨浪中随波逐流，失去自我认同。它不仅培育了大学生感悟、鉴别和继承文化精粹的能力和情怀，而且赋予了他们回馈民族的理想和使命。民族文化是理想信念教育最可靠的资源，只有具备了高度的民族文化认同，才能使大学生汇成振兴中华的滚滚洪流，推动中华民族伟大复兴的道路越走越宽阔。可见，民族复兴的中国梦扎根于中华文化绵延的发展沃土中，是传统精髓与时代主题的共同体。当下，高等职业院校应坚定地把握自身文化的民族性，同时以改革创新的姿态在时代精神的培育和弘扬中传承民族精

神。理想信念教育也要通过对传统文化的批判和监督，深刻认知、理解和诠释民族文化历史，进而去粗取精、去伪存真，求同存异、取长补短，孕育和塑造体现民族魅力的思想之花，丰富科学内涵，激发行动信念，聚积起广大青年学生实现民族复兴伟业的勇气和力量。

（二）科学把握高等职业院校文化辩证性，夯实教育基础

文化是植根于人的内在生命的人类群体相对稳定的行为方式，它根源于人的物质、精神需要，是人的自我超越本性的体现。高等职业院校文化直面永恒的生命，联动社会生活，归根到底是要解决人类生命的意义问题。由于高等职业院校文化拥有学术自由的宽容环境、标新立异的学术氛围、科学民主的大学制度，不同文化可以相互切磋与平等交流，自由选择和相互借鉴，最终修正偏差，达成共识。同时，高等职业院校文化以其自身的独立性、开放性、选择性、宽容性和系统性对不同文化和价值冲突进行协调、平衡、化解及融合，促使多元文化发展同社会主流文化保持良性互动关系。高等职业院校应充分发挥自身文化科学辩证的能动功效，加强大学生文化判断力和选择力的培养，使他们沐浴科学思想、自由学术和批判精神的光照，在个性气质和价值观的彰显、碰撞中逐步确立人生追求的积极方向，在种种复杂局势和变化面前乐观向上、从容应对，稳步走向成熟，迈向成功。

（三）充分激发高等职业院校文化创造性，提升教育水平

高等职业院校文化对于社会文化发展有旗帜性和示范性功能，同时也因为高等职业院校具有追求高尚价值、引领社会思想和社会文明的文化意识和文化自律，其文化先进性也为人类创造精神的培育准备了广阔的自由空间。在构建社会主义新型文化体系的过程中，高校文化不断创造先进的思想理念和文化形态，蕴涵着极大的文化创造能量，让高等职业院校理性光芒照耀全社会。高等职业院校文化要以此为新的增长点，在全面筛选、深入吸收、有

效整合的基础上不断创造反映时代特征的新知识、新思维、新观念和新精神，最大限度地保护并激发青年学生的探索精神和创新思维。高等职业院校文化的这一功能，最终将促使大学生在自尊、自信、自强的精神状态中充分反思人生的价值，不断明晰发展需求，进而突破传统限制，发掘自身潜能，凝聚起兼具民族特色和时代风采的智慧和力量，为实现发展新目标而努力奋斗。

（四）大力强化高等职业院校文化实践性，改善教育成效

实践是思想精神传导的重要载体，人们在体验生活和体察社会的过程中学习和运用正确理论，并使之转化为自己的思想认识和理想信念，不仅能激发深层的参与精神，而且能激发政治心理的转向和回应，实现思想道德原则与社会发展方向的高度一致。正如马克思主义实践观关于实践性质的描述所称，社会实践是人们对于外界认识的真理性标准。高等职业院校文化的实践精神不仅要帮助大学生全面了解国家和社会对人才的需求，进一步增强学习动力，而且要给予他们充分的选择自由，鼓励他们以主人翁身份去参与社会建设，引导他们在生活体验中培养批判性思维能力和决策能力，增强社会责任感，树立起爱祖国、爱民族、爱社会、爱人民的情感立场，为社会持续发展不断注入强劲动力。

此外，高等职业院校文化自始以来就摒弃封闭，博采众长，主张积极地与不同文化进行对话，以理性的态度和创新的精神加入世界文化发展的潮流，在促进高等职业院校自身和谐的同时，为协调高等职业院校与社会的关系提供支持和保障，因而是开放社会新文化秩序的建设力量。理想信念教育的价值根植于对生命的思考，生命是社会生活中开放性、未来性的生命，面对各种思想文化相互交流和多元、多彩、多变的现代世界，理想信念教育体系也必然是一个开放系统。我国高等职业院校应让自身文化承载着人类价值理想和向往，有力地激发大学生为实现更高层次需求而完善自我的信心和勇气，同时主动建设文化合作和联动机制，把握大学生生命律动，全面协调成长进

程中的困境，拓展生存发展空间，实现个体发展与社会发展的统一，这也是中国梦共同理想确立的必要价值基础。

高等职业院校文化创造源泉涌流，是全民族文化创造活力持续迸发的重要保证。社会主义文化强国建设为包括高等职业院校文化在内的社会主义文化大发展带来了新契机。广大青年必须坚持远大理想，把个人奋斗同人民为实现中国特色社会主义共同理想的奋斗紧密结合起来，不为任何风险所惧、不为任何干扰所惑，矢志不渝朝着崇高理想奋进，在为党和人民事业的奋斗中创造人生辉煌。高等职业院校文化应担当起光荣而神圣的责任，坚持中国特色社会主义文化发展道路，以深厚的文化底蕴和内涵精神高屋建瓴地构筑大学生崇高而远大的内心世界，使他们成为实现中国梦的勇敢担纲者。

第三节
高等职业院校文化德育的基本原理

文化创造了人，人也创造了文化。高等职业院校育人把积累、传承、发展和创造文化作为重要任务和根本手段，用先进文化成果塑造有文化道德责任、文化理想追求和文化继承建设能力的"文化人"。这种"文化人"有共同的文化思维和理想，在充满文化活力的成长过程中，秉持文化自觉与自醒，一方面接受高等职业院校先进文化的润育和洗礼，主动传承文化，不断完善认知水平和能力，另一方面以高度的文化理性接受主流价值标准和行为规则的引导，逐步形成适应现实社会的人格素养，实现个人与国家、民族及社会的深度融合与统一。文化与德育的联姻是顺应潮流的趋势，更是两者相互制约、共生互进作用的结果。德育内容主要来源于文化价值观，可以说，文化是教育概念的根，堪称德育的"本来之寓"。用"文化的观点"研究德育，不仅构建了充满人文内涵的德育情境，而且在德育价值回归中引导了高等职业院校德育实践，对于高等职业院校育人及社会高素质人才培养具有基础性意义。

一、大学生文化思维的特性

从社会发展视角审视，文化孕育青年，直接或间接地给予青年人生哲理，为青年的全面发展营造环境、提供精神动力和活力源泉。同时，文化发展，青年先行，青年自下而上传承、弘扬、发展、创新社会文化的活动对社会文化生活有着积极深远影响。纵观我国近现代社会，青年文化可以说是社会文化的重要内核，特别是现代社会新文化主力影响结构的变迁，青年文化创新性作用更为明显，革命性影响也愈发显现。

随着我国政治、经济、社会和文化变革的推进，青年文化在表达方式、内涵指向及与主流文化的关系等方面都发生了较大的变化，呈现出青年群体特有的思维品质，深度折射出青年自我认识和社会定位的转变。青年文化的形成不仅是青年习得文化知识、汲取文化精髓的过程，更是青年实践文化理念、创新文化领域、引领文化时尚的过程。作为中华文化的传承者和传播者，青年既要努力学习中华文化的优秀成果，自觉培养高度的文化自觉和文化自信，又要主动作为，深入开展文化实践，传承文化"精气神"，为弘扬中华文化、增强国家文化软实力、建设文化强国肩负起使命。

国内有不少专家学者曾对改革开放以来我国大学生思想道德特征流变历程和价值取向发展阶段做过梳理，相应的轨迹无不反映出道德价值观与文化律动的息息关联。作为依托青年知识分子构建并创造的特殊文化形态，大学生文化思维以相应的知识层次和理性追求为基础，受高等职业院校文化发展水平的影响和制约，突显出科学、民主、平等、自由、开放、创新等现代大学精神，体现着当代大学生思想、观念及心理等方面的新发展和新诉求。它拥有适应大学生特点的独立认识判断和价值体系，这种文化可以说是大学生借以感悟人生、认识社会并对生存状态、现实生活进行表达的重要载体。

由于生理与心理的固有特征，大学生在对文化现象的本能反应中，主动观照自我实际，积极模仿社会时尚，竭力通过寻找自身社会位置获得心理保护和尊重。我们应当看到，校园文化之外的社会文化是广泛通行于社会大众层面的文化形态，具有"内容通俗化、格调感官化、形式简单化及包装时尚化"等特点，为大学生构建起了多重文化影响路径。它在工业社会的市场化扩张中孕育并形成，社会及市场环境是它的试金石。作为"文化新人类"，处于多元文化交融的前沿，大学生群体中流行文化的产生和发展受社会经济、政治、文化及大学生身心特点等多重因素影响，它从校园文化、社会文化中衍生而来，很大程度上反映出这些文化形态的阶段性发展要求，但并不完全附属于这些文化的全部发展走向，兼有两者特点，又按需发展。

马克思关于人的本质理论在强调人的社会性本质的同时，指出社会关系实际上决定着一个人能够发展到什么程度。当前，我国社会关系不断丰富，社会结构和体制日益严密和复杂，社会发展也屡屡呈现出不平衡、不协调、不可持续等问题。大学生正处于社会化进程的实质阶段，从自然状态向社会状态的转变过程要求他们必须在社会认可的行为标准中形成自身的行为模式，使自己成为符合社会要求的社会成员。社会生活中，他们要学习社会知识和运行规范，发展自己的社会性，取得参与社会活动的资格；同时，社会也按相应价值标准把他们培养和教化成符合其要求的社会成员。由于大学生思想开放、思维活跃，他们不仅寻求适应社会的行为方式，而且也拥有积极参与社会变革的迫切意愿。社会文化发展遵循社会组织原则和运行规律，并通过各类传媒向全社会急速铺开，其呈现出的奋斗发展理念、公民责任意识、团队协作要求、职业道德准则、法律规则标准、公益服务精神及家庭道德目标等内容具有文化教化的强劲覆盖力和穿透力，使大学生社会交往方式发生了极大改变，克服了"点对点"交往的局限性，实现了与社会"点对面"的交集，甚至发生了全方位的接触。大学生置身于多元文化充斥的社会环境中，获得了前所未有的思想交流空间和自由天地，因而在接纳文化潮流的时代变迁中，他们不仅能够率先做出反应，而且产生许多超越文化领域的行为结果，对于社会文化的发展也是新鲜补充和积极推动。

二、社会流行文化对大学生发展的影响

文化对置身于其中的人们的社会性观念与行为起着规制和引导的作用。大学生社会化过程是大学生成长发展过程中不可逾越的特定过程。在这一过程中，大学生面对个体身心发展和现实生活中的种种矛盾，逐步成长、发展，实现个人与社会的密切融合和高度统一，思想道德认识也就需要有质的突破。高等学校处于较高的文化层面，精英文化使大学生能够在更高的层次上完成社会化的过程，这种文化解读式的社会化可以穿透大学生发展的诸多瓶颈，使许多观念性问题迎刃而解。随着全球化发展，不同国家和民族的思想文化逐渐融合，理想信念、价值追求领域多元化趋势已是必然，作为社会流行文化的积极追逐者，大学生对于新的信仰文化选择个性化趋向明显。同时，大学生社会化进程是在文化思潮引导下逐步形成文化价值体系的过程，其间开放式成长环境必然使他们与社会各种文化亲密接触。

集新异性、规模性、时效性等特征为一体的流行文化的涌现，不仅有助于大学生个性化风格和主体意识的彰显与发扬，而且有利于大学生对社会文化发展的推动与创新。在构筑文化新语境、制造文化新符号、构建文化新关系的社会文化体制转型升级中，大学生社会化进程迎来了崭新时代。我们可以不断看到，在新型的社会关系、教育理念和文化潮流的影响下，大学生素质发展突破传统教育标准化、同步化、集中化的限制，他们的人生观、价值观及道德观的确立正发生着嬗变。

当前，社会经济繁荣为文化的生产和消费提供了物质支持，大众传媒繁荣为文化的传播提供了畅通的渠道，流行文化已全方位地覆盖了人们的文化消费空间，虽在时间流逝中会此消彼长，但流行文化的延伸之势已不可遏制，并且在一定条件下有可能向社会主流文化辐射和转化。

（一）影响思想政治素质的定位

文化发展受到所在社会意识形态的深刻制约，但同时也反过来能动地影响社会意识形态。在社会大环境中，社会凭借自身管理手段，传播政治信息和意识形态，使大学生接受一定的政治行为及思维模式，实现社会政治文化的传承。可以说，社会教化与个体内化的对立统一是大学生政治素质发展的基本存在方式。流行文化的影响流动于社会教化和个体内化的过程之中，制约着社会教化的统一性和个体内化的积极性，微观上作用于大学生政治人格的成长及其倾向，宏观上影响着社会政治文化的延续和转化。经济社会多元化思潮使得大学生文化现象更多地体现了市场经济的意识形态，其政治色彩已经大为淡化，理想远逝、功利凸显，甚至蕴涵着对主流价值观及社会权力体系的否定和颠覆，道德关怀与道德嬉戏共存与对峙，表达了大学生对政治教化的漠视与质疑，这也制约着大学生内化社会政治教化的自觉性和主动性。我们应当看到，一些社会流行文化在很大程度上缘起于人们"逃离政治"的心理，这一发展基础切合大学生在政治失语之际寻求新的价值依托的政治文化需求。当然，流行文化对大学生思想政治素质定位也有积极的校正作用，尤其当其内涵富有国家兴亡、民族尊严等色彩时，就会激发起其内心深厚的政治能量，他们以积极理性意识和责任担当对社会倾注道德关怀，成为重要的社会道德审判力量，奥运文化、世博文化等的流行和发展就是其中的典型例证。

（二）影响个体心理素质的完善

大学生处在培养社会角色能力的黄金时期，意识观念渐进式形成，能否运用科学的道德标准来调节自身与群体其他成员之间的关系、指导自己融入社会群体，是其社会化进程的关键。文化充满丰富的情绪化因子，是影响社会成员心理素质的重要因素。大学生的心理尚处于不成熟和不完善期，虽然在接触社会过程中心理调适自主性有所发展，但仍存在不少心理弱区。他们的心理活动倾向于外部世界,"协调性愿望"和"差别性愿望"反映出他们在与同辈群体保持步调一致、不甘人后的同时,又希望能区别于他人。反观一些流行文化的影响,它发端于大学生缓解压力、寻求补偿的心理需要,极大地缓解了现实生活的枯燥和压抑,让他们暂时得到了某种替代性满足,心理压力得以释怀。同时,边缘化处境滋生了他们的孤独感和权利剥夺感,情绪负性体验促动反叛意识,导致他们追求个性张扬,在行为意向上表现出抵触和逆行。可以说,流行文化表现出对社会秩序和正统价值观的"嘲讽、批判和肢解",强调求新求变,倡导自我表现,使得反传统性的文化诠释成为大学生心理的倾向性特点。

(三) 影响综合文化素质的培育

大学生社会化进程是在文化追求和消费中不断推进的,同时,在这个过程中他们自身的文化素质也得以塑造。流行文化有其特定文化定位和追求目标,这些定位和目标直接影响了社会生活中人们的思维方向、表达喜好及审美情趣等文化追求。流行文化具有的特殊消费性使其成了一种可复制的、唾手可得的东西,是一种平面性的、无深度感的、无深刻含义的东西,特别是泛娱乐化倾向的升温和膨胀,折射出的恰恰是文化原创力的缺失,凸现的是艺术创造力的匮乏,表现的是审美感悟力的滞后。并且,由于形态上主要表现为娱乐、游戏和消遣方式,流行文化产品更多地充满了感官享受、情感娱乐和梦想意象,忽略文化的思考性、启迪性及教育性,往往透射出"媚、俗"倾向。它们在自我放松地制造和积累顾客的同时,也为大学生群体社会化进程中出现心灵荒芜、感觉粗糙、意志脆弱、情感迟钝等消极状态孕育了土壤。这种感性崇拜的审美倾向通过对感性欲望和自由享受的肯定,否定了经典和权威的文化权力,对于当代大学生文化素质的培育无疑是一种严重的阻碍。

个体发展是大学生走向社会进程中的核心问题,流行文化亦应对其发展意识及水准的养成有积极作用。在倡导个性化的时代,许多大学生渴望表现自我，引人关注，伴随着流行文化活动中"一炮走红"及"一夜成名"等个案频现，他们追求成名的愿望与梦想快速激发与膨胀起来，常态心理在深度消解中变化。当然，流行文化在世俗化发展中较为深入地拓展了现代文化自由与民主的空间，尤其是一些活动"零门槛"所体现的"起点公平"与"机会均等"，"想唱就唱"和"想乐就乐"的娱乐方式，蕴涵的平民意识和尊重民意的新观念，相对于一些高门槛文化活动及过程的"暗箱操作"，也体现了一定的民主性意义。除却违背社会法则的消极因素，这些超越常规、追求平等的成功心理有益于促成大学生构筑起个体发展的新堡垒。他们在参与社会流行文化的进程中，塑造思想，理清目标，并通过聚合力量向社会表达政治理念和利益诉求，寻求个人发展的平台和空间。

三、大学生文化的发展策略

面对当前我国社会文化发展及影响的客观实际，大学生文化发展应及时有效地纳入社会整体文化建设的格局，把握大学生的思维方式、认知方式和话语体系，通过文化价值、教育载体、传播技术等要素的全方位整合与提高，有效积聚正能量，在建构和谐文化格局中协调大学生与社会的关系，切实服务大学生社会化发展进程。

（一）立足社会文化本源，挖掘文化育人价值

社会主义文化发展倡导尊重差异、包容多样、百花齐放，但这并不意味着放任自流和各行其是。全球化和一体化趋势使得经济、政治、文化以及社会生活各领域与世界的联系都在加强，各民族文化不可避免地被纳入世界一体化范畴，但文化的民族化印记即便是在消费文化中也无法完全泯灭。在文化互动性不断提高的同时，文化在跨越国际的发展潮流中仍要保持民族特色，体现特定的文化特征及价值取向。当前，我国大学生文化的培育要立足高度的文化自觉和文化自信，以社会主义核心价值体系为引领，注重弘扬主旋律，

确保文化发展走向健康和科学。一方面，我们要坚持文化为促进大学生全面发展服务的思想，深入发掘其优势和长处，规避社会流行文化中无意义、无根基的形式化倾向，保障大学生在文化价值追求形成中享有真正的自由与独立。另一方面，我们也要着眼于提高民族素质和塑造高尚人格，把握主流文化与非主流文化间的辩证关联，用先进文化占领大学生文化教育的制高点，主动抵制社会文化中一味迎合大众心理的低俗倾向，努力化解其中物质主义、享乐主义等反主流思潮的负面影响，培养大学生理性的文化价值观念，在确立大学生正确行为规范中奠定社会和谐发展的根基。

（二）发展特色文化品牌，确保文化建设方向

文化的产生离不开具体的历史背景和文化语境，具有自身的特殊性。我们要把握社会主义文化大发展大繁荣的根本原则，树立精品培育意识，着力提升社会热点文化活动的品质，建设特色鲜明、主题突出、富有创新和教育意义的文化品牌，并不断扩大覆盖面和影响力，促使更多大学生在社会文化洪流中理性认识文化生活与自身成才发展的关系，辩证地批判、接受和发展社会文化。高等职业院校校园文化中含有大量精英文化和主流文化的内容，最能使大学生在文化价值体系构建过程中受到精神陶冶和人格感染。高等职业院校要围绕社会核心价值体系的精神内涵，科学建立长效运作的文化品牌建设机制，在不断满足大学生多样化多层次需求、解决发展矛盾和困境中凝练特色、提升层次，为大学生社会化进程创造开放联动的文化环境。

（三）关注网络社会发展，改善网络文化交流

当代互联网技术已成为重要的社会基础设施，网络社会的出现和发展使传统社会生态发生了新变化，就此而言，互联网管理已是社会管理的重要形式之一。从论坛到QQ、微博、微信、短视频平台，网络技术使文化的传播更加广泛和深远，超越国界、跨越时空，极大地改变着大学生的思想行为和

交流方式。社会管理创新，离不开"虚拟社会"管理创新，我们要立足现代网络自主、平等、开放、互动等特点，坚持"善待、善用、善管"原则，把握网络传播的基本规律，积极发展一大批具有时代特点、适应大学生身心特点和成长发展需求的网络文化交流阵地。同时，我们还要从占领文化传播制高点和掌握信息化条件下宣传思想文化工作主导权的高度，建立和完善网络文化工作的协调、监督、保障及评价机制。作为文化教育的技术创新，我们要深入研究并充分运用高科技手段传播优秀文化，积极发展中国特色网络信息文化，不断丰富网络传播的新形式和新内容，强化大学生网络道德意识和自律精神，及时校正并减少网络道德失范行为，构建有序的网络文化生态系统和网络精神家园，使网络载体成为传播社会主义先进文化的前沿阵地和促进大学生成长成才、全面发展的服务平台。

（四）建设文化培育机制，构筑协作发展格局

文化软实力概念确立了文化在完善社会管理工作中的地位和作用，同时也要求我们应积极依靠先进文化来加强社会管理、引领社会发展。大学生文化作为全社会文化生态系统的组成部分，它的发展需要多方协作、共同引导、形成合力。文化培育机制的建设要关注和尊重大学生们的精神需求，从高位回归生活，关切他们成长过程中的困惑和迷茫，为他们健康精神品质的发展提供保障和引导，进而最大限度地减少对抗因素，最直接地维护社会和谐，为社会管理活动创造稳定的发展环境。高等职业院校要以开放博大的姿态将各种文化形态中的积极内容引入校本课程，允许课堂主阵地成为文化对话与反思的空间。政府要立足主导地位，把文化建设摆到突出重要的位置，协调与社会相关机构及企事业单位的关系，加强社会文化基础设施建设，完善公共文化服务体系，同时要重视文化发展的道德与法制建设，让大学生在文化产业大发展中享有充分的文化权益，这也是为深化高等职业院校文化育人工作创造良好的社会环境。

大学生与社会的协调发展是大学生为社会发展服务、社会为大学生发展服务的良性循环。面对富有时代气息的大学生群体，我们要在德育原则和社会规范的指引下，挖掘高等职业院校及社会文化的独特育人价值，把握社会教化和个体内化的基本规律，按照"体现时代性、把握规律性、富于创造性、增强实效性"的思路，积极联动道德教育，促进各类优秀文化与大学生的良性互动，进而构筑和谐共融的文化德育体系。

第五章

中国传统文化的
当代价值研究

第一节

中国传统文化的内涵

中华民族薪火相传的五千年文明，铸就了源远流长的传统文化。中国传统文化绵延几千年，历经时代的考验，凝结着世世代代中华儿女改造世界的光辉业绩，凝聚着华夏民族历代先哲的无穷智慧，留下了饱蕴思想精髓和价值追求的灿烂遗产，是中华民族珍贵的文化宝藏，也是人类文明史上的文化瑰宝。

近代以来，中国在社会主义道路艰苦的探索与发展，续写了人类文明的崭新篇章。中国传统文化在其自身的发展历程中，有着传奇的发展历程和丰富独特的内涵，需要认真考究，从而凝练它的现实价值，才能推动中华文化的弘扬，彰显我国在世界舞台的话语权、主动权。

一、中国传统文化的界定

要了解中国传统文化的丰富内涵，首先必须对中国传统文化进行准确的界定，明确中国、传统，以及文化各自的含义，并且分清文化传统与传统文化之间的异同。

（一）中国传统文化包含的基本概念

文化在广义上是指人类在改造自然世界的实践活动中，所积累的生产物质和精神的能力，以及所创造的物质和精神财富的总和。在狭义上来讲，文化一般指人类的精神生产能力和创造的精神财富。传统文化是指一个国家和民族在历史的长期劳动实践中，所创造与积淀的物质文明及精神文明的文化遗产，是一个国家和民族的独特精神体现。

中国传统文化自然就是指中华民族历经几千年的长期实践，在自己生存的土地上,经过不懈的创造、积累并且传承下来的物质与精神财富的总和。中国传统文化反映了中华民族的特点和风貌,是各民族不同思想、文化、行为等的历史积累,是中华民族几千年历史的结晶,具有鲜明的中华民族特色。

中国传统文化除了主体思想外,还包含了大量的关于自然、人文学科的内容。例如:音乐、美术、哲学、法学,以及中医、历史、地理、天文等。

在整个中国传统文化体系中,道德思想要求和个人修养贯穿始终。它包含了培养重义轻利的价值观,自强不息、乐观向上的人生观,高尚的爱国主义、集体主义情怀等思想内容。这正是当代大学生要树立的人生观和价值观。

中国传统文化包含了三个概念,即中国、传统和文化。

"中国"一词的古今意义大不相同,"中国"的由来,可以追溯到古老的殷商时期。商朝的国土面积皆是位于它的东南西北四面的各方诸侯之中央,而它同时又是政治和经济的中心,故而人们称这块土地为"中国",亦即"中央之城"或"中央之国"之意。

古代"中国"是没有作为正式的国名出现的,因为那时的王朝和政权都是只有国号而没有国名。所以,他们所说的"中国"是指地域和文化上的概念,而非一个国家的正式名称。近代辛亥革命以后,孙中山建立"中华民国",此后,"中国"才成为具有国家意义的正式名称。而今天的中国全称叫作"中华人民共和国",主要是以汉民族为主,包括其他各族人民共同组成的国家。

传统,纵向曰"传",横向曰"统"。前者是指时间上的历史延续性,是指那些过去存在的至今仍然在起作用的、代代相传的东西。而后者是指空间的拓展性,也指权威性传统这一个历史大一统的概念,它在历史的延续中积淀下来,又随着历史的发展而变迁。没有延续和稳定就不能成为传统,但是,没有发展和变迁,也不能成为传统。因此,引申出一个纵横发展的概念"传统"。不同历史时期的传统,其内涵也在随着时代的改变不断地发展和变化。

文化分为广义的文化与狭义的文化。广义的文化是指人类社会历史实践过程中所创造的物质财富和精神财富的总和。而狭义的文化,除指社会的意识形态以及与之相适应的制度和组织机构外,有时又专指文学艺术,如"文化部""文化部门"等。

中国传统文化是中华民族在中国本土上创造的文化，它是中华民族在各自时代特定的地理环境、经济条件、政治结构和意识形态的作用下，世代形成、积淀，并为大多数人所认同而流传下来的中国文化，涵盖了经济、政治、道德、艺术等各个方面。

（二）文化传统与传统文化

人们从上述观点出发则认为，传统文化是已经完成式的文化，是已经定格在某一历史时期的一个静态凝固体；而文化传统是现在进行时的现实中的文化，是伴随着社会历史发展动态的流体。人们还认为，一个能延续下去的民族文化，总是在其文化传统中。

而文化传统是作为一种民族精神特质，包含在中国传统文化之中的。中国传统文化并不是一种静态过去式的存在，正如前面对传统一词的解释一样，传统文化也是随着时代的变迁纵横发展的、不断地通过传播和吸收时代精神得以壮大的、不断吐故纳新的一种动态文化。

二、中国传统文化博大精深

中华民族在历史进程中的不断发展，创造出了博大精深、源远流长的中国传统文化。

远古开始，广阔而富饶的华夏大地就开始留下中华民族的祖先辛勤劳动的痕迹，他们不畏艰难坎坷，勇往直前，开启了五千年华夏文明的黎明。后来，随着华夏各族人民的活动范围增大，疆域不断拓宽，各民族之间交流愈来愈深、融合范围愈来愈广，中国传统文化逐渐成为一个丰富博大的有机整体，它既包括汉民族的文化，也包括各少数民族的文化，既包括悠久的古代文化，也包括近代现代文化。

中国传统文化的含义是极富深蕴的，对中国传统文化含义的阐释，也应是多层次、多角度的。

中国传统文化内涵博大而精深，对中国传统文化的阐释也可以是多种层次和多种角度的，我们很难找到一个准确的维度去将其一一厘清。

从内容的延展性上讲，它涵盖经济政治、文学艺术、哲学、建筑科技等各种物质层面和精神层面。从思想的延续与继承上，它是以传统文化为主导，辅以百家之长的一种圆融和谐的文化。传统文化是一种随着时代的改变而不断发展和变化的文化形式，所以，文化也在不断地经历着一个不断代谢的过程，即发展—自我否定—发展的过程。那些在历史演变中长期积淀下来的，具有顽强生命力的文化不断丰富着中国传统文化的内容。中国优秀的传统文化在促进着时代发展的同时，也在吸收着时代的精华丰富自身。鉴于中国传统文化的含义实在太过于广阔，本书就价值观念的视角，即从人与自然、人与人、人自身等方面探析中国传统文化的基本精神及其对于当代的价值。

第二节
中国传统文化的特点及历史作用

中国传统文化是中华文明不断演化而汇集成的反映民族特色和风貌的文化，是民族历史上各种物质形态和思想观念的总和，也是历史的本质反映。有着几千年历史文明的中国传统文化，融合了汉民族文化、其他少数民族文化，以及外来文化。在它数千年的发展历程中，经历了无数的风风雨雨和艰难曲折，也经历了诸多的变革和创新，中国文化就是在这诸多的变革和创新中，汇集成一条极具生命力的文化长河。认识了中国传统文化的深刻内涵，我们同时必须准确了解其具有强烈历史遗传性和现实变异性的独有特征及其在历史发展中的作用，才能为我们今天探讨传统文化在当今的价值找到历史依据和现实根基。

一、中国传统文化的特点

一个民族能在世界上很长的时间内生存下来，是有理由的，就是因为有其长处及特点。历来论及中国传统文化的特点，往往也是论述甚多、意见不一。中国传统文化就是中华民族的一个最主要的长处，中国传统文化历经几千年而不间断地传承下来，自然有其自身的特点。中国传统文化的特点可以大致分为以下四个主要的方面：重视人生和入世的人文思想；重视伦理纲常的道德教化；重视中庸和谐的处世哲学；重视坚忍顽强的文化性格。

（一）重视人生和入世的人文思想

很早开始，中国的思想家中间就充盈着对人类自身存在价值的思考，他们追求济世强国的理想，探究人的命运和希望。人文主义是中国传统文化的一大亮点。受中国社会历史发展过程的影响，中国传统文化中的重视人伦、重视人生与入世、强调人与自然和谐共存等思想，蕴含着丰富的人文主义精神。中华民族文化得以不断延续，很大程度上是得益于有着重视人生与入世人文思想支持的传统文化。

从中国古代历史意识形态层面来看，人们受长期居于主导地位的传统思想影响最为深刻，传统学说崇尚经世致用的人生与入世哲学，也成为社会思想的主旋律。我们看到，中国历史上从未出现大规模的信仰狂热，更没有欧洲那样信仰控制政权的社会现象，其深层次原因，便可归结于这种积极入世的处世哲学。中国古代史的发展脉络，是由家族走向国家，以血缘纽带维系奴隶制度，形成一种"家国一体"的格局。几千年中，中国社会并未长期存在如同古代印度和欧洲中世纪那样森严的等级制度，社会组织主要是在父子、君臣、夫妇之间的宗法原则指导下建立起来的一种宗法集体。中国文化提倡

"人与天地参",将人提到与天地对等的地位,从而对人生的体验生发出一种平实与理性,成为重人生、讲入世的人文思想传统,强调将个体的努力与家族和国家的发展统一起来。

(二)重视伦理纲常的道德教化

受传统"忠孝"思想的影响,中国传统文化中伦理道德的思想意识非常深刻。不同于发达国家注重人人自由平等,没有严格的长幼尊卑疆界;在中国传统文化中不只肯定个人价值,而是在以家庭为基本单位的基础上,在伦理纲常的约束下,强调人对家、国乃至天下所做的贡献。

中华民族素来视教育为民族生存、国家安定的命脉。中华人民共和国成立以来,科教兴国战略更成为中国的一项基本国策。在中国的历史进程中,伦理纲常的道德教化一直作为调和人际关系的准绳,以其深入人们思想观念的精神支柱作用维系着整个社会的正常秩序。在现代,我国市场经济高速发展的环境下,更应注重精神文明中的思想道德体系建设,充分发扬传统道德中与时代相适应的部分,保持我国政治、经济、文化健康有序地发展。

(三)重视中庸和谐的处世哲学

传统思想所提倡的"中庸"与"和谐"对中国传统文化产生了深远的影响,奠定了整个中国传统文化的最高价值原则,规定了中西文化的基本差异。中华民族是崇尚"和"的民族,力求在人与自然、人与人以及人类自身的各个方面寻求和谐统一,获得本真。

"和"文化贯穿中国传统文化的始终,从上古河洛文化到后来的阴阳五行术数,再到相关后世著述,皆秉承"天地和而万物生,阴阳接而变化起"的思想,将自然万物看成一个相互统一、和谐发展的整体。

中华文明之所以延续至今,在五千年的历史长河中经历无数风浪而源远流长,与中国传统文化中的"中和"思想是分不开的。基于天人合一思想上的"中和",在现实社会中有着团结、融通、凝聚、协调作用,它作为中华民族特有的价值观念、文化信仰和治世理论,融合在中华民族的血液中,世代流传。在当今世界普遍呼唤和平与稳定发展的时代,"中和文化"不仅能作为民族文化强国富民,而且能发挥其胸怀天下的价值,促进全世界的和平稳定发展。

(四)重视坚忍顽强的文化性格

细看不断抗争奋进的中国历史,历经了各种内部动乱和外族侵略而屡获新生,若问是什么样的精神在支撑着苦难深重的中华民族,我们看到的是,在长期的、曲折的发展过程中,创造出坚忍顽强的中国传统文化。这种坚忍顽强的文化性格,不仅仅推动了我们民族、国家的兴旺繁荣,更在有外敌侵略、主权受侵等民族危难之时,成为人们勇于反抗和斗争的强大精神支撑。

坚忍顽强的文化性格是中国传统文化的基本精神之一——自强不息的根基,是中国人积极的人生态度最为集中的理论概括和价值提炼,也是人们处理天人关系和人际关系的总原则。这种坚忍顽强的文化性格,可以从中国历史上无数志士仁人,如岳飞、文天祥、谭嗣同等不降其志、不辱其身、鞠躬尽瘁、死而后已的英雄事迹中找到支撑。传统文化首要强调"刚"的品德,并十分重视坚忍顽强性格的培养。传统文化认为,有志向有德行的人,须有临大节而不夺的品质,既要刚毅和坚韧,又要有强烈的历史责任感和使命感。中国传统文化提倡实践为崇高理想而不懈奋斗,强调人们要有担当道义、不屈不挠的奋斗精神;鄙视饱食终日而无所用心的人生态度。这种坚忍顽强的文化性格已经内化为中华各族人民的一种自觉意识和性格,集中体现了人生在世,要为崇高理想竭尽全力奋斗的正义追求,为国家民族建功立业的远大理想。在这种坚忍顽强的文化性格影响下,中华各族人民紧紧团结在一起,激流勇进、自立自强,使得中华民族长期屹立于世界民族之林,历尽艰难而弥坚。

（五）中国传统文化的延续性和创新性

在世界人类文明发展史上，中华文明是唯一一个延续时间最长而且未曾中断的文明。中国传统文化在几千年的发展历程中，虽然经历过外来侵略，但最终仍然代代相传，经久不衰。中国传统文化之所以能够在残酷而曲折的历史进程中传承下来，与中国传统文化的创新性密不可分。中国传统文化始终在不断地发展变革以适应时代要求，不断剔除落后时代要求的内容，同时，不断增加符合时代的新内容。正是因为它善于继承历史成果，又善于发展历史成果；虚心学习总结前人，又超越前人这样一个周而复始的循环过程，使中国传统文化得以继承与创新，并在几千年的历史磨砺中，得以不断丰富、发展和创新，这充分体现了它所具有的强大生命力和适应力。

（六）中国传统文化的包容性

中国传统文化拥有仁慈的包容性和极强的同化力。无论是个别国家的独特文化，或是世界各国的众多思想、文化和自然科学等，都被中国传统文化所吸纳，并最终融入中国传统文化中，使之中国化。因为中华民族众多，各民族的思想观念、行为方式等，都存在着极大的差异，使中国历史上出现了多次大规模的民族融合和文化融合。例如，先秦时期、南北朝时期等。但中国传统文化却在几千年的发展中逐渐融合了部分少数民族文化，形成了以汉族文化为主体、以其他民族文化为辅的中国传统文化体系。这样一个事实证明了中国传统文化的强大包容性，这是吸收其他文化的一个重要基础。正是这样一个基础，使中国传统文化不断吸收和同化外来文化，甚至一些独立性比较强的外来文化，也悄然地融合到中国传统文化的氛围中。没有这样一个基础，中国传统文化不仅不能吸收和同化外来文化，反过来，是很有可能被外来文化同化掉的，那样的话，我们还能拥有今天绚丽多彩的中国传统文化吗？

（七）中国传统文化的两面性

世界上每一种文化都具有其积极与消极的两面性，犹如硬币的两面，中国传统文化也不可能排除在外。中国传统文化是一个精华与糟粕并存的两面体，具有鲜明的两面性。但毕竟中国传统文化造就了我们中华民族几千年的辉煌历史，我们应充分肯定它的价值。但同时，我们也要保持清醒的认识，因为它也包含不少的糟粕，也存在很大的历史局限性。比如，封建等级观念、迷惑人心的封建迷信思想、缺乏民主观念等思想，一直存在于中国几千年的历史进程中，严重毒害和禁锢了我们的头脑，其危害不言而喻。这些糟粕思想既然存在下来，肯定也是适应当时社会发展要求的，要想消除也不是一朝一夕所能做到的。对于中国传统文化，我们应该坚持实事求是的原则，具体情况具体分析，真正做到"取其精华，去其糟粕"。

二、中国传统文化在历史发展中的积极作用

世代传承的中华民族历史造就了悠长绵远的中国传统文化，在中国历史的发展进程中起到了巨大的推动作用。中国传统文化孕育于华夏民族所生存与依赖的自然环境和社会结构中，凝聚着整个中华民族的智慧和创造力。中国传统文化发展的历史有过波澜壮阔，也有过艰难坎坷，所以造就了其独特的辉煌灿烂。传统文化在中国社会发展过程中具有十分重要的作用。在中国社会的发展史上，传统文化对中华民族的生存繁衍、对中国人的人格修养、对中华文明的繁荣和社会的稳定发展等意义重大。其中最主要的是传统文化对中华民族精神的塑造作用。民族精神是在中国传统文化中起主导作用的基本思想和精神观念，为中华民族的延续发展提供源源不断的精神动力。民族精神是中国传统文化核心价值的集中体现，中国传统文化作为中华民族精神的载体，是中国社会发展的思想基础和内在动力，在引导中国人民的正确价值取向、产生强大的民族凝聚力、塑造优秀的民族品格等方面，有着深远的影响。

（一）价值导向作用

前面已经阐述了中国传统文化的丰富内涵、基本精神和主要特点，既是对中华民族精神的具体解读，也是中国传统文化价值观念的集中展现。这些优秀的思想观念和价值体系，千百年来引导中华民族不断向前发展。

例如，重视伦理纲常的道德教化思想，以"三纲五常、四维六德"为核心的伦理道德思想虽然有其历史局限性，但是，其在一定意义上促进了人际关系的和谐和社会的安定团结，有助于培养人正确的道德观、价值观和人生观；在人生与入世的人文理想方面，中国传统文化宣扬"修身、齐家、治国、平天下"的价值取向，在传统知识分子中间形成了以天下为己任的忧国奉公意识。

中国传统文化致力于将人与自然、人与人，以及人类自身的诸方面协调统一，达到一种和谐。在这种思想的导向下，中华民族文化以兼容并蓄的广阔胸怀接纳不同民族、不同地域的文化来成就自身，并且保留了原有文化的自身特点，在与其交融交汇的过程中实现多元发展。这是一个文化整合的过程，它超越了地域、阶层和种族的界限，以海纳百川的信念融会贯通，为中华民族塑造出一种共同的文化心理和价值取向，让其世代相传并不断完善，最终形成了整个中华民族统一的大文化的发展。

（二）民族凝聚作用

中国传统文化不只在中华民族的发展中引导着人们的价值取向，对于整个华夏儿女的民族凝聚作用，也是深远而巨大的。整个中华民族的价值取向积极统一，是来源于一种长期稳定的民族心理，这也是地域广阔、民族众多的中国能够保持统一、发展和壮大的重要精神支柱。这种民族心理是一种伟大的民族精神，真真实实地存在并渗透于整个中华民族的社会生活之中，激发着中华儿女的民族自尊心和永不低头的抗争精神。在历史的发展过程中，我们的国家虽然屡受内忧外患的袭扰，仍能在世界的东方屹立不倒，这在很大程度上依靠着传统文化民族精神对中华民族的凝聚力。民族精神内化于传统文化之中而不断传承，从古至今，民族"大一统"的思想就深深烙印在中华儿女的心中。历代开明君王和有志之士，皆是以国家的独立统一和繁荣兴盛为己任，皆"先天下之忧而忧，后天下之乐而乐"。古往今来，又有许许多多的仁人志士为了民族和国家的利益，深铭"苟利国家生死以，岂因祸福避趋之""天下兴亡，匹夫有责"的爱国主义精神，表现出强烈的民族自尊心和坚贞不屈的民族气节。这股民族凝聚力已经深深地融入了中华民族的意识和性格，使人们时刻牢记将个人利益与国家利益、集体利益统一起来，为国家的独立统一、繁荣富强贡献力量。

（三）精神激励作用

中国传统文化为中华民族塑造了统一的文化心理和价值取向，并在民族危难时刻，以其强大的凝聚力将中华民族紧紧地团结在一起，由此塑造了中华民族特有的民族精神和民族性格，使中华民族虽历经五千年的沧桑浮沉，依然生生不息。纵观中华民族的发展史，我们可以看到，积极进取的人生态度始终是中华民族最普遍的人生观，蕴含于中国传统文化中的自强不息、顽强奋斗的精神，在此得到了最淋漓尽致的体现。这种精神从古至今一直激励着中华民族各族儿女激流勇进、百折不挠。

从中国发展的历史上看，中国传统文化培植了中华民族自强不息、开拓进取的民族精神，它的精神激励作用主要突出在两个方面：其一是，越是有困难和障碍在前，越是要有坚持不懈和锤炼自身的勇气；其二是，以一种轰轰烈烈的直接战斗或捐躯为国，更要有持重的忍耐和恒久的探索。古人"生于忧患，死于安乐""路漫漫其修远兮，吾将上下而求索"的忧患意识和进取精神，激励着中华民族勇往直前。

在今天，我们面临小康社会全面建成之后的关键时期和深化改革开放、加快转变经济发展方式的攻坚时期，自强不息的基本精神，也将是我们面对困难的强大精神动力和信念支持。

第三节
中国传统文化在当代的价值体现

在我国建设中国特色社会主义的今天，中国传统文化同样发挥着积极的作用，体现了时代的价值。改革开放以来，随着经济的加速发展，以文化建设为代表的国家软实力，正更高程度、更广范围地提升国家影响力。为中华民族提供民族凝聚力和创造力的中华传统文化，地位和作用更加凸显，成为当今综合国力竞争的重要因素。建设优秀传统文化传承体系，弘扬中华优秀传统文化，必须要对源远流长、博大精深的传统文化进行全面、系统的认识和清理，在此基础上，挖掘和阐发其精华方面的思想价值，并融入社会主义先进文化之中。这正是我们研究中国传统文化当代价值的目的和意义。

下面，通过对中国传统文化在构建社会主义核心价值体系、构建社会主义和谐社会、建设中国特色社会主义市场经济三个方面的价值体现进行探讨，以对挖掘和阐发中国传统文化的当代价值做出积极的探索。

一、中国传统文化在构建社会主义核心价值体系方面的价值体现

社会的核心价值体系作用于经济、政治、文化和社会生活的各个方面，是引领人们的思想行为、社会的精神风尚和发展方向的灵魂，是关系社会稳定与国家兴旺的决定性因素。社会主义核心价值体系建立在社会主义经济基础之上，反映社会主义现代化建设要求，体现社会主义意识形态的核心思想和价值观念。中国传统文化的许多积极因素，在社会主义核心价值体系的构建过程中，发挥着举足轻重的作用。社会主义核心价值体系与中国优秀传统文化是紧密联系和互相促进的。中国优秀传统文化为社会主义核心价值体系提供了思想根源和中华民族精神的坚实基础，社会主义核心价值体系是对优秀传统文化的继承与超越。正因为融入了优秀传统文化，社会主义核心价值

体系才能在中华大地上根基牢固、枝繁叶茂。

（一）关于中国特色社会主义共同理想

中国特色社会主义共同理想是社会主义核心价值体系的重要组成部分，坚持中国特色社会主义共同理想，就是要坚持中国共产党的领导，坚持走中国特色社会主义道路。坚持中国特色社会主义共同理想，必须同时兼顾个人利益与国家利益，把个人的发展追求与社会主义的共同理想统一起来，强调个人的独立人格又彰显共同的价值理念。中国传统文化强调个人应该融入集体之中，个人的发展追求应该与社会的发展相协调。中国特色社会主义共同理想的主要内容，说到底，是传统文化中的"民本"思想与"大同"思想在社会主义新时代的体现与升华。

民本思想是中国优秀传统文化宝库中重要的思想资源。从商周时代，我们就能看到古代民本思想的广泛影响力。

（二）关于以爱国主义为核心的民族精神和以改革创新为核心的时代精神

民族精神是传统文化价值体系的集中体现，是一个民族在历史长期的发展和积淀过程中形成的民族性格、民族文化、民族意识，民族价值观念和价值追求等共同特质，它推动和指导着民族不断发展和进步，是一个民族赖以生存和共同发展的核心和灵魂。民族精神引领一个民族发展的价值取向，是一个民族凝聚力和创造力的源泉。五千年的历史长河之中，中华儿女为了民族的独立、解放、发展和强大，一代代前赴后继，不断奋斗，形成了以爱国主义为核心的刚健有为、自强不息、团结统一、和平友爱的民族精神。这种民族精神是深深地植根于华夏儿女心中，千百年不断积淀起来的一种深厚的民族感情，以一种无与伦比的强大凝聚力，将各民族牢固地凝聚在一起。

时代精神是一个社会在最新的创造性实践中激发出来，反映社会进步的发展方向、统领时代进步的整体潮流，是一个社会最新的精神气质、精神风貌和社会时尚的综合体现。在社会创造性实践中所激发出来的改革创新精神，有着中华民族数千年的历史文化沉淀的深层根基。自强不息、努力奋斗的文化精神，是中国传统文化中，中国人生存态度的集中体现。作为时代精神核心的改革创新精神，就是依托于传统文化中蕴含的变革思想，立足于反思传统，勇于超越现在、开创未来的精神。置身于中国改革开放和社会主义现代化建设的新时期，改革创新的时代精神，就是要肯定一切有利于社会进步的行动，尊重一切有利于创业实践的思想，支持一切有利于创新争优的品质，并最终内化为全体人民的奋发上进、施展才华、奉献社会、报效国家的意志和品格。

民族精神与时代精神是相辅相成的统一体，只有把时代精神的创立融入民族精神的完善中，才能使时代精神成为社会群体的行为自觉。而结合时代发展的需要，只有把以改革创新为核心，坚持解放思想、实事求是、与时俱进、开拓创新的时代精神纳入民族精神中，才能真正促进中华民族的大发展大繁荣。民族精神和时代精神，是社会主义核心价值体系的精髓，是中华民族赖以生存和发展的精神支撑，也是中国优秀传统文化的本源和精髓。

（三）关于社会主义荣辱观

荣辱观，是人们对荣誉和耻辱的根本看法和态度。一个人要形成正确的价值判断，一个社会要形成良好的道德风尚，必得分清荣辱是非，明辨美丑善恶。以"八荣八耻"为主要内容的社会主义荣辱观，是社会主义核心价值体系的基础，它为我们规定了基本道德规范和行为准则。中华民族是礼仪之邦。基于中国传统文化中的"以德治国"思想和"明礼知耻"文化传统，中国共产党在继承和创新的过程中提出了社会主义荣辱观。

中国传统文化非常看重个人的思想道德修养，对于是非、善恶、美丑的界限有着清楚的划分。中国是一个重耻感的国家，传统文化是一种具有深厚耻感的文化，在处理人际关系上更是主张"谦恭礼让"。历史上，有许多道德格言阐述了文化生活同经济发展需求之间的密切关系，并将知耻荣辱提高到关系国家存亡的高度加以认识。

这些道德格言所反映的荣辱观虽然具有历史局限性，但是，经过扬弃，在今天仍然能够帮助人们提升道德修养、提高道德素质，同时对维护社会道德秩序和安全稳定发挥积极的作用。在今天，弘扬中国传统的道德美德，对加强社会主义新时代道德建设，具有重大的意义。社会主义荣辱观把个人的道德修养、价值培育与社会的道德诉求结合起来，使个体在社会生活中有所为、有所不为，坚持正确的价值取向，自觉抵制腐朽文化的侵蚀，为社会主义和谐文化的培育营造积极向上的道德氛围。

（四）关于社会主义核心价值观

社会主义核心价值观是社会主义核心价值体系的精神内核，是对社会主义核心价值体系核心内容和精神实质的高度凝练及抽象概括，集中体现出社会主义核心价值体系的根本目标和要求。从核心价值观这三个层面，我们都可以发现其有着深刻的中国优秀传统文化根源。

在国家层面上，中国传统文化倡导"文明以止""中庸协和"，旨在内修文德以化成天下、诚意正心以致中和；有了文明与和谐的保障，便能将民生与德治相统一，诚信与富民相统一，为"富强、民主、文明、和谐"等核心价值观的培育提供借鉴。

在社会层面上，传统文化对"公正""平等"有独特的揭示。传统文化强调诚信，诚信在社会层面上具体化就放大为公正与平等。在传统文化中偏重于强调"德治"的引导，而相对忽略"法治"的落实，这点在我们今天的社会主义法治建设中，需要批判性地继承与转化。所以，中国传统文化对于社会层面的核心价值观"自由、平等、公正、法治"的培育，也有极大的促进和滋润作用。

中国传统文化源远流长，为中华民族保持凝聚力做出了深远的贡献。社会主义核心价值观的三个方面通过借鉴中国传统文化的优秀价值观念，成为一个有机的整体，为全党全国各族人民团结奋斗打下牢固的思想道德基础，形成全民族奋发向上的精神力量和团结和睦的精神纽带，并且为社会主义和谐社会的构建提供重要保证。

二、中国传统文化在社会主义和谐社会构建方面的价值体现

和谐是中国传统文化的思想精髓和价值观念的最高原则，构建和谐社会是传统文化"中庸和谐"基本精神的价值体现。这种"中和"的精神造就了中华文明的历久不衰，并显示出自身强大的生命力和超越民族界限与国家界限的价值。

社会和谐是中国特色社会主义的本质属性，构建社会主义和谐社会将会是建设中国特色社会主义事业全程的永恒话题。在建设中国特色社会主义的道路上，我们党充分弘扬了中国优秀传统文化中的"中和文化"。这不仅体现在党的治国理政的观念上，更重要的是体现在改革开放以来国家的政策方针上。

当然，弘扬"中和文化"，不是复兴国学，而是弘扬国学；不是复古，而是古为今用。"和谐"不是文化的分类，它作为一种思想渗透在文化当中，蕴含了互利互惠、共同发展的价值取向。我们可以轻易在中国找到饱蕴和谐思想的文明痕迹。中国传统文化的"和谐"思想贯穿整个中华民族发展的整个历史，和谐文化是中国传统文化的精髓。

新的时代背景下，我们现在提出的构建和谐社会，有着新的时代内涵。新时代社会主义和谐社会的概括为人与人、人与社会、人与自然相和谐的社会，和谐社会的基本特征有六个，分别是民主法治、公平正义、诚信友爱、充满活力、安定有序、人与自然和谐相处。社会主义和谐社会的这些基本特征是相互联系、相互作用的，是在全面建设小康社会进程中，对和谐文化的全面把握和体现。

构建和谐社会，经济是基础，政治是保障，文化是灵魂。当今世界，综

合国力的竞争越演越激烈。虽然和平与发展仍是主流,但是,强权政治、霸权主义横行,世界很不安宁。总之,世界复杂,问题甚多。法国政治家拉法兰说,现在世界危机四伏,恐怖主义肆行,能够挽救世界的,正是中国这种古老的和谐文化精神。但是,不管怎么样,中国倡导和谐发展,对内构建和谐社会、对外倡导和谐世界,这种愿望和努力得到了全世界人民的赞赏,顺乎时代潮流,合乎世界人心。我们理解了目标的正确和崇高,就不会畏惧道路的艰辛和漫长。"和谐"当是全人类的共同期望。大力弘扬传统"中和文化",有助于协调社会关系,化解社会矛盾,维护社会稳定,有助于构建社会主义和谐社会,有助于建设中国特色社会主义,更有助于世界和平发展。

三、中国传统文化在社会主义经济建设方面的价值体现

当今世界正经历百年未有之大变局,文化与经济、政治等相互交融,日益成为社会经济发展的重要战略资源;国与国之间综合国力的激烈竞争,日益聚集于以文化为核心的软实力的竞争。当今时代,中国传统文化以其灿烂的思想精髓和宝贵的文化底蕴,为我们的市场经济建设和文化发展提供了得天独厚的基础。

在我国市场经济建设进程中,弘扬传统文化与市场经济的相容因素,通过经济基础与上层建筑的相互作用,不仅可以实现传统文化的创新,将传统文化中的优秀成果发扬光大,形成中国特色社会主义先进文化体系,更重要的是,能促进中国特色社会主义市场经济的发展。

中国传统文化"自强不息"的奋斗精神、"以人为本"的人文思想,以及兵法谋略战略思想等,在今天成了发展中国特色社会主义市场经济的精神宝库。市场经济是一种知识经济,市场竞争归根结底是人才的竞争。在现代社会,随着信息知识时代浪潮的席卷,人才已经成为激烈市场竞争中的关键性因素。优秀人才是企业重要的战略性资源,对企业获取生存空间和发展壮大至关重要。合理运用中国传统文化中的优秀价值理念,对于有效地提高企

业的经济效益，增强市场经济条件下企业的竞争力有重大意义。弘扬传统文化"以人为本"的思想观念，解放思想，尊重人才、培养人才和服务人才，实现人的自由全面发展，将"以人为本"的思想融入企业的精神，才能更好地促进企业全面、协调、可持续发展。孙子兵法的谋略思想、三国演义的战略思维，在市场经济竞争中被越来越多的企业家广泛运用，也被众多海外经营管理者奉为至宝。

中国特色社会主义市场经济应是一种健康文明的市场经济，在今天弘扬传统文化"诚实守信"的思想，促进我国社会主义市场经济良性健康发展，显得尤为重要。市场经济是一种契约经济，诚实守信是经济活动的行为准则。当今市场经济中出现的问题，迫切要求我们加强社会主义精神文明建设，以中国优秀传统文化为基础，加强社会公德和职业道德体系的建设，显得尤为重要。中国传统文化倡导诚实守信，为培育社会主义市场经济活动中的"诚信"意识精神服务。"诚意正心"是传统思想关于人修养的最基本要求，这同样适用于企业的经营和管理。一个企业想要在市场竞争中保持自己的生命力和良性运转，首先要有诚信。有了诚信经营的态度，如假包换的产品和童叟无欺的价格，才能赢得消费者的青睐和尊重，才能不断发展和扩大。不论各行各业，诚信是行为的根本，以诚信作为自身的行为准则和道德规范，市场经济运作才会秩序井然，保持良性循环。

传统文化中勤俭节约的优良传统，在社会主义经济建设中依然发挥着积极的作用。弘扬传统文化"勤俭节约"的精神，首先有助于增加储蓄量和积累资本，便于扩大再生产，有利于经济的长足发展。在发展循环经济、建设资源节约型社会的今天，更应大力弘扬中国优秀传统文化中勤俭节约的美德。

表面看来，"勤俭节约""艰苦朴素"的精神与市场经济的发展规律是相冲突的，社会需求决定经济生产，高消费就高需求、高需求就多产出。实则不然，因为在需求领域中，有的需求属于"消费"，而有的需求属于"浪费"。而"浪费"的破坏作用是隐性的，也是长期而巨大的。这种社会浪费的不断累积，会造成社会需求配置的不合理，反过来又会影响社会经济产业的配置，结果将会导致整个经济生产结构的动荡甚至崩溃。所以，我们必须建立勤俭节约的科学消费观，保证社会消费均衡，才能促进社会主义市场经济的良性发展。因为不均衡的消费结构，不仅会导致社会资源的极大浪费，同时，更会腐蚀人的思想，正如古语"成由勤俭败由奢"所呈现的一样，消费与投资的恶性循环造成经济发展的障碍，由此造成市场经济结构的衰落。所以，大力倡导节俭型经济，反而更能促进市场经济的更好更快发展。

高消费并不能真正拉动经济的发展。提倡勤俭节约，保持社会消费均衡，才能更好地保证经济投入和再生产的良性循环，才能促进社会经济均衡、稳定和持续发展。

弘扬传统文化和谐思想，能够为我国的社会主义市场经济建设提供和谐稳定的社会环境、自然环境与和谐的人际关系。在今天发扬传统文化中"和"的精神，使之服务于社会主义市场经济建设，有着重要的意义。因为在市场经济发展过程中，根源于中国优秀传统文化的道德体系始终作为行为标杆规范着市场经济活动，让人们在追求经济效益的同时正确处理好各行为主体之间的利益，实现公平竞争、健康发展。

在我国，坚持以公有制为主体、多种所有制经济共同发展的经济制度，坚持以按劳分配为主、多种分配方式并存的分配制度，皆体现出社会主义达到共同富裕的最终要求。为和谐稳定的社会环境构建起着巨大的作用。同时应强调人与自然之间的和谐，经济的发展决不能以破坏环境为代价，应该尊重自然的规律，实行全面协调可持续的发展。再者，人际关系的和谐，和谐的人际关系可以提高生产效率，增加企业的利润，并消解一定的社会矛盾，为经济的发展提供安定的社会环境，所以，人际和谐是一种无形的财富。随着我国市场经济体制的不断发展完善，各行各业之间的竞争越来越激烈，企业在注重生产力提高的同时，必须注重员工的个人性格、能力等方面的差异带来的各种矛盾问题，努力促成一种和谐的人际关系，促进员工的全面发展。所以，和谐发展、合作共赢，是发展社会主义市场经济的重要法则。

第六章

中国传统人性论与现代德育指导思想的构建

第一节
中国传统人性论的基本内涵

随着人类的不断进化和社会的发展，由于要不断调整人与人、人与社会、人与自然的关系，人们开始对"人的本质是什么，人应该怎样认识自己，如何实现人的价值"等问题进行思考。这种关于人的共同本质的理论就是"人性论"。在中国古代哲学中，人性论主要有性善论、性恶论、性有善有恶论、性无善恶论等学说。

人性问题是人类关于自身认识上争议较大的问题之一。在不断流逝的历史长河中，在人类生活的千变万化后面，传统哲学家们总是希望发现经久不变的人的本性，曾提出了各种各样而又相互矛盾的定义。具体地说，在西方人性问题上，最大的争议是人性的理性与非理性的问题；在中国人性问题上，最大的争议是人性的善与恶的问题。而纵观中国历史上的人性论，林林总总，纷争不断，内容丰富。

中国人性论的起源和发展，是与人文精神同步的。在有文献可考的殷商时代，统治者率民敬事，在一个人类战战兢兢地匍匐在虚幻的神灵威力的时代，思想文化界考虑的是如何揣摩、迎合天命神意，而不会去思考人自身的性情问题。中国人文精神的第一缕曙光出现在西周初年，这是中国人性论的起点所在。

西周春秋时期人士已经注意到人的"性"和"情"，只不过他们所说的"性""情"都是在经验层次上而言，而且都是一些零星的表述，没有形成系统的人性理论。尽管如此，这些思想资料依然弥足珍贵，后世的人性论思潮，正是由此发展而来。

在这之中，"性善论"以孔子的"仁"为指导思想，继承和发展了孔子"人性说"思想，并经历代思想家不断演绎、丰富和发展，成为中国儒家"人性论"的传统观点，后来佛教、道教也吸收了性善论的思想，并在某种程度上，将其作为自身修养论的基础，使其最终成为中国传统文化的核心思想和理论支撑，得到了广大民众的认同。人性论尤其是性善论的思维方式，就根深蒂固地成为中国文化哲学的、方法的、价值的核心，成为中国文化中最坚硬的内核。

第二节
性善论的德育价值

如果说，中国传统文化就是一部中国道德文化，那么，它的起源就是孟子的"性善论"。孟子从"人性皆善"的理论基础出发，阐述了德育的起源、德育目标、德育途径。从中国漫长的封建社会发展史看，以"性善论"为基础的中国传统伦理道德及其教育，不仅搭建了中国传统文化的基本框架，推进形成了中国人的人生观、价值观和世界观，而且形成了支撑中国的稳定结构，能够延续中国漫长的封建社会发展，至今仍然发挥着重要作用。

一、"性善论"强调了德育的重要性

第一，德育能够充分调动人"向善"和"为善"的主观能动性。孟子认为，"凡有四端于我者，知皆扩而充之，若火之始然，泉之始达。苟能充之，足以保四海；苟不充之，不足以事父母"。"四心"和"四端"仅仅只是反映了人人存在善的天性，绝不代表每个人的人性和道德都是完美的，而仅仅是人性和道德的开端而已。

也就是说，这种天赋如果没有保存好和进一步发挥好，人就会变"恶"和"不善"。社会上之所以存在许多人有"不善"的言行，并非他天生就不善，而是因为后天的原因：一是受到外界影响。二是自身没有向善的愿望和修炼。

个体的"人"只有经过个体的主观努力，实现其仁、义、礼、智四种善

的萌芽，才能成为真正的"人"。这种主观努力，需要我们从两个方面进行：一是"向善气"，也就是要有向善的愿望。对于每一个降临到这个世界上的生物人来说，在"成人"之前，必先"成才"。正如康德所言，人只有受过恰当的教育，才能成为人，受教育对人来说，是一种需要。人有双重生命，父母那里遗传的生命是物质基础；人要成为真正的人，还要经历"二次生成"——为人之道，方可"成人"。人在有"向善"的根基上，进行必要的道德教育，才能激发内心的主观"行善"的心理情感。二是"为善"。人之所不学而能者，其良能也；所不虑而知者，良知也。

第二，德育能够固化人"向善"的动机和提升"为善"的能力。在人的道德成长过程中，不能只是寄希望于个人的主观能动性和努力，因为人都有"惰性"，所以，要发挥德育的重要作用。只有通过德育，才能促进人的发展并提升社会的文明程度。

二、"性善论"指引下的德育途径

儒家在"性善论"的指引下，提出了德育的两条途径：一是个人修炼，二是教育引导。

（一）个人修炼

儒家高度重视个人道德的学习修炼，提出了许多精辟的办法，主要表现在以下几个方面。

1. 存心寡欲

就是要时刻存有"善行"之心，因为人会受到各种利欲的诱惑，难免会分心而放纵自己。因此，要正确对待各种物质欲望、贪婪惰性的诱惑，必须时刻警醒自己"收心"和"存心"。克服欲望和"收心""存心"的过程，就是自己德行修炼的过程。

2.立志养气

孟子强调立志,"志行高尚,居仁由义,大人之事备矣"。他认为,具有仁义理想的人,有一种高尚的精神力量,能把生死、荣辱、苦乐置之度外。"生,亦我所欲也。义,亦我所欲也;二者不可得兼,舍生而取义者也。""富贵不能淫,贫贱不能移,威武不能屈,此之谓大丈夫。"因此,"我善养吾浩然之气。"什么是"浩然之气"呢?"其为气也,至大至刚,以直养而无害,则塞于天地之间。其为气也,配义与道;无是,馁也。是集义而生者,非义袭而取之也。"浩然之气是培养出来的。这种立志养气的过程,就是个人德行修炼的过程。

3.反求诸己

在处理人际关系上,孟子根据孔子"君子求诸己"的要求,提出"反求诸己"原则——"亲人不亲,反其仁;治人不治,反其智;礼人不答,反其敬;行有不得者皆反求诸己"。他认为,能反求诸己,确实以仁爱、礼貌待人,一般说来,是会得到相应的对待的;而一再反躬自求,确实相信自己没有不足,这时,如对方仍以"横道"待我,那就只好把他看作禽兽。对禽兽,则不必计较。

4.知耻改过

在道德修养上知耻与否关系重大,知耻才能找回并发扬善端,才能改过迁善。子路"闻过则喜"、大禹"闻善言则拜",都是非常好的典范。孟子还提出要"与人为善",他说"大舜有大焉,善与人同,舍己从人,乐取于人以为善。自耕稼、陶、渔以至为帝,无非取于人者。取诸人以为善,是与人为善者也,故君子莫大乎与人为善"。"与人为善"首先要做到有过改过,无过也乐于学习别人长处;进而要"善与人同",积极为善,并偕同别人一道为善。

5.磨炼意志

儒家在道德教育和修养方面,非常重视磨炼意志。孟子说:"天将降大任于斯人也,必先苦其心志,劳其筋骨,饿其体肤,空乏其身,行拂乱其所为,所以动心忍性,曾益其所不能",充分强调了自觉地刻苦磨炼的重要性。

6.持之以恒

学习必须专心致志,不能三心二意。同时,还必须持之以恒,不能半途而废。

(二)教育引导

儒家高度重视学校教育对个人道德修养的重要性,并为之总结和提炼了一系列教育方法。

1.教师先行

孟子十分强调教育者自身的素质,"枉己者,未有能直人者也"。教师自身必须要有渊博的知识,能透彻地理解问题,才能教授别人,只有这样,才无愧为人师表。如果自己还糊里糊涂,又怎么能够使别人明白呢?

2.循序渐进

教育他人要按照一定次序,一步步地进行教育引导,不能操之过急,不去追求一步到位。欲速则不达,不能急于求成,要充分考虑到受教育者的年龄、知识层次等因素。如同揠苗助长的道理,要想幼苗茁壮成长,只有勤于耕耘。不愿耕耘,拔苗助长,必然失败。

3.因材施教

要根据学生的实际情况,采取不同的方法进行施教。天资高的学生,可以像时雨对草木那样地点化成长;天资敦厚的学生,应重点培养他的德行;有某方面才干的,则偏重于发展他的才能;不太有天分的,就只能就其问题来加以解答;不能亲受教育的,就间接地给予指导。

4.启发思维

孟子善于用比喻的方法启发学生思维，从而明白他所讲的道理。他还教育学生要有"存疑"精神，"尽信书，则不如无书"，要在学会怀疑中破解学习难题。他还要求教师要保持正确的教学方向，而不能因为学生跟不上放弃原则，"君子引而不发，跃如也。中道而立，能者从之"。

第三节

现代德育指导思想的构建

中国古代以"仁"为指导思想，以"性善论"为理论基石，构建起结构完整、逻辑严密、操作性较强的德育工作体系，收到了巨大成效。尽管其中存在着诸如泛道德主义、道德政治化、道德缺乏人性等问题，但是，它给了我们重要启示：要推进现代德育构建，就必须把德育工作指导思想放在首位。

一、中国传统德育指导思想的现代启示

洞察中国传统道德教育的历史，应该说，其中积累了许多宝贵的经验。这对我们确立现代德育指导思想具有重要的启示。

这些经验和启示包括：一是我们的教育对象都存在有先天道德禀赋，所以，教育的任务不是要重塑学生，而是传授必要的知识，并引导学生践行。二是对于个人的全面发展和社会的进步而言，德育不仅重要，而且具有可能性，我们必须增强工作的自觉和自信。三是必须高度重视教师自身素质的提高，学为人师，行为世范。四是阐述了德育目标非常重要，但必须考虑到它内部存在由低到高、纵贯一向的逻辑结构。五是必须构建国家引导、家庭教育、学校教育、社会氛围、乡规民约、文化规范等多位一体的德育体系。六

是道德教育绝不能是空洞说教，必须教育和引导学生，将道德知识内化于心、外化于行，重视平时的修行，继而养成良好的道德习惯和达到健康的人格。七是德育必须要讲求科学的方法，循序渐进、因材施教、启发探讨。

同时，我们也应该看到，具有强烈的血缘宗法制度和封建专制主义色彩的中国传统德育理论和实践体系，说到底，都是为维护封建统治秩序服务的，它存在两个方面的弊端或糟粕：一是中国传统文化中，把道德放在至高无上的地位，并涵盖渗透到其他一切社会领域，道德为其他一切领域的最高原则，其他一切领域都沦为道德的奴婢，依附于道德，服务于道德。道德至上，天地万物、社会人生、行为、人性等，都要以此来衡量。导致的结果必然是道德为政治所利用，成为封建专制统治的工具和帮凶。中国封建社会之所以延续两千多年，其中一个重要原因就在于这种泛道德主义所带来的"稳定"和"压抑"。我们讲道德是一种社会意识形态，是人们共同生活及其行为的准则与规范，的确很重要。但说到底，道德不能包办一切。维系社会的稳定和发展还需要其他制度或者法律。二是当道德教育由原先"本我"需要出发，变为"虚伪"和"奴化"，此时的"三纲五常"已经演变为充满血腥和暴力的封建礼教，存在着大量不合时宜的内容。如它对"人"的本位需求的压抑，必然会带来等级特权、迷信盲从、法制欠缺、思想禁锢、人性扭曲等问题。

所以，构建现代德育指导思想，必须在批判继承中国传统德育的历史经验的基础上，牢牢把握形势需要，重新构建符合时代要求的德育指导思想。

二、现代德育指导思想构建的重要性

我们都知道，所谓指导思想，就是站在宏观高度，确定完成一项事业或工作必须遵循的理论依据、总原则、总方向、总体方略。它是完成工作或事业的顶层设计和行动指南，具有极端重要的作用。同样，我们在构建现代德育体系工作中，必须首先考虑指导思想的构建。因为它掌握着我们工作的方向，决定着我们达到什么目标、采取什么途径和方法。指导思想明确了，我们就会事半功倍。否则，就会事倍功半，甚至遭遇挫折。

改革开放以来，我们强调以经济建设为中心，大力推进社会主义现代化建设，的确取得了令世人瞩目的伟大成就。但是，由于社会风气的败坏和新的道德体系尚未构建，法制不健全，导致大量灰色利益存在。公德救赎困惑带来价值判断的迷惘，功利主义盛行和价值多元化带来冲击。现实道德教育偏重政治说教而缺乏相应实效等原因，导致社会的一些领域和一些地方道德失范，是非、善恶、美丑界限混淆，拜金主义、享乐主义、极端个人主义有所滋长，见利忘义、损公肥私行为时有发生，不讲信用、欺骗欺诈成为社会公害，以权谋私、腐化堕落现象严重存在。

总结当前我国社会存在种种道德滑坡及其产生的原因，说到底，还在于我们在国家战略高度，没有把德育放在应有的位置，相关政策也缺乏一定的系统性、科学性和有效性。

仅以学校德育为例，就存在诸多问题：一是严重的"倒挂"现象，小学生要求树立共产主义理想，中学生学习法律知识，大学生却学习和被要求不要随地吐痰。二是道德教育偏重政治说教，与社会现实脱节，缺乏吸引力。三是在高考指挥棒的影响下，中小学普遍存在弱化德育的现象。四是重知识传授，忽视道德实践和行为养成。

人无德不立，国无德不兴。我们必须要从实现国家富强、人民富裕、中华民族伟大复兴的高度，来科学规划和布局德育，形成中央直接领导，各级宣传、教育、文化、科技、组织人事、纪检监察等党政部门，工会、共青团、妇联等群众团体，以及社会各界，各尽其责、相互配合的工作体系。注重评价、激励和约束，真正把德育工作落到实处，构建既具有中国传统美德，又具有时代特征和民族精神的道德体系，用道德的力量支撑民族复兴的伟大事业。

三、现代德育指导思想构建的基本原则

在新时期，构建德育指导思想，必须坚持以下基本原则。

（一）坚持以人为本、推动人的全面发展的原则

中国传统道德建设的经验告诉我们，人皆存有"善端"，德育的作用在于使人"存心"，继而促进人经过学习、修行、践行，由"四心"转变为"四端"，最终达到"理想人格"。这充分说明，德育的一大特点是，它由"人"的自觉"需要"出发而展开，并非外界作用的结果。这给了我们重要启示：德育必须坚持以人为本、推动人的全面发展。

（二）坚持服从和服务于推进中国特色社会主义、实现中华民族伟大复兴的宏伟事业的原则

毋庸置疑，德育具有浓厚的阶级性、民族性和历史性。中国古代始终把道德价值的应用与政治需要相结合，彼此互为补充、互相促进，同时，始终把维护宗法血缘关系和宗法制度作为道德价值的导向。这种重视德育过程中个人责任、整体利益、身份意识的传统，给了我们重要的启示：现阶段的德育必须要服从和服务于推进中国特色社会主义、实现中华民族伟大复兴的宏伟事业。

也就是要做到：一是必须坚持和弘扬正确指导方向的指导；二是筑牢中国特色社会主义共同理想；三是充分体现以爱国主义为核心的民族精神和以改革创新为核心的时代精神。

（三）坚持吸收古今中外传统道德教育经验的原则

中国传统道德建设积累了丰富的经验，更重要的是，这种经验符合中国人的思维、习惯，因而更能为大众所接受。所以，我们必须要继承并弘扬中国传统道德建设的优良传统。这些优良传统包括：一是高度重视德育，并构建国家、家庭、学校、乡规民约相结合的德育体系。二是强化并建构明确的道德目标，而且，这种德育目标不随时代变化而变化。三是高度重视榜样的力量，要求各级官吏、士绅、教师都要率先垂范。四是把道德建设作为系统

工程来抓，并通过各种制度建设，保证和推进道德教育的落实。五是极端重视个人在德育中的主观能动性。六是规定学校教育必须把德育放在突出位置抓。

（四）坚持循序渐进和区别对待的原则

中国传统道德建设中，坚持循序渐进、区别对待的原则。

一是德育目标分为士、君子、圣人三个由低到高的层次，满足人的不同需求。二是各年龄阶段学习内容不一样：6至10岁，主要是识字、学习基本礼仪、背诵先贤道德智慧；10至15岁，进一步加强礼仪教育，大量背诵经文，并进行粗浅解读；15至20岁，开始进行道德论述并践行；20岁以后，反复揣摩先贤道德智慧并修炼践行直到终身。

这些传统给我们重要启示：德育不能千篇一律，必须循序渐进、区别对待。必须要重新构建现代德育知识体系，明确幼儿园、小学生、中学生、大学生应该学什么，达到什么目的，如何践行。

四、现代德育指导思想构建的基本内容

综上所述，现代德育指导思想应该是：坚持以习近平新时代中国特色社会主义思想理论体系为指导，坚持以社会主义核心价值体系为指导，坚持以人为本和实现人的全面发展，坚持从实际出发，积极构建中央直接领导，宣传、教育、文化、新闻、共青团等部门和行业齐抓共管的工作格局和体系，从国家整体战略高度规划学校德育体系，部署各教育阶段的具体内容、实施途径和方法。要从政策制定、法律建设等角度，积极构建德育评价、激励和约束机制，加大投入，确保德育工作落到实处，取得实效，并为中国特色社会主义事业以及中华民族伟大复兴提供坚强的思想保证和道德支撑。

（一）坚持以习近平新时代中国特色社会主义思想理论体系为指导

实践证明，习近平新时代中国特色社会主义思想理论体系是一些重大战略思想在内的科学理论体系，是正确指导方向的最新成果，是我们党最可宝贵的政治和精神财富，是全国各族人民团结奋斗的共同思想基础，是必须长期坚持的指导思想，是我们做好一切工作的根本指针。作为德育工作，坚持以习近平新时代中国特色社会主义思想理论体系为指导，是确保德育工作始终朝向正确方向迈进的唯一选择，同时，坚持用习近平新时代中国特色社会主义思想理论体系融入德育工作、对学生进行教育，也是当前德育工作义不容辞的责任。问题的关键在于落实，因为我们过去总是犯"年龄倒挂"或形式主义错误。因此，这需要我们创造性地开展工作。

（二）坚持以社会主义核心价值体系为指导

建设社会主义核心价值体系，是我们党在思想文化建设上的重大理论创新，也是党的一项重要战略任务，它鲜明地回答了在新的历史条件下，我们党用什么样的精神旗帜团结带领全体人民开拓前进、中华民族以什么样的精神风貌屹立于世界民族之林的重大问题。社会主义核心价值体系集中体现了社会主义意识形态的本质要求，是现阶段我国广大人民群众所要树立的世界观、人生观、价值观和道德观的有机整体，它包括"指导思想，中国特色社会主义共同理想，以爱国主义为核心的民族精神和以改革创新为核心的时代精神，社会主义荣辱观"四个方面。这四个方面具有鲜明的政治性和导向性、民族感和时代感，反映了中国特色社会主义建设当前和今后一个很长时期全体社会成员必须遵循的思想追求、价值准则和行为规范。

（三）坚持以人为本和实现人的全面发展

德育工作能否有针对性、实效性和吸引力、感染力，关键在于我们是否坚持以人为本和实现人的全面发展。如果我们的德育缺乏人性关怀，没有从人的需要出发，解决他的全面发展问题，那么，这种德育充其量只是一种形式主义，没有任何意义。要做到以人为本，就必须要做到：一是正视"人"的主体地位；二是发挥"人"的作用；三是满足"人"的利益；四是实现"人"的权利；五是重视"人"的价值；六是维护"人"的尊严；七是珍惜"人"的性命；八是促进"人"的发展。只有这样，才能使我们的德育充满人性关怀，继而才能发挥"人"的积极参与，最终才具有实效性、吸引力和感染力。

（四）必须把德育放到国家的战略高度来审视和规划

我国在经济建设上取得了令世人瞩目的伟大成就。但是，社会上却存在着不少道德滑坡的现象。这对我国社会主义现代化建设必然会产生负面作用。同时，也不利于我们推进中华民族伟大复兴。总结根本原因，还是在于国家没有把德育放在突出位置来抓，而是把德育放进文化建设或者教育工作中，力量分散。

因此，必须把德育放在国家战略高度来抓。要积极构建中央直接领导，宣传、教育、文化、新闻、共青团等部门和行业齐抓共管的工作格局和体系。从国家整体战略高度规划学校德育体系，部署各教育阶段的具体内容、实施途径和方法。要从经费投入、政策制定、法律建设等角度，积极构建德育评价、激励和约束机制，确保德育工作落到实处，取得实效。

第七章

中国传统伦理道德与现代德育内容的构建

第一节
中国传统伦理道德的构成及其基本内涵

中国传统伦理道德泛指从先秦到近代时期,以儒、墨、道、法等各家伦理道德传统为主要内容的伦理思想和行为规范的总和,是以儒家伦理为观念架构,以宗法血缘关系为社会依托,以中国人的传统道德价值观和行为道德抉择为导向性作用的伦理体系。它不仅影响着中国人的价值观念和行为方式,同时也成为其行动的准则和辨别德性的标志。伦理道德作为中国传统文化的重要组成部分,对中华民族的延绵发展,对中国人价值观念的形成和人格的塑造,都曾起到举足轻重的作用和影响。在中国漫长的历史发展过程中,留下了丰富的伦理道德思想遗产,这些伦理道德思想是中国传统文化的核心,伦理道德价值也就成为中国文化价值系统的核心。要对中国传统伦理道德有一个基本的认识和总体的把握,我们应先了解中国古代伦理道德思想的演变和发展过程。

一、中国古代伦理道德思想的演变和发展

中国伦理道德思想的历史发展大致经历了从先秦时期的孕育发展,到汉唐时期的抽象发展,再到宋元明清乃至近代的辩证综合阶段,它是在儒、道、佛、玄、理等各种思想文化之间长期接触、冲撞、交流、认同与融合的过程中逐渐整合而成的。

(一) 先秦时期

中国伦理道德思想孕育发展于先秦时期。从中国古神话中传达出的伦理道德思想极其丰富,概括起来有:崇尚道德而不崇尚武力,惩恶扬善,善恶

报应，重天命而轻命运等。《周易》则构建了中国伦理道德的基本框架："天人合一"的宇宙论体系，"自强不息、厚德载物"的精神，"善恶报应"的信念等，这是中国伦理道德思想的渊源，给后世的中国伦理道德思想的发展以深刻而永恒的影响。

西周时期为适应氏族社会向文明社会的转换的需要，确立了一个适合其转换需要的伦理秩序和意识形态——周礼，这为日后中国社会初步建立了伦理生活范式。

东周以后，开启了春秋战国社会大变动时期以及思想意识形态的百家争鸣。以此为契机，中国伦理道德思想孕育、发展起来。它吸收了儒、道、墨、法等各家思想，其中儒家的伦理道德思想是中国古代伦理道德思想发展的主流。面对礼崩乐坏、诸侯争霸、社会动乱的时代状况，孔子主张"克己复礼"，力图恢复社会的良好秩序。他在总结和批判继承以往的文化成果的基础上，创造了以仁、礼、学、中庸为核心的伦理思想体系，对中国传统社会的生活秩序进行了伦理化、人情化、道德化、文明化、和谐化的提升，为中国的传统伦理道德思想的发展奠定了基调。

孔子把"仁"作为处理人与人、个人与社会关系的基本准则，即"仁者，爱人""仁者，人也，亲亲为大"等，阐发了仁、义、礼、智、孝、悌、忠、信等道德规范，创立了第一个较为完整的伦理道德体系。"仁"是一切德性的生命根源和发端，又是最高层次的品德和德性的最高境界，同时还是道德行为的推动力。孟子继承和发展了孔子的伦理道德思想，并将其系统化。他提出的父子、夫妇、兄弟、君臣、朋友五伦说，以及性善论、修养论，以及仁、义、礼、智、信的价值体系成为整个伦理道德思想不可或缺的重要组成部分和核心内容，为中国伦理道德思想的发展打下了基本的框架。儒家思想对中国历史和文化的影响是巨大而深远的，中国伦理道德思想就是以儒家文化为核心进行悠久的传承的。

(二) 汉唐时期

先秦时期，儒家伦理道德思想的基本内容已经定型，但并没有占据主导和统治地位。到汉代，董仲舒提出"罢黜百家，独尊儒术"的主张，被汉武帝采纳和实行，儒家伦理道德才成为官方正统的思想。董仲舒改造孔孟的伦理道德思想，提出了适合大一统封建社会需要的"三纲五常"，即"君为臣纲、父为子纲、夫为妻纲"，"仁、义、礼、智、信"五常的封建伦理思想。至此，影响中国长达几千年的封建伦理体系初步形成。董仲舒抓住了五伦中的君臣、父子、夫妇"三伦"，以此作为人性的根本。这抓住了中国封建社会家国一体的社会结构中君主专制政治体制的最本质的方面。在先秦时期的"五伦"关系中，虽然在实际的运作过程中有可能被歪曲而片面强调单方面的忠、孝和敬爱，但从表面上看，是相互的，具有道德价值的相对性。特别是它强调了君臣、父子等的互惠互动和在上的率先垂范作用，颇具人情味。而董仲舒的"三纲"强调的是单向的以人身依附和服从为原则的绝对关系，使双向的人伦关系蜕变为一方绝对服从或遵守另一方的分位和特权，绝对履行一方对另一方的道德义务，并在父子、夫妇关系之上，冠以君臣分位，君成为凌驾于诸伦之首的最高道德权威，全体臣民都要无条件地向君履行道德义务并尽忠。这样一来，中国伦理关系和道德价值就开始被凝固化、教条化、绝对化了。

魏晋南北朝时期，社会处于激烈动荡之中，传统的儒家伦理道德思想受到冲击，在儒道伦理道德思想的相互激荡中，产生了玄学伦理。它企图将道家的"自然"价值观和儒家道德价值观相结合，以克服人的精神和伦理生活的矛盾。但由于它片面地吸收道家的思想，以至于形成了苟且偷安、纵欲混世的人生态度。

隋唐时期，特别是唐朝，中国封建社会处于稳定发展时期。与这种社会环境相适应，中国伦理道德思想又出现了新的精神形态：隋唐佛学。隋唐佛学以生死轮回、因果报应的虚幻的形式克服了传统伦理中"德"和"得"，也就是道德和命运的内在矛盾，在基本精神取向上与儒家伦理道德思想相契合，特别是禅宗的顿悟、体验的修行方式与儒家修身养性理论实践有相通之处，因此，它又成为向儒家伦理回归的中间环节。

（三）宋元明清时期

随着中国封建社会的发展，单一的儒家伦理与儒道释相结合的伦理道德思想已经不能适应封建社会的需要，于是，一种融合了孔孟儒学、董仲舒官方儒学以及玄学、道家思想、佛学伦理的"新儒学"伦理——宋明理学伦理诞生了。

新儒学伦理以程朱理学与陆王心学最具代表性。程朱理学建立了以"天理"为核心的伦理道德思想体系。认为"天理"是以伦理纲常为核心的伦理道德本体，人伦就是天理的要求和显现，具体就表现为五常，"天道"与"人道"是统一的。这样一来，人间的伦常之理便上升到天道的法则，纲常名教不仅具有本然的根据，而且具有了神圣性与永恒性。程朱理学伦理把这种"天理"与"人欲"对立起来，主张"存天理，灭人欲"，即灭尽人欲之私利，方可恢复和光大天理，完全把所谓的道德、正义与功利对立起来，以抽象的道德原则抹杀人们对物质利益的需要与追求。在这种重义轻利的道德价值观的影响下，人们的正当需要被漠视，社会的本质被扭曲，国家的贫困被保护，造成一种越远离物质利益，品德就越高尚的虚假道德形象。这对中国社会发展的负面影响是极其深远的。而这种伦理道德思想在与封建政治相结合而沦为道德专制主义，则成为"以理杀人"的工具。陆王心学则认为"心外无物，心外无理"，即：理，不在心外，而在"心"或"良知"中，社会的伦理规范与主观的道德观念都根源于人心，只要自识本心，存心明性，也就是经过破心中贼的"致良知"的道德修养的功夫，就可以达到理想的道德境界。宋明理学伦理在沦为封建专制主义的工具之后就失去了存在的必然性，被新的伦理道德所取代是历史的必然。

（四）近代时期

中国近代伦理思想是中国旧民主主义革命和新民主主义革命时期各种道德学说的总称。近代以来，特别是从19世纪末以来，中国伦理思想发生了根本性的变革，以儒家思想为主体的传统伦理思想被逐步扬弃，得以形成。即从传统道德理论（适应于等级的、专制的社会）到公民道德理论（适应于公民社会）的转变。

在这时期，西方传入的达尔文进化论与自然人性论，成为中国近代资产阶级批判传统封建道德理论的思想武器。五四运动前后，马克思主义伦理思想随同整个马克思主义传入中国，一批具有共产主义思想的知识分子运用马克思主义分析中国社会的道德问题，看到中国封建道德的根源不在于什么人心"不洁"，而在于中国社会的封建经济和专制制度。因此，要根本打碎封建道德的枷锁，就必须进行革命，彻底推翻旧制度。在整个新民主主义革命时期，马克思主义伦理思想与中国革命的道德实践相结合，批判地继承中华民族的优秀道德遗产，逐渐形成了符合中国实际的共产主义道德理论体系。

中国近代伦理思想是中国伦理思想发展史上的崭新阶段。中国近代资产阶级为发展资本主义，首先把矛头对着封建道德和宋明理学，猛烈地抨击封建纲常，反对忠、孝、节、义，提出了个性解放的要求。这些批判和宣传，冲击了2000多年的封建礼教，对中国人民的觉醒起了重要的启蒙作用。但是，由于中国民族资产阶级的软弱性，他们既具有反帝反封建的一面，又有与封建主义、帝国主义妥协的一面。这就决定了他们在伦理思想上的不彻底性，对西方资产阶级的伦理学说不能有分析地吸收，没能建立起自己统一的完整的伦理思想体系；同时与中国传统的封建道德理论不仅没有真正划清界限，甚至到后来与之合流。只有马克思主义伦理思想在中国得到传播和发展，才真正实现了中国伦理思想的伟大变革。

二、中国传统伦理道德的构成

(一) 中国传统伦理道德两大体系

中国传统社会主要有两大伦理道德体系,一是家庭伦理,二是政治伦理。

1.家庭伦理体系:孝

中国传统社会的构成,不是以个体为基本单位,而是以家庭为基本单位。

与西方以夫妻关系为核心的家庭关系不同,中国家庭关系是以父子关系为基本关系的纵向、垂直关系。中国传统伦理道德在传统家庭关系中表现为:孝。

中国传统认为孝是德的根本,所有的教育都是以它为基础衍生的。父母是我们的创造者,同时也是施恩者。一旦自己在社会上立身扬名,就要感恩父母。

孝首先是一种自然主义的伦理观。从《孝经》可以看出,孝的原因首先来自你的身体,因为身体受之父母,是自然关系。其次,孝具有家长制原则,或者说宗法制原则,讲究纲常伦理。

中国历史上,孝亲的道德观念在奴隶社会就已形成,但那时有关"孝""德""礼"等伦理思想还没有完全从宗教意识中分离出来。春秋战国时期,孔子强调孝为德之根本,主张"事父母能竭其力",提倡"三年无改于父之道""父母在,不远游"等,但他并没有要求子女绝对地服从父母。如果子女对某件事情有不同意见和看法,还是可以跟父母商量的。即使父母有做得不对的地方,子女也可以用婉转的语气加以劝止,给予子女以"几谏"的权力。

从教育内容上看,传统孝道分三个层次:一是孝养父母的教育,二是敬爱长者和他人的教育,三是建功立业、显亲扬名、光宗耀祖的教育。这三个层次的孝道教育是以伦理亲情为重要纽带的。父子之道,天性也,父母的养育、培养、爱怜,情深义重,人们谁能忘怀?子女在接受父母养育和教诲的过程中深切地感受到来自父母的亲情,并从此产生了反哺回报之心,对这种亲情回报的纯朴情感，造就了人类最基本的孝意识。因此，孝敬父母包含着人类最自然的心理和情感，子女孝养父母就应该以真情报真情。子女对父母孝，不仅在于养亲，更重要的是敬亲悦亲，也就是要用真情实意去施行孝道。孝子之事亲也，居则致其敬，养则致其乐，病则致其忧，丧则致其哀，祭则致其严。"敬、乐、忧、哀、严"这五种情感无不体现着孝子对父母的满腔真情。其次，传统孝道在进行敬爱长者和他人的教育时，主张要把孝敬父母的道德情操推己及人。再次，传统孝道把"安身行道，扬名于世"看成是最高层次的孝。那么，如何才能教育人们安身行道、成就事业、服务社会，报效国家呢？传统孝道运用人们对父母家人的伦理亲情来激励人们，认为儿女成就了一番事业，就可以显亲扬名、光宗耀祖。正是在这种以爱亲、敬亲、显亲的"孝"意识为情感基础的爱国精神的激励下，无数爱国志士，为国家、为民族、为人民的安危抛头颅、洒热血，做出了一番轰轰烈烈的事业。

2. 政治伦理体系：忠

到了封建社会，适应维护宗法等级制度的需要，统治阶级及其思想家察觉到，孝和忠是联系在一起的。他们认为，国是家的放大，孝是忠的基础，所以，应当把维护宗法关系的"孝道"与维护国家政权的"忠心"结合起来，使反映父母与子女之间道德关系的"孝"，扩大延伸为君臣关系的"忠"，并赋予"忠"以绝对听命于君的含义，由强调敬祖孝父，发展成为忠君报国。从"爱亲"出发，他们由己及人，由亲及疏，由近及远，要求人们在处理个人与家族、社会关系时，应克制或克除个人的欲望和要求，尽量使个人言行符合封建伦理道德"礼"的要求。

以血缘家族关系为基础的"孝"，与社会关系中的"忠"和"礼"的统一，表现了中国传统伦理道德整体主义的道德价值取向。我国历史上一些较有远见的统治者，都主张用"修文德"来处理民族之间的关系。在外敌入侵、民族危机等特殊历史条件下，它维护民族统一和领土完整，形成了爱国主义的道德情操和传统美德。从屈原的"路漫漫其修远兮，吾将上下而求索"，到陆游的"王师北定中原日，家祭无忘告乃翁"；从贾谊的"公而忘私，国而忘家"，到范仲淹的"先天下之忧而忧，后天下之乐而乐"；从岳飞的"精忠报国"，到文天祥的"留取丹心照汗青"；从顾炎武的"天下兴亡，匹夫有责"，到林则徐的"苟利国家生死以，岂因祸福避趋之"……这种整体主义思想，显示了强烈的为国家、为民族、为整体献身的爱国主义精神，是中国传统伦理道德的一个重要特点。

（二）中国传统伦理道德的具体构成

在中国传统道德的发展中出现了许多的道德范畴，概括起来主要的道德范畴有：仁、义、礼、智、信、诚、孝、悌、忠、廉、耻、勇、德、谦、和、勤、温、良、恭、俭、让、宽、敏、惠、直、中庸，等等。其中，仁、义、礼、智、信合称"五常"，是儒家从古代众多的德目中概括、提炼出来的五种最基本的道德规范。需要进一步指出的是，中国传统伦理道德中的经典纲常主要以儒家为主体，同时还体现为儒家与法家、墨家、道家、佛家等的冲突与融合。这不仅未导致其衰败，反而促其理论更丰富、论证更系统、功能更强大。在中国古代社会中，这五种道德规范是处理人与人之间关系的最基本的行为准则，也是个人修养的最主要的内容。它贯穿于整个道德生活之中，深刻地影响着中华民族道德素质的培养和道德精神的形成。

三、中国传统伦理道德的基本内涵

（一）仁

"仁"是孔子对中国伦理道德思想最为突出的贡献，是中国伦理精神由自发走向自觉的标志。"仁"是古代儒家的一种含义极其广泛的道德范畴。孔子说："仁者，人也，亲亲为大""仁者爱人"。仁，是人的本性，人之为人就是在于有一颗真诚的爱人之心。仁的基本精神是：克己复礼、爱人。前者讲的是如何对待自己，后者讲的是如何对待别人。

1. 克己

根据《论语》，"克己"有四个层次：

（1）推己及人。

己所不欲，勿施于人。（《论语·颜渊》）

己欲立而立人，己欲达而达人。（《论语·雍也》）

（2）责己恕人。

躬自厚而薄责于人。（《论语·卫灵公》）

人不知而不愠，不亦君子乎。（《论语·学而》）

（3）非礼勿视听言动。

颜渊问仁。子曰："克己复礼为仁。一日克己复礼，天下归仁焉。为仁由己，而由人乎哉？"颜渊曰："请问其目。"子曰："非礼勿视，非礼勿听，非礼勿言，非礼勿动。"颜渊曰："回虽不敏，请事斯语矣。"（《论语·颜渊》）

礼的本质是社会伦理道德规范。克己复礼就是要用社会道德规范约束自己。因此，克己是对个人的自然属性的贬抑，复礼是对他人与社会的尊重。

（4）杀身成仁。

志士仁人，无求生以害仁，有杀身以成仁。（《论语·卫灵公》）

这是克己的极致境界。在漫长的历史长河中，"仁"演绎成为许许多多的道德要求和政治信念，包括爱国主义、民族气节等。应当说，孔子的"杀身成仁"，孟子的"舍生取义"，历史影响主要是积极的，不是消极的。

克己复礼是仁的出发点，爱人是仁的终极关怀。

老吾老以及人之老，幼吾幼以及人之幼，天下可运于掌。（《孟子·梁惠王上》）

儒家的仁爱观念源于家庭血缘亲情，又超越了血缘亲情，它要求在尊亲敬长的自然道德情感的基础上，由己推人，由内而外，由近及远，层层向外递进，最终达到仁者与天地万物为一体的境界。

儒家的爱人与墨家的"兼爱"不同，是有本末、有差等、有理智、有原则的爱。

所谓爱有本末，爱有差等，就是爱有轻重缓急。

孔子："泛爱众，而亲仁。"(《论语·学而》)

孟子："仁者无不爱也，急亲贤之为务。"(《孟子》)

亲是亲亲，就是孝敬父母，友爱兄弟。贤是贤贤，是尊敬人才，关爱人才，重用人才。

所谓爱有理智，爱有原则，就是爱人不要感情用事，不要失去原则，更不能结党营私。

孔子："爱之欲其生，恶之欲其死，既欲其生，又欲其死，是惑也。"(《论语·颜渊》)

孔子："爱之，能勿劳乎？忠焉，能勿诲乎？"(《论语·宪问》)

孔子："君子周而不比，小人比而不周。"(《论语·为政》)

2.爱人

仁政是"爱人"的重要组成部分。中国古代思想家不仅把"仁"视为做人的基本准则，作为处理人际关系的情感要求，还往往希望把"仁"的精神渗透于政治运作之中。

孔子："大道之行也，天下为公，选贤与能，讲信修睦。故人不独亲其亲，不独子其子，使老有所终，壮有所用，幼有所长，鳏、寡、孤、独、废疾者皆有所养……是故谋闭而不兴，盗窃乱贼而不作，故外户而不闭，是谓大同。"(《礼记》)

（二）义

《礼记》《中庸》讲："义者，宜也。"韩愈在《原道》中指出："行而宜之之谓义。""义"的内涵是适宜，指思想行为符合一定的标准，主要用来区分和处理公与私、付出与获取、权利和义务之间的关系，义是社会共同利益、根本利益的总和，是社会是非善恶观念的出发点。

儒家强调义，而轻视或否认利。

孔子："君子喻于义，小人喻于利。"(《论语·里仁》)

孔子："见利思义。"(《论语·宪问》)

孟子："王何必曰利，亦有仁义而已矣。"(《孟子·梁惠王上》)

历代也有儒者比较合理地解决了义利关系问题，提出义利并举。

荀子："义与利者，人之所两有也。"(《荀子·大略》)

颜元："正其谊以谋其利，明其道而计其功。"

而墨家则认为义与利是统一的，即："义，利也。"(《墨子·经上》)

（三）礼

礼是社会等级制度、法律规定、伦理道德规范的总和。作为社会等级制度和法律规定，礼是对人际关系的制约。作为社会伦理道德规范，礼是对人际关系的亲和。

"礼也者，理也；乐也者，节也。君子无理不动，无节不作。"(《礼记·仲尼燕居》)由此可见，礼的内涵是理，理是内在的根据，节是言行的限度。君子无理则不敢妄动，无节则不敢妄为。"不学礼，无以立"是孔子的一句名言。

个人如果不懂得礼，言行没有节制，是不能被社会所接纳的。也就无法立身成业，孔子认为：在社会生活中，恭、慎、勇、直固然是非常需要的，但仅仅有了这些还是不够的。

（四）智

"智"外在形态是知识，其最高的能力是智慧。

孔子认为，一个智能很低的人，不可承受重大的责任，因为力不从心会毁了他，不能驾驭局势就会祸国殃民。(《论语·卫灵公》)在这个传统伦理道德思想中，智与德是紧密相连的。智的内涵是思维，但并非所有的思维都能成为智慧，有的产生奸诈，有的产生虚伪，能否产生智慧，取决于品德。为国为民必生智慧，损人利己，必生罪恶。而品德源于心灵，心正自然生慧，心邪自然生奸。所以孔子说："知者不惑，仁者无忧，勇者无惧。"(《论语·子罕》)

(五) 信

"信"，是威信，是信用，是人格，是人心，是真、诚、实的总和。孔子看到信用对个人、对国家的作用。对个人而言，信是人格，言而无信的人是没有什么人格可谈的。所以，他要求人们能"言必信，行必果"(《论语·子路》)。对一个社会而言，社会的秩序的维系靠权力，权力的行使在于"威"，权威的树立在于信。事实上，有德者才会有信用，有信用者才会有威望，威望来自信用的积累，信用又通过威望来表现。信是立人之道。

孔子："人而无信，不知其可也。"(《论语·为政》)

信是立政之本。

子夏："君子信而后劳其民，未信则以为厉己也；信而后谏，未信则以为谤己也。"(《论语·子张》)

四、中国传统理论道德的特点

(一) 既有差异性、又有统一性

中国是一个多元一体的统一的多民族的国家。各民族生活在地形不同、气候不同从而生活条件也各异的不同地域，因此，这又使人们的生活习惯也各不相同。社会存在决定社会意识，在此基础上便形成了道德的多样性。中华民族又具有悠久的历史，在不同时期人们的道德观也是有差异的，就是在同一时期也形成了不同的道德观，如战国时期百家争鸣，产生了影响最大的儒、墨、道、法四家。多种传统道德能在中华大地长期共存的物质基础是中原地区环境相对优越，从而出现了中国传统道德形成发展过程中的多元一体格局，如形成了政治上的"大一统"、文化上的"天下一家"等和合统一观。

（二）既有相对的独立性，又有封闭性

由于中国地域辽阔，在物质生产与供应上，具有高度的内部互补性，加之交通不发达，缺乏对外开放。因此，长期以来以农为本的封建统治，形成了中国人对土地的过分依赖。孔子说："父母在，不远游，游必有方。"（《论语·里仁》）

中国传统的道德观强调要尊重古圣先贤，如"天不变，道亦不变"（《汉书·董仲舒传》）的观念。对外来文化，中国人抱着一种"普天之下，莫非王土，率土之滨，莫非王臣"（《诗经·小雅》）的自我中心主义态度，所以形成于自给自足的农业经济基础上的中国传统道德观既具有相对的独立性，又具有封闭性。

（三）既强调个人修身养性，又强调与政治的融合性

中国的传统伦理道德十分重视道德主体的自我修养，孔子曾说过，他最忧虑的事情是"德之不修，学之不讲，闻义不能徙，不善不能改"（《论语·述而》）。《大学》《中庸》把修养提高到治国平天下的高度，宣扬"自天子以至于庶人，壹是皆以修身为本"。孟子认为"天将降大任于斯人也，必先苦其心志，劳其筋骨，饿其体肤，空乏其身，行拂乱其所为，所以动心忍性，增益其所不能"（《孟子·告子下》）。我国古代把"立德、立功、立言"作为人生之"三不朽"。中国的传统伦理道德既注重个人修身养性，又将伦理修养与政治融为一体。古人提出的"天下之本在国，国之本在家，家之本在身"（《孟子·离娄上》），"身修而家齐，家齐而国治，国治而天下平"（《礼记·大学》）的伦理观。由此可见修身是治国平天下的前提，治国平天下是修身的目的。孔子强调"为政以德"。儒家主张王道而反对霸道，要求以德服人，汉以后的

统治者表面上拥护儒家,而实际上实行的是"外儒内法"。这一切都表明注重个人修身的伦理观已与政治融合在一起。

五、中华民族十大传统美德

中国古代伦理道德思想是一个完整的体系,内容极其丰富,这些思想当然并不都是中华民族的传统美德,有一些包含封建糟粕的东西。对于至今仍然有正面影响的传统美德,我们应加以发扬光大,而对于糟粕则应抛弃。根据有关专家学者的概括,中华民族有十大传统美德。

(一)仁爱孝悌

这是中华民族传统美德最具特色的部分,"仁"的核心是爱人,即尊重人、关心人、同情人。"仁"的根本是孝悌,父慈子孝,兄友弟恭,形成了一种浓厚的家族亲情。对家庭关系,从而也对中国社会的稳定起了重要作用。家庭内部的孝悌之情扩展到社会就有所谓的忠恕之道。忠恕之道的基本要求是:"己立立人,己达达人,己所不欲,勿施于人。"在此基础上,中国人形成了"四海之内皆兄弟"(《论语·颜渊》),"老吾老以及人之老,幼吾幼以及人之幼"(《孟子·梁惠王上》)的情怀和安老怀少的社会风尚,形成了中华民族大家庭社会生活中浓烈的人情味和生活情趣。

(二)谦和好礼

注重礼义是中国人处世的重要美德,所谓:"凡人之所以为人者,礼义也。"(《礼记·冠义》)孔子说:"不学礼,无以立。"(《论语·季氏》)作为伦理制度的礼教,在历史上曾起过消极作用。但作为道德修养和文明的象征,礼貌、礼让、礼节是中华民族传统美德的体现,通过礼,节制人们的行为,培养"文质彬彬"的君子人格,逐渐形成了中华民族讲礼貌、守礼节的传统美德。礼之运作包含有"谦和"的美德,所谓"谦",即谦虚、谦让,其集中体现就是在荣誉、利益面前谦让不争,以及人际关系中的互相尊重。所谓"和"就是和气、和睦、和谐,其集中体现就是在处理人际关系时强调和睦相处。因此,"致中和"成为人们追求的最高的道德境界。"和"被认为是君子的重要品质。

(三)诚信知报

中国传统美德由于性善的信念一直占主导地位,因此其道德理念中特别重视"诚"与"信"的品德。"诚"的基本含义是诚于己,即诚于自己的本性。"所谓诚者,毋自欺也。"(《礼记·大学》)诚,既是天道的本然,也是道德的根本,"诚者,天之道也,思诚者,人之道也。"(《孟子·离娄上》)以"诚"为基础,中国人形成了许多相关的美德,为人的"诚实"待人的"诚恳",对事业的"忠诚",追求内心的光明真诚。"信"与"诚"是相通的,诚实不欺,谓之信。孔子说"人而无信,不知其可也"(《论语·为政》),"信"的基本要求是言行相符,"言必信,行必果。"(《论语·子路》)朋友有信,历来是中国人交友的基本准则。"报"即知恩图报,这是中国人道德良知和道德良心的重要组成部分,是中华民族又一传统美德。所谓"投桃报李""滴水之恩当涌泉相报",都表达了这种思想。父母养育之恩、长辈提携之恩、朋友知遇之恩、国家培养之恩不能忘,应当知恩图报。

(四)精忠爱国

中华民族在长期的民族生存与发展中,逐步凝结巩固起了对祖国深厚的爱国主义情感,形成了精忠爱国的浩然正气和民族气节。由于中国古代社会家国一体的社会结构和观念,中国人总是把自己的国家称作"祖国",不仅是衣食之源,而且是情感之源,对其具有强烈的依恋意识。同时它又是爱家爱亲情感的升华,形成一种捍卫民族尊严、维护祖国利益的崇高品德。在中国传统道德中,爱国历来被看作是一种"大节"。虽然在封建社会中它与忠君是联系在一起的,具有时代的局限性,但这种观念被提升为精忠报国的爱国主义精神后,在国家遭受外族入侵时,这种精神成为反抗侵略、保卫国家的重要精神力量。这一道德价值取向,在中国历史上产生了久远的影响,它对于中华民族重气节、尚情操的风尚的形成起着重要作用。

(五)克己奉公

中华民族由于家族本位的社会结构和礼教文化的传统,熏陶了一种群体本位的精神。国家利益至上,是重视群体价值的体现。在大一统的观念的支配下,国人都以国家统一为乐,维护国家统一是民族之大义。为了维护国家统一这个最大的群体利益,人们不惜抛头颅、洒热血,以江山分裂为忧,以分裂祖国为耻。凡是卖国求荣、分裂祖国的,都被永远钉在历史的耻辱柱上。家族为本位的集体主义,是传统道德重视群体价值的又一体现。在宗法制下,家族是个人实现其个人价值的保证。因此只有维护家族的利益,才能实现个人的利益。群体拥有支配的权利,个体则只有服从的义务。个人只有克制身心、服从群体,才能与世俗融洽相处。在个人与他人的关系上,传统道德认为,个人在实现自我价值的同时,也应当尊重他人自我实现的意愿。孔子提出"己欲立而立人,己欲达而达人"(《论语·雍也》),这就是说自我是整个行为的出发点。"立人达人"首先以立己达己为前提,同时,主体在立己、达己时,又应推己及人,由立己、达己,而推展到立人、达人,把立己与立人联系起来。这也就意味着人们的自我实现超越一己之域,而导向群体的认同。群体的认同在社会成员的交往过程中,便表现为"群而不党"的原则。重视国家、群体的利益,以家族为本位的集体主义,是中华民族凝聚力的来源之一,形成了国人顾大体识大局,以他人为重、以集体为怀的情操,在此基础上形成了天下为公、克己奉公的美德。这种美德,培育的是对社会和民族的义务感、历史感、责任感、使命感。历来为中国人所推崇的"以天下为己任"

(《南史·孔休源传》)、"先天下之忧而忧，后天下之乐而乐"(范仲淹《岳阳楼记》)、"天下兴亡，匹夫有责"(顾炎武《日知录·正始》)显然是这种道德观念的反映。

（六）修己慎独

中国传统伦理道德强调人性本善，同时又认为如果没有一番修身慎独的功夫，本性的善端是无法转化为现实的善。要实现这种转化，首先必须做到律己修身。儒家认为，修身是根本，"自天子以至于庶人，壹是皆以修身为本。"（《礼记·大学》）这样的修养功夫，强调自主自律、自我超越以维护人伦关系和整体秩序，其基本精神是求诸己，也就是对自身厚责，严以责己、宽以待人，即："躬自厚而薄责于人。"（《论语·卫灵公》）而"求诸己"的最有效的方法是慎独，"君子戒慎乎其所不睹，恐慎乎其所不闻，莫见乎隐，莫显乎微，故君子慎其独也。"（《中庸》）这就是说，慎独就是在自我独处时要严于律己，戒慎恐惧。"吾日三省吾身：为人谋而不忠乎？与朋友交而不信乎？传不习乎？"（《论语·学而》）经过这样的修养锤炼，方能成为品质高尚、节操坚定的正人君子。

（七）见利思义

"义"指体现社会公利的道德标准，"利"则泛指个人利益。"君子义以为上。"（《论语·阳货》）人们要努力去追求义，即社会公利，为社会多做贡献，用社会公利限制、约束个人私利。中国传统道德并不否定利，对于合"义"之私利是承认的，"富而可求，虽执鞭之士，吾亦为之。"（《论语·述而》）即使圣人，也不能完全不讲利。不过，对于利固然不可一般排斥，但利的追求必须始终处于义的制约之下。正是在这个意义上，当子贡向孔子请教"完人"的条件时，孔子说了三条，其中第一条是"见利思义，不义而富且贵，于我如浮云"（《论语·述而》）。很明显孔子否定的是不义之利，孔子还要求人们

"欲而不贪"(《论语·尧曰》),正确地对待利益的"得",而对待利益的"失",要做到没有怨悔,但是传统道德对于合义之私利,并不加以提倡,有时对于私利是轻视的,并把追逐利的人称为"小人"。孔子认为"君子喻于义,小人喻于利"(《论语·里仁》)。但整个传统价值观的基调和主流是先义后利、见利思义。这种义利观注重社会公利,引导人们为国家和百姓做贡献,这是一种积极的社会本位的义利观。这种义利观造就了中华民族积极向上、追求完善的民族心理和民族素质,也培育了一批为国家、民族的利益勇于献身的民族英雄、爱国志士,他们以自己的生命实践了见利思义的主张,给后世留下了气壮山河的丰功伟绩。

(八)勤俭廉正

中国人民历来以勤劳节俭、廉明正直著称于世。孔子提出"温良恭俭让"作为重要的道德要求;老子提出人生有"三宝"——慈爱、勤俭、谦让;墨子提出了"节用",反对浪费。中国古代道德还十分重视清正廉洁,儒家就非常推崇尧、舜、禹的廉洁勤政品质,"巍巍乎,舜禹之有天下也,而不与焉!"(《论语·泰伯》)舜禹是多么高尚啊!身为一国君主管理着天下,整天为老百姓操劳,却一点也不为自己着想。儒家主张"非其道""非其义"不取(《孟子·告子上》),反对官吏贪污受贿,那些"不辨礼义而受之"(《孟子·告子上》)的贪官污吏,是"失去本心"的人。儒家廉洁勤政的思想,在漫长的历史发展中成为中华民族共同的价值取向,形成了中国人共有的道德。

(九)笃实宽厚

中国是一个以农业为主要生产方式的国家,长期的农耕生活,形成了中华民族质朴的品格和务实的精神。在此基础上,中国传统道德形成了许多以"实"为价值标准的规范和美德,如老实、求实、诚实、忠实、踏实、实在等,形成了崇尚实干、反对空谈的实事求是精神。在待人上,中华民族一向以宽厚为美德，严于律己，宽以待人，推己及人。孔子所说的"己欲立而立人，己欲达而达人"（《论语·雍也》）、"己所不欲，勿施于人"（《论语·卫灵公》），就表达了这样的思想。在人与人的关系中，中国人以"将心比心，以心换心"为原则，在互助中达到人伦的和谐和人格的实现。中国人常以宽厚的道德人格感动别人，达到人我的沟通。宽厚大度、宽宏大量、忠厚长者等道德评价，都是中华民族重视宽厚品德的体现。笃实宽厚的美德形成了中华民族精神的崇实性和包容性，使得中华民族这个大家庭能够和睦相处，形成连绵不绝的民族历史和民族活力。

（十）勇毅力行

这是中华民族在践行道德方面所具有的德性和德行。勇，是孔子强调的"三德"——知、仁、勇之一。孟子则把勇分为三种：凭力气的血气之勇，凭意志的意气之勇，理直气壮、恪守坚定的道德信念的"大勇"，孟子强调的是第三种勇，他认为，"杀身成仁""舍生取义"就是一种"大勇"。

总而言之，中华民族传统美德是一种特殊的意识形态，是中国历史流传下来的具有影响、可以继承、有益于后代的优秀道德遗产，它包括中华民族优秀品质、优良民族精神、崇高民族气节、高尚民族情感和良好民族礼仪。同时，中华民族传统美德是传统道德规范体系中对社会发展具有积极意义的行为准则，是中华民族大家庭共存共荣的内聚力。

第二节
中国传统伦理道德的反思和现实借鉴意义

源远流长、博大精深的中国传统伦理道德既有积极、进步、革新的一面，也有消极、保守、落后的一面。那些还能够为新的道德体系所容留的积极的思想材料和行为规范，谓之精华；那些还顽强地存在于社会生活中的，代表着旧的社会关系和生活原则的道德观念和道德行为，谓之糟粕。因此，我们必须以历史唯物主义的观点，以追求真理和实事求是的态度，对传统的伦理道德进行科学的分析，批判地继承，剔除其糟粕，吸取其精华，抛弃其消极影响，发挥其积极作用。

一、中国传统伦理道德的历史局限性

（一）中国传统伦理道德存在着人格不平等的消极方面

在中国长期的封建社会中，由于礼的道德规范在不同时期不同程度地受到等级制度及尊卑观念的影响，往往存在着人格不平等的消极方面。比如，儒家确有过分强调人的社会角色而淡化自我人格的倾向，把对个体的人文关怀信条变为纲常名教；弘扬了道义人生、情感人生，但制约了自然人生、理性人生，从而束缚了批判人生、改造人生、向往美好人生的动力。

（二）中国传统伦理道德的基本特点和内容也有其负面的影响

以道德为中心的封建社会意识形态，过分夸大了道德在社会生活中的作用，有着道德决定论的弊端；以血缘家族为本位的整体主义，把个体与群体对立起来，压抑了个性的自由全面发展；自给自足的小农生产方式，沉湎于独善其身的闭门修炼，造成了保守、内向的人格特征；缺乏流动的熟人社会，过分渲染了和谐的作用，使社会缺少竞争、进取和效率。而上述特点的综合，又使恪守本分、内向恬淡、和睦不争、通达周全、洁身自好的"谦谦君子"，成为国人心目中的理想人格。这些，都是我们在理解和把握中国传统伦理道德特征，继承和弘扬民族精神时，应当予以注意和重视的。

传统之为传统，毕竟有些内容已不适应我们今天的时代发展。历史的风尘虽未改变秦汉的明月与山川，却把人类吹到了一个新的现代文明之中。中国传统伦理道德也需要接受时代的洗礼和社会的改造,唯有如此,才能永葆其千年流转、生生不息的传统脉络。

二、中国传统伦理道德的现实借鉴意义

(一)传统伦理道德在近现代中国的地位

众所周知,中国传统文化是一种伦理型文化,因此,中国传统文化给我们留下了丰厚的可供今天借鉴的道德资源。但是中国传统文化或中国传统道德在现代中国的历史中却是经历了一段长期被否认的历史。

中华人民共和国成立以后,我们以马克思主义作为指导思想,建设社会主义的新道德,但我们长期以来却把社会主义道德与传统道德放在一个对立的位置上。

改革开放以后,我们对传统文化与传统道德的态度逐步取得了较为正确的认识。首先在学术研究领域,允许对传统文化与传统道德进行研究,起码可以把传统道德作为我们的一个思想资源。到了20世纪90年代,我们重新回到正确对待传统文化与传统道德的正确立场上来了,甚至在大众文化层面上,山东曲阜的祭孔活动也得以恢复。传统道德重新成为我们进行当代道德建设的重要资源。中华文化是中华民族生生不息、团结奋进的不竭动力。要全面认识祖国传统文化,取其精华,去其糟粕,使之与当代社会相适应、与现代文明相协调,保持民族性,体现时代性,要努力增强中华文化国际影响力。这些都说明,我们必须要把传统道德作为当代中国社会主义道德的重要资源和凭借,努力实现我们的新道德与传统美德的直接继承和延续。

(二)中国传统伦理道德的传承

传统伦理道德作为一个民族社会生活中的文化观念、规范及其实践活动,是有其鲜明的民族性和强烈的继承性的。伦理道德作为社会生活中的精

神文化现象，既有为当时各个历史时代特定的经济政治关系所决定的时代性的内容，但其更有着强烈的继承性。一个民族的存在，不仅在于它有特殊的地域环境、人口、语言，还在于它有自己特定的文化。在其文化中，伦理道德又属于其核心的价值规范系统，更有鲜明的民族性特点。这种继承性、民族性有时可能不会因为社会形态的改变而立即改变。新的道德文化不仅要吸取人类文明的一切优秀成果，而且要特别注意吸取中国的优良道德传统。

现代伦理道德发展模式是内涵传承与主体创新统一，中国传统伦理道德内涵传承层次分明，无论是经典纲常还是世俗道德规范无不烙上此一印记，并在传承中蕴涵一定的创新。中国传统伦理道德如仁爱孝悌、谦和好礼、诚信知报、精忠爱国、克己奉公、修己慎独等，在经历了两千余年的洗礼后，仍然具有强大生命力。见利思义、勤俭廉正、笃实宽厚、变通观念、民族意识等也都是有益于社会安定与发展的。好学精神、力行精神、知耻精神、仁爱精神、中道精神、教育精神、民族精神、科学精神等可谓代代相传，深入人心，成为中华民族精神的重要思想结晶。

1.整体主义精神——爱国主义精神的借鉴

传统德育中的整体主义精神，有利于增强中华民族的凝聚力和爱国主义情感。中国传统德育思想要求人们以群体利益为最高价值取向，提出"公忠体国""大公无私"等理论，始终强调个人对国家命运的关注和为国家、为民族、为整体的献身精神。"德之不修，学之不讲，闻义不能徙，不善不能改，是吾忧也。"（《论语·述而》）以国家的命运为自己忧虑的事，具有强烈的忧患意识。《大学》中讲到"古之欲明明德于天下者，先治其国；欲治其国者，先齐其家；欲齐其家者，先修其身；欲修其身者，先正其心"，认为国家、民族、社会的利益高于个人，每一个人对民族、国家、社会都应承担一定的义务和责任，各负其责，各尽其职，认真做好自己的本职工作，这种思想形成了中国人强烈的爱国主义情怀和集体主义意识。正是在这种"修身齐家治国平天下"家国一体的思想影响下，才有了后人"天下兴亡，匹夫有责"（顾炎武《日知录·正始》)、"位卑未敢忘忧国"(陆游《病起书怀》)的民族呼声，"先天下之忧而忧，后天下之乐而乐"(范仲淹《岳阳楼记》)的忧国忧民情怀，"贫贱不能移，富贵不能淫，威武不能屈"(《孟子·滕文公下》)的大丈夫气概，"鞠躬尽瘁，死而后已"(诸葛亮《后出师表》)、"天下为公"(《礼记·礼运》)的无私奉献精神。

2."见利思义，自强不息"——人格塑造的借鉴

传统道德中"见利思义，自强不息"的精神，有助于引导人们树立自尊、自信、自强的独立人格。《周易》说："天行健，君子以自强不息。"意思是说天不假外力，全凭内因，刚劲有为，永不停息地运行，有德君子也应效法天，自强不息，积极向上，奋发有为。这是对中华民族积极人生态度最集中的理论概括和价值提炼。这种追求真理、坚忍不拔、愈挫愈奋的精神，对大学生自我人格的完善具有重要的激励作用。

3."仁爱""诚实"——人际关系的借鉴

孔子伦理思想的核心和最高境界——"仁爱"精神对于协调整个社会人际关系起了极为重要的作用，也是值得我们今天借鉴的。例如，当代学生一方面由于在社会化过程中，对个人与他人、个人与社会的现实联系不了解或了解不深。另一方面，由于缺乏基本文明素养，不能正确把握自己，这就需要我们教育者引导他们从细微的事情做起，培养他们的一颗爱心。如：引导学生去做不求回报的事，懂得"勿以恶小而为之，勿以善小而不为"(《三国志·蜀书·先主传》)的道理，通过从身边的事做起，能使他们懂得尊重人、关心人、理解人、帮助人、与人为善。

诚实是人与人之间关系的一个重要表现，是一个重要的道德内容，也是中华民族优秀传统伦理道德标准之一。只有诚实待人，才能按事物的本来面目去看待世界，才能以科学的态度从事工作，才能在社会主义市场经济活动中积极为他人着想，取得别人的信任。

4."德才统一，知行统一"——做人做事原则的借鉴

中国古代传统教育中关于德才关系、知行关系有很多精辟的论述，如"才者，德之资也。德者，才之帅也"（司马光《资治通鉴·周纪一》）、"君子讷于言而敏于行"（《论语·里仁》）、"君子耻其言过其行"（《论语·宪问》）、"知而不行，虽敦必困"（《荀子·儒效》）。这些都深刻地阐明了做人第一、经世致用、躬行践履的道理。中外伟人都把做人放在第一位，达到德才的完美统一，这是他们事业上取得成功、为人类做出巨大贡献的重要条件。他们在人品方面建立的功德，他们的人格魅力，同他们在才智方面的贡献相比往往意义更伟大，影响更深远。而现在的部分青年在和平优越条件下成长，对做人之难缺乏实际的体验，不懂美好理想和抱负的实现离不开道德品质的培养，离不开实践的磨炼，常常表现出幻想高于实际，誓言多于行动，愿望强于意志的通病。为此，我们要引导人们尤其是青年学生学习先贤和前辈，把做人放在第一位，做一个富有爱心、诚实正直、文明礼貌、自强自立、勤俭朴素、意志坚强、遵纪守法、德才兼备、爱国利民的人。

5."反省内求"——道德修养方法的借鉴

道德修养，是一种对道德的认知和实践的活动，是道德主体把外在的社会道德规范和要求，内化为个人的道德品质、道德情操和道德境界的一种手段、途径和方法。在现代社会生活中，如果不注重道德修养的途径和方法，再好的道德原则和行为规范，也只能束之高阁，发挥不了作用。儒家学派创始人孔子就曾说过，他最忧虑的事情是"德之不修，学之不讲，闻义不能徙，不善不能改"（《论语·学而》）。荀子从"人性恶"这一前提出发，强调人的道德是后天学习而成的，要人们注重"学"和"行"，进行道德上的修养。儒家经典《大学》《中庸》，则把修养提到治国平天下的高度，宣扬"自天子以至于庶人，壹是皆以修身为本"。正是这样一套道德修养的理论和实践，曾经使封建的伦理道德深入人心，对于巩固和维护封建统治秩序，起到了特殊的作用。

我国历史上，道德修养的方法多种多样，有些至今仍有借鉴意义。就形式而言，中国传统伦理道德重了悟不重论证。强调经验上的贯通与实践上的契合。能解释生活经验，并在实践上使人得到一种受用，便已足够；而不必更做文字上细微的推敲。先秦时期，人们即把修养叫作存养，也就是"存其心，养其性"的意思。孔子提出"学""思""行"的修养方法，主张向内用功夫。孟子要人们"存心""养气""寡欲""尽心知天"，通过反省内求的方法去培养"浩然正气"。宋明时期一般又称作"涵养"，并把养心、存心、正心、诚意、养气、持敬、主静等道德修养方法，称作存养功夫或涵养功夫。这些方法，主要是要人们存心寡欲，不受外来物欲诱惑，去掉心中的邪念，保持和发挥自己的善心，以达到一种很高的道德境界。而要做到这一点，就必须谨小慎微，丝毫不能放松，时刻想着道德准则，努力克服、消除心中的邪与恶，反复地检讨自己的内心思想和外表行为是否符合道德规范的要求，哪怕是在没有任何外部监督的情况下，也要坚持自己的操守，决不做违反道德的任何事情。这就是所谓的"君子慎其独"（《中庸》）。我国传统伦理道德中有关道德修养及其方法的思想和理论，包含有不少积极合理的因素，是我们应当予以继承和弘扬的一笔宝贵精神财富。

（三）中国传统伦理道德的创新

中国传统伦理道德立足于服务社会，追求家庭和睦、社会安宁、政治稳定，就主体创新性内涵而言，主要体现在三个方面：其一，用新法改造固有理念；其二，用旧法缓解现实困惑；其三，用新法适应新需要。

用新法改造固有理念即创造出能满足时代需要的理论学说体系。后代学者对公私义利、人性理欲、忠孝节义、礼智廉耻、仁和恕信勇强等基本道德规范的超阶级理论性诠释应顺应时代需要，体现其学理创新性。

用旧法缓解现实困惑反映了伦理道德的人类共通性与超时空性。中国传统伦理道德的主要内涵产生于先秦时期。每当后来现实社会出现道德沦丧、世风败坏时，人们自然而然地溯及诸子百家，努力从中获取精神资源。

疆域的不断扩大，汉民族与少数民族融合得以深化，夷夏之辨的思想不断被突破，新的民族关系得以逐步确立。而伴随中外文化的交流深化，传统伦理道德内涵的不断更新则充分说明了这一点。

第三节
现代德育内容的构建

德育内容是指借以形成和发展受教育者思想道德素质的政治观点、思想观点和道德行为规范体系的总和。德育内容是实现德育目标的中介和重要依托，它既是一定社会价值体系传递与创生、实现个体道德社会化的重要途径，也是个体进行道德学习、掌握道德规范、提升个体德性的重要依据。鉴于当前德育内容体系面临的问题，我们有必要以新的思维方式重新审视并构建社会所需要的现代德育内容体系。

一、现代德育内容构建的指导思想

坚持以习近平新时代中国特色社会主义思想为指导。习近平新时代中国特色社会主义思想"是党和人民实践经验和集体智慧的结晶"，以习近平总书记为主要代表的中国共产党人在党和人民集体奋斗的实践中，从中国特色社会主义新时代的实际出发，创造性运用马克思主义基本原理解决新时代坚持和发展中国特色社会主义问题的科学理论。从理论与实践的关系看，习近平新时代中国特色社会主义思想是党的十八大以来党领导人民进行改革开放和社会主义现代化建设伟大实践的经验总结；从领袖与群众的关系看，习近平新时代中国特色社会主义思想是党的领袖对人民群众的伟大创造实践经验的科学总结和理论概括；从个人与集体的关系看，习近平新时代中国特色社会主义思想是党的十八大以来党的领导集体共同创造的，是集体智慧的结晶。党的十九大把习近平新时代中国特色社会主义思想郑重载入《中国共产党章程》，正式确立为党的指导思想，实现了党的指导思想的又一次与时俱进。这是符合党心民意的重大决策，是推动当代中国马克思主义创新发展的客观需要，是巩固全党团结奋斗的共同思想基础、增强全党理论自信和战略定力的内在要求，是用发展着的马克思主义指导新的实践、坚持发展新时代中国特色社会主义的必然选择，对在新的历史起点上进行伟大斗争、建设伟大工程、推进伟大事业、实现伟大梦想具有重大现实意义和深远历史意义。这是当前我国现代德育内容构建必须坚持的指导思想。

二、现代德育内容的构建

根据"人—社会—自然"和谐共处的现代德育目标要求，现代德育内容体系的构建应包括生态德育、公民德育和私德教育三个方面的内容。

（一）生态德育

生态德育又称生态道德教育，它的核心是使人们正确认识人与自然的关系，并获得保护和改善环境的知识。从内容上来说，它主要包括生态道德意识教育、生态道德知识教育、生态道德规范教育和生态道德养成教育。

1.生态道德意识教育

生态道德意识教育以更新全民生态道德意识、提高全民综合素质为目标。主要包括生态忧患和生态责任意识、生态保护和生态全球意识、生态消费意识教育。

2.生态道德知识教育

生态道德知识教育是调节人与人、人与社会之间关于生态环境利益关系的规范教育，主要是通过生态知识教育和生态道德知识教育，使受教育者真正树立起生态道德观念,明确生态道德的善恶标准,为培养良好的生态道德能力进行认知储备,帮助社会群体和个人获得有关环境的一系列价值观,并形成积极参与环境的改善和保护的道德机制。

3.生态道德规范教育

生态道德规范教育包括道德规范教育和生态法制教育两个方面。道德规范教育是整合和调整生态问题的重要手段,是可持续发展得以实现的内在规定和必要条件。生态法制教育不仅要求增强全体社会成员的法治观念,还要求人们能够熟悉并积极学习我国颁布的有关生态的法律法规,如《中华人民共和国森林法》《中华人民共和国草原法》《中华人民共和国野生动物保护法》《中华人民共和国环境保护法》等。此外,我国参与的国际环保条约等也应成为生态道德规范教育的内容。

4.生态道德养成教育

生态道德养成是将生态道德转化为社会实践的关键环节,也是生态道德教育不可或缺的组成部分。它的内容十分广泛,在日常生活中无时不在、无处不在。它不仅要与日常生活相结合,更应当与社会生产活动以及个人职业活动相结合,尤其是要与各个行业的职业道德教育相结合,使生态保护成为全社会的共同意识和自觉行为。

(二)公民德育

第一,从我国历史和现实的国情出发,社会主义道德建设要坚持以为人民服务为核心,以集体主义为原则,以爱祖国、爱人民、爱劳动、爱科学、爱社会主义为基本要求,以社会公德、职业道德、家庭美德为着力点。在公民道德建设中,应当把这些主要内容具体化、规范化,使之成为全体公民普遍认同和自觉遵守的行为准则。

第二，为人民服务作为公民道德建设的核心，是社会主义道德区别和优越于其他社会形态道德的显著标志。它不仅是对共产党员和领导干部的要求，也是对广大群众的要求。每个公民不论社会分工如何、能力大小，都能够在本职岗位，通过不同形式做到为人民服务。在新的形势下，必须继续大张旗鼓地倡导为人民服务的道德观，把为人民服务的思想贯穿于各种具体道德规范之中。要引导人们正确处理个人与社会、竞争与协作、先富与共富、经济效益与社会效益等关系，提倡尊重人、理解人、关心人，发扬社会主义人道主义精神，为人民为社会多做好事，反对拜金主义、享乐主义和极端个人主义，形成体现社会主义制度优越性、促进社会主义市场经济健康有序发展的良好道德风尚。

第三，集体主义作为公民道德建设的原则，是社会主义经济、政治和文化建设的必然要求。在社会主义社会，人民当家作主，国家利益、集体利益和个人利益根本上的一致，使集体主义成为调节三者利益关系的重要原则。要把集体主义精神渗入社会生产和生活的各个层面，引导人们正确认识和处理国家、集体、个人的利益关系，提倡个人利益服从集体利益、局部利益服从整体利益、当前利益服从长远利益，反对小团体主义、本位主义和损公肥私、损人利己，把个人的理想与奋斗融入广大人民的共同理想和奋斗之中。

第四，爱祖国、爱人民、爱劳动、爱科学、爱社会主义作为公民道德建设的基本要求，是每个公民都应当承担的法律义务和道德责任。必须把这些基本要求与具体道德规范融为一体，贯穿公民道德建设的全过程。要引导人们发扬爱国主义精神，提高民族自尊心、自信心和自豪感，以热爱祖国、报效人民为最大光荣，以损害祖国利益、民族尊严为最大耻辱，提倡学习科学知识、科学思想、科学精神、科学方法，艰苦创业、勤奋工作，反对封建迷信、好逸恶劳，积极投身于建设中国特色社会主义的伟大事业。

第五，社会公德是全体公民在社会交往和公共生活中应该遵循的行为准则，涵盖了人与人、人与社会、人与自然之间的关系。在现代社会，公共生活领域不断扩大，人们相互交往日益频繁，社会公德在维护公众利益、公共秩序，保持社会稳定方面的作用更加突出，成为公民个人道德修养和社会文明程度的重要表现。要大力倡导以文明礼貌、助人为乐、爱护公物、保护环境、遵纪守法为主要内容的社会公德，鼓励人们在社会上做一个好公民。

第六，职业道德是所有从业人员在职业活动中应该遵循的行为准则，涵盖了从业人员与服务对象、职业与职工、职业与职业之间的关系。随着现代社会分工的发展和专业化程度的增强，市场竞争日趋激烈，整个社会对从业人员职业观念、职业态度、职业技能、职业纪律和职业作风的要求越来越高。要大力倡导以爱岗敬业、诚实守信、办事公道、服务群众、奉献社会为主要内容的职业道德，鼓励人们在工作中做一个好建设者。

第七，家庭美德是每个公民在家庭生活中应该遵循的行为准则，涵盖了夫妻、长幼、邻里之间的关系。家庭生活与社会生活有着密切的联系，正确对待和处理家庭问题，共同培养和发展夫妻爱情、长幼亲情、邻里友情，不仅关系到每个家庭的美满幸福，也有利于社会的安定和谐。要大力倡导以尊老爱幼、男女平等、夫妻和睦、勤俭持家、邻里团结为主要内容的家庭美德，鼓励人们在家庭里做一个好成员。

（三）私德教育

1.强调对社会、民族、国家的责任意识和奉献精神

公私之辨是中国传统道德发展的一条主线。在公私之辨中，其主导性观念是把"公义胜私欲"作为道德的根本要求，乃至把"公义"作为最高的道德标准，主张克己奉公。这种道德观念在历史典籍文献中多有体现。《诗经》："夙夜在公。"《尚书》："以公灭私，民其允怀。"西汉贾谊《战国策》："国而忘家，公而忘私。"宋代范仲淹《岳阳楼记》："先天下之忧而忧，后天下之乐

而乐。"当"义"和"利"发生冲突时，我国古代思想家强调"义以为上""先义后利""见利思义"，主张"义然后取"，反对"重利轻义""见利忘义"。这些思想在中华民族的历史发展中起到了积极而重要的作用，对于当前提高个人道德水平具有重要意义。

2.学会尊重，实现人际和谐

中国传统伦理思想一贯强调尊重人的尊严和价值。崇尚仁爱原则，主张"仁者爱人"。强调要"推己及人"，关心他人。孔子主张"己所不欲，勿施于人"(《论语·颜渊》)、"己欲立而立人，己欲达而达人"(《论语·雍也》)，要求在人际交往中设身处地为对方考虑，凡是自己不愿意接受的事情，也不要施加于别人；自己希望达成的事情，也要允许和帮助别人达成。孟子主张"老吾老以及人之老，幼吾幼以及人之幼"(《孟子·梁惠王上》)，"亲亲而仁民，仁民而爱物"(《孟子·尽心上》)。从仁爱精神出发，我国古人一贯主张"和为贵"，提出了"亲仁善邻，国之宝也"(《左传·隐公六年》)的思想，强调社会和谐，讲求和睦相处，倡导互助团结，追求天人和谐、人际和谐、身心和谐。

3.讲求谦敬礼让，强调克骄防矜

中国是礼仪之邦，谦敬礼让是优良的传统美德。在中国传统道德中，谦敬既是个人自身修养的要求，也是为人处世的原则。谦即自谦，虚以处己；敬即敬人，以礼待人。谦敬与礼相提并论，成为修己处世的基本规范。在这一行为规范中，"谦"是基点，"礼"是路径。"礼"处于关键地位，发挥着保障作用。中国传统道德认为，礼是人与动物相区别的标志，"凡人之所以为人者，礼义也"(《礼记·冠义》)。礼也是人的立身之本和人格高低的标准。孔子说"不学礼，无以立"(《论语·季氏》)。

4.倡导言行一致，强调恪守诚信

在中国古人看来，诚是一种真实无妄、表里如一的品格，也是道德的根本，所以，"养心莫善于诚"（《荀子·不苟》）。信是一种诚实不欺、言行不二的品格。孔子说"人而无信，不知其可也"（《论语·为政》），而且认为"民无信不立"（《论语·颜渊》）。孟子则进一步将信提升到个体自我意识的层面，提出"有诸己之谓信"（《孟子·尽心下》），认为信意味着自我尊重、自我肯定，因而，体现了个体生命存在的内在意义与价值。中国传统道德认为，诚信的内容和要求是多方面的，但是最基本的是做到以诚为本，取信于人，"与朋友交，言而有信"（《论语·学而》），诚信之德在于言必信，行必果，言行一致，表里如一，讲究信用，遵守诺言。

5.追求精神境界，把道德理想的实现看作是一种高层次的需要

中国传统道德认为，人之所以不同于动物，在于人有道德。因而，人们除了有物质需要外，还有精神需要，而一切精神需要中最为重要的是道德需要。儒家传统伦理道德认为，为学的目的，是通过"改变素质""化育气质"，达到"成圣""成贤"的道德境界，把道德人格养成，视为为人为学的根本宗旨。古人说"太上有立德，其次有立言，其次有立功，虽久不废，此之谓三不朽"（《左传·襄公二十四年》），即认为人生在世，虽不免一死，但有三种成就，可以在人们心中长存不朽，其中最不朽的成就，就是个人的高尚品德。中国历史上的英雄豪杰、志士仁人，往往为了达到理想人格而不惜牺牲自己的一切，甚至献出生命也无怨无悔。

6.重视道德践履，强调修养的重要性，倡导道德主体要在完善自身中发挥自己的能动作用

重视修养践履，用我们现在的话来说，就是强调个体在道德修养中能够积极实践、以身体道。中国历史上的儒、道、墨、法等各家都认为，在树立起崇高的道德理想和信念之后，最重要的是要奋发志气，积极行动，垂范践履，达到成就道德人格的目的。在追求道德的理想境界、成就道德人格的过程中，中国传统道德非常强调善学、慎思、内省、律己的功夫。孔子说"见

贤思齐、见不贤而内自省"(《论语·里仁》)。孔子的学生曾参说:"吾日三省吾身,为人谋而不忠乎?与朋友交而不信乎?传不习乎?"(《论语·学而》)强调每天都要对自己的思想进行反省检查,以求在道德上能够不断地进步。在传统道德看来,这种个体道德的完善是国家社会的根本,它不仅仅是个体的修养问题,而且是对国家社会的责任义务。因此强调"内圣外王"之道,推崇"修齐治平"之志。

第八章

中国传统文化与
德育教育相融合的原则和路径

第一节
坚持正确指导和批判继承的原则

一、坚持正确指导方向

1848年《共产党宣言》的发表，宣告了正确指导方向的诞生。自其诞生之日起，正确指导方向便日新月异地发展起来，指导着世界各地无产阶级的革命斗争与社会主义建设事业。

正确指导方向之所以成为指导各地无产阶级革命事业的科学理论，就在于其始终能够与各国革命的具体实际相结合，不断形成新的理论成果，保持了其自身的生机与活力，并推进了无产阶级事业的不断向前发展。正是在正确指导之下，近代中国才逐渐摆脱半封建半殖民地的受压迫状态，建立起社会主义新中国，走上独立自主、自力更生的中国特色社会主义发展之路。

我们必须坚持以正确指导方向作为我国德育教育的指导思想，在中国传统文化与德育教育相融合的研究中，要正确把握中国传统文化与德育教育的内在关系，正确把握中国传统文化在当代德育教育中的应有地位。应该说，对中国传统文化的研究必须坚持以正确指导方向为指导，二者之间是支援意识与主导意识的关系，我们在努力挖掘中国传统文化的德育教育资源时，必须将中国传统文化视为德育教育理论的支援性资源，而不能本末倒置。

二、坚持批判继承的原则

在探讨中国传统文化应该如何融入德育教育这一问题之前，我们有必要了解清楚中国传统文化与现代化之间的关系。对于二者的关系，有学者认为，传统文化与现代化的关系大体包括四个方面：一是契合性。比如自强不息的进取精神、诚信为本的价值观念，可以成为现代化的内在动力。二是冲突性。

比如传统的等级观念与现代平等理念，人治习惯与法治社会，群体至上与个性发展，中庸之道与社会竞争，伦理中心原则与物质利益原则，都存在着矛盾和冲突。三是潜现代性或准现代性。比如传统文化中的"民贵君轻""民为邦本，本固邦宁""水可载舟，亦可覆舟"，必须经过创造性转化，才能成为现代的本土思想资源。四是后现代性。在对工业文明负面效应和人文精神的弘扬方面，现代新儒学体现了某种后现代性，这是人类思想螺旋式发展的反映。也就是说，在中国传统文化中，既存在着可以直接古为今用的德育教育资源，也存在着完全不适应当代德育教育需求的糟粕性内容，还存在着必须要经过现代转化才可以发挥作用的德育教育资源。因此，我们应当基于现代转化的视角，本着"取其精华、去其糟粕，古为今用、推陈出新"的原则，理性分析中国传统文化对于当代德育教育的价值。具体而言：

第一，坚持批判性原则。批判性原则是指对待文化不应该完全地接受或否定，而应该批判地继承。这也正是我们对待中国传统文化的正确态度。与世界上任何一种文化相同，中国传统文化既存在精华也存在糟粕，中国传统文化中的优秀精华培育了我们的民族精神，而中国传统文化的糟粕也形成了我们的国民劣根性。因此，在中国传统文化与德育教育相融合的过程中，我们应该秉承"取其精华，去其糟粕"的批判性原则，对中国传统文化进行理性审视，在吸收、融合其优秀精华的同时，还要对中国传统文化中的糟粕进行认真的批判和清算，以消除其对人们的思想造成的不良影响，使其适用于我国当前的德育教育。相反，如果我们照搬中国传统文化而不对其进行理性审视，就可能将其中的糟粕内容也一并带入德育教育中，从而对德育教育的发展产生阻碍。

第二，坚持创新性原则。中华文明之所以历经五千余年而绵延不断，正是由于中国传统文化自身所具有的包容与开拓的自我革新精神，它才能在与各种外来文化的不断冲突与碰撞中，借鉴、吸收其精华并将其内化于自身，使中国传统文化不断突破自身缺陷，从而完成自身的发展创新。而近代中国之所以走向衰败，也正是由于其闭关锁国的自我封闭，使其不能突破自身的缺陷，进而被同时期极富开拓扩张精神的西方文明所超越。因此，我国当前的德育教育只有不断借鉴吸收中国传统文化，以及其他西方文化中丰富的德育教育资源，才能克服当前德育中的缺点，改变其陈旧僵死的内容与模式，不断开拓其发展创新的新视野与新渠道。

第三，坚持适度原则。作为德育教育学科的研究方向之一，中国传统文化与德育教育研究是在诸多学科领域的交叉视野中进行的。我们在研究中必然要借用其他学科的理论成果，如中国哲学史、中国教育史中关于古代道德教化理论及其运行模式的研究，中国伦理学史、中国德育史中关于古代道德教育理论的研究，以及其他学科的研究方法，如中国哲学关于古代经典的解释方法、对中国传统文化价值的解读方法等。但是，应当注意的是，这些学科的研究成果只是从方法论与研究内容上提供借鉴，而并不能取代德育教育学科的独立思考。只有在研究中凸显德育教育学科的独特立场，才能够使得这一研究方向不至于被淹没在其他学科领域中无法脱身。因此，借鉴其他学科的研究成果或研究方法必须是适度的、有条件的，决不能把其他学科的研究内容照搬过来，或者用其他学科的内容来拼凑德育教育的内容。

第四，坚持渗透性原则。与强制灌输原则不同，渗透性原则强调了文化对人的熏陶感染，使人们在潜移默化中主动接受新的知识、技能或思想观念等，它有助于发挥受教育者的积极性和主动性。因此，在中国传统文化融入德育教育的过程中，就要注重渗透性原则在德育教育实践中的运用，让人们在潜移默化中培养良好的思想道德素质。

第五，坚持互补性与互容性原则。长期以来，我国的德育教育实践往往过分关注其意识形态功能，而忽视其文化功能，这就使得德育教育一直偏重于简单空洞的理论说教和意识形态的直接灌输，进而使其人文精神受到蒙蔽。中国传统文化的教育方式，则正好弥补了现代德育教育模式的不足，二者存在一定的互容性、互补性。二者的互容互补，有助于弥补我国当前德育教育模式的不足，引导我国德育教育模式等的创新发展，进而增强德育教育的实效性。

第二节
中国传统文化与德育教育相融合的路径

一、将中国传统文化纳入德育教育范畴

由于照搬其他国家的模式，新中国成立以后，我国在德育教育实践中一直偏重于某些方面的形态教育，只强调正确指导方向和世界观的教育，而排除中国传统文化的教育，德育教育的文化功能被排除出去。由于缺乏厚重的文化资源的支撑，我国的德育教育变得教条僵化、空洞枯燥、难以服众，陷入一种尴尬局面。目前，这种局面虽然有所改观，但仍未彻底改变。因此，我们有必要重新审视德育教育的文化功能，基于对德育教育文化环境的考量，要彻底改变我国德育教育的这种尴尬状态，促进德育教育的创新发展，必须将中国传统文化作为德育教育重要的资源之一，纳入德育教育范畴。在高等职业院校中开设中国传统文化课程，如讲授《周易》《诗经》《楚辞》《论语》《孟子》《大学》《中庸》《荀子》《韩非子》等中国传统文化经典典籍，并揭示其现代价值等，使学生在中国传统文化的熏陶下，不断提高自身的思想道德素质和传统文化素养，实现德育教育的育人目标。

二、在全社会营造良好的中国传统文化氛围

历史经验告诉我们，任何民族在任何时代发展文化，必须重视弘扬本民族的传统文化。一个国家或民族如果离开了本民族的传统文化，就会丢掉文化之根、文化之魂，失去发展的方向。党的十九大报告也明确提出：文化是一个国家、一个民族的灵魂。文化兴国运兴，文化强民族强。没有高度的文化自信，没有文化的繁荣兴盛，就没有中华民族伟大复兴。要坚持中国特色社会主义文化发展道路，激发全民族文化创新创造活力，建设社会主义文化

强国。社会文化环境通过融合在人们周围的各种教育因素,间接地潜移默化地影响人的思想面貌和价值取向,影响德育教育的内容和方式;同时,德育教育也需要社会大环境的支持和帮助,只有整个社会认同重视中国传统文化,才有中国传统文化与德育教育相融合的土壤和基础。以高度的文化自觉和自信营造全社会重视传统文化、发展传统文化的良好氛围,是时代的呼唤,也是全社会的责任和义务。人们应该吸取历史的经验教训,客观地认识中国传统文化,批判地继承中国传统文化中的优秀部分,为中国传统文化与德育教育的融合营造良好的社会氛围。具体来说,首先,作为中国传统文化教育的领导者和推动者,党和政府要在思想上高度重视中国传统文化教育在全社会的推广工作,要重视对中国传统文化资源的挖掘和运用,在全社会开展丰富多样的中国传统文化活动,并配合以相应的制度建设,通过起草出台加强传统文化教育的文件,从领导体制、规章制度、经费投入等方面提供制度保障,确保中国传统文化教育活动能够在全社会持续稳定地开展下去。

例如,可以通过加强对我国非物质文化遗产的保护和宣传,完善法规、制度措施,强化全民保护意识,培养弘扬传统文化的社会风气和良好习惯。可以通过拓展传统文化的舆论空间,在学校、工厂、军营、车站、机场、码头等各种公共场所,设置标语、图片、宣传画等载体,展示中国传统文化,让人们生活在中国传统文化的氛围中,时时处处接受传统文化的教育,感受传统文化的魅力。可以通过新闻媒体设专栏、办专刊,介绍中国传统文化,开展传统文化研讨活动,加大宣传力度,展示传统文化之美,形成舆论环境。可以开展以弘扬传统文化为题材的创作演出活动,让传统文化走上艺术舞台,进入影视节目和文学作品,在潜移默化中培养人们对中国传统文化的兴趣与爱好,让人们接受传统文化知识。可以引导和支持广大社会团体、公共部门最大可能地开放相关资源,让越来越多的人走进历史文化场所、走向文化舞台、亲近传统文化等。只有全社会都形成了正视、重视中国传统文化的良好氛围,才能使其更好地融入德育教育,中国传统文化与德育教育相融合,就不仅是应然之态,更是实然之举。

三、加强科研与教师队伍建设，提高科研与教学能力

中国传统文化与德育教育这一研究方向，要求教师与相关研究者必须至少具备两方面的专业学术能力：一是必须具备深厚的中国传统文化功底，能够恰当运用中国哲学的研究方法诠释传统典籍，并能够呈现中国古代文化思想的真实面目，避免当前的泛泛而谈与牵强附会的现象。二是必须对德育教育原理有深入的了解，同时，能够正确、及时地把握党的方针、政策与路线，坚持以正确指导方向立场作为传统文化研究的指导。研究者只有同时具备这两个方面的素养，才有可能取得高质量的成果，这一学科方向也才能在德育教育学科获得优势地位。然而，目前在中国传统文化与德育教育这一研究领域，真正能同时达到这两方面要求的学者少之又少。这也是目前中国传统文化与德育教育这一研究领域存在的重要问题之一。因此，我们必须加强这一研究领域的科研与教师队伍建设。首先，可以邀请不同学科的权威专家对这一研究方向的教师与科研工作者进行有针对性的培训或讲授，增强他们对中国传统文化与德育教育这两个方向的综合交叉研究能力。其次，要增加相关研究方向的科研项目和学术研讨交流机会，使其在深层次学术交流探讨中增强对两种学科知识的融合度。再次，要提高相关科研项目经费，提高相关专业教师与科研工作者的待遇，增加教师与科研工作者的专业认同度。此外，还要适当增加教学任务，使他们在教学活动中进一步提高教学能力，改进教学方法，等等。

四、关注社会现实，引入问题意识

理论研究唯有对社会现实做出积极回应，才能获得持续发展的源头活水。在德育教育中，对中国传统文化中的德育资源的挖掘与阐释，不应当仅仅陶醉于概念的界定与理论体系的呈现，更为重要的是，应该能够对人们所

关注的现实问题做出有效的回应，使理论研究获得开阔的视野与济世的情怀。

因此，关注社会现实，从实证调查入手，在寻找问题、引入问题中确定研究的切入点，不断开拓学术视野，是中国传统文化与德育教育相融合研究的重要途径，是我们应该广泛运用的研究方法。

五、将中国传统文化纳入教学计划

德育教育工作者应该以高度的文化自信和理论自觉，不断推进中国传统文化与德育教育的互动融合，使优秀传统文化通过创造性转化成为德育教育的不竭源泉。面对德育教育的新任务和新要求，对优秀传统文化资源的开发还需做大量艰苦细致的工作，需更进一步地对优秀传统文化进行细致梳理和深入发掘，加以"扬弃"，切实做到古为今用，推陈出新，使优秀的中国传统文化精华服务于德育教育。

首先，要改善德育教育原有的课程设置。课程的开设，离不开一定的学科专业要求。目前，中国传统文化与德育教育已成为德育教育学科的重要研究方向之一。因此，中国传统文化的内容亦应该系统地体现在德育理论课程的设置中。然而检视我国高等职业院校德育教育的课程设置发现，目前我国的德育理论课由必修课和选修课组成。其中，在由教育部统一规定和要求的必修课中，并没有设置系统的中国传统文化课程，在由各校做出选择和安排的选修课中，中国传统文化的课程也并非每个高等职业院校都有设置。可见，虽然中国传统文化与德育教育已成为我国德育教育学科的重要方向之一，但其相关内容并没有系统地体现在课程设置中，课程设置落后于学科方向的建设。因此，在德育教育中，除了原有的德育理论课，还可增设相关中国传统文化的必修课程作为必要补充，不断推进中国传统文化与德育教育相融合，进而促进德育教育的进一步创新发展。其次，要在教材中增加中国传统文化内容。教材是进行德育教育教学的必要载体，目前我国德育教育理论课使用的是教育部的统编教材。这些教材的"概论""纲要"性，决定了其很少能体现中国传统文化的内容。因此，教师有必要在备课过程中，有意识地将优秀的中国传统文化的内容融入教案中，作为统编教材的教学素材加以使用，使教学的内容变得更加有血有肉和丰富多彩。再次，要将中国传统文化引入德育教育的课堂教学中。我们知道，课堂是学校进行德育教育的主要阵地。通过课堂，课程才能落到实处，教材方能变活，教案才可实施。因此，教师应通过影视作品的播放、文化专题的讨论、文化论题的激辩、文化名著的导读、经史子集的解读、名篇读后交流等多种形式，将中国传统文化引入德育教育的课堂教学中，结合德育理论课的教学，围绕普及和弘扬中国传统文化知识，培养学生对中国传统文化的兴趣与爱好，为德育教育营造浓厚的传统文化氛围，提升德育教育的实效性。最后，举办中国传统文化相关讲座。讲座是学校进行德育教育的有益补充形式。因此，在德育教育的课堂教学之外，学校可以从受教育者关注的热点、难点、焦点等问题出发，配合德育教育的开展，有选择地诚邀有关领域的专家、学者、名人、典型、模范、榜样等走进校园，设坛开讲，实现优秀传统文化传承与德育教育的"双赢"。此外，开展与传统文化相关的课外实践活动。实践是学校开展德育教育的第二课堂，也是中国传统文化融入德育教育的有效途径。因此，我们可以通过展开中国传统文化的知识竞赛和板报比赛、经典名篇的朗诵比赛、优秀影视的展播、传统文化艺术长廊的建设等校内的实践活动，以及历史遗址的现场教学、文物古迹的参观考察、名人古迹的重走探访、非物质文化遗产的观摩体验、文化遗产的普查统计等校外的实践活动，提高学生的传统文化素养，增强学生对中国传统文化的保护意识和传承责任感等。

第三节
高等职业院校德育与中国传统文化隐性教育融合的对策思考

针对传统文化隐性教育所面临的困境，以及传统文化与隐性教育这两者的自身特点，本节将从教育主体、教育载体和教育内容三个方面，来探讨传统文化隐性教育的体系架构，以求在解决传统文化隐性教育问题的基础上，构建传统文化隐性教育的路径体系。

一、发展传统文化隐性教育的主体

教师是传统文化隐性教育的主体，教师的自身素养与德育的自觉意识对传统文化隐性教育的开展，有着重大的意义。教师只有充分认识到教师育人的责任，并加强自身修养，才能在高等职业院校德育中发挥应有的作用。当前，显性德育一直以来居主导地位，而隐性德育只是无意识下的偶然行为，没有受到足够的重视。有些教师甚至根本不知道这一教育方式。在新时期，要充分发挥传统文化隐性德育的作用，一方面必须培养教育者全员育人的理念，提高教育者开展隐性德育的意识。另一方面，要加强教育者自身品德的培养及传统文化的修习，从而为传统文化的隐性教育提供有力的保障。

（一）树立教师全员育人理念，提高教师隐性育人的自觉性

新时期，由于社会环境的影响，德育主体出现了前所未有的演化扩张，高等职业院校德育的任务已成为所有在职教师的职责。一个合格的教师不能只专注于某学科的教学，更重要的是，要关注人类优秀文明和先进文化的传播，注重学生的成人与成才。高等职业院校的隐性德育与学生知识层次的提高有高度的关联性。德育发展与知识层次提高的这种关联性，在一定程度上

要求这样一种教育理念的出现，那就是知识传授、思想塑造、道德培养三者相结合，从而实现"知识教育"向"成才教育"的转变。新时期，全员育人理念的形成，首先就在于要使高等职业院校所有教职员工——包括专职教师、行政管理者、后勤服务者，都意识到高等职业院校的德育工作不仅是辅导员或者专职教师的责任，也是他们的责任，他们都是德育的主体，也都承担着大学生"成人"的职责。可以说，高等职业院校德育主体因素的有效利用是隐性德育功能充分发挥的主要前提。如果教师不能充分认识到自身育人的责任所在，没有隐性育人的自觉意识，就很难主动有效地利用自己工作中的德育因素，全面作用于大学生的学习环境和生活空间，那么传统文化隐性教育的顺利开展就只会是一句空话。因此，高等职业院校教职员工应该从自身的工作实际出发，充分发掘本职工作与德育的联系。对此，专职教师应该在做好自身专业教学科研的基础上，积极探索专业学科教学与德育的联系。行政管理者在进行管理办公的同时，也应注意管理所承载和传递的德育作用。后勤服务人员也应增强有关服务育人功能的思索。这样，才能真正树立起育人于一流教学、有效管理、优质服务三位一体的全员育人理念，切实营造起有利于学生"成人""成才"的良好环境。可见，只有树立全员育人观，才能为传统文化隐性教育的实施创造充分的条件，才能更好地调动全体教职员工的积极性，有效地实施传统文化的隐性教育。

如果说，教师全员育人理念的形成，是传统文化隐性德育实施的基础和前提，那么，教师隐性德育理念的形成、隐性育人自觉性的提高，则是传统文化隐性教育有效实施的有力保障。高等职业院校教师在树立了全员育人理念的同时，还应当树立全面的德育观念。可以发现，在新时期的高等职业院校德育中，显性教育方式与隐性教育方式的有机统一，已成为不争的事实。高等职业院校教师在注重显性教育的同时，更需要提倡和发展隐性教育，提高隐性育人的自觉性。长期以来，高等职业院校德育基本上是以德育课程为主的显性教育，而隐性德育的教育因素由于只是零散地存在于大学校园中，使得隐性教育未被充分认识，没有被有意识、有目的地加以利用，从而最终形成德育的合力。对此，在新时期的高等职业院校德育中，就要求我们要摒弃过去那种只重视显性教育，视教学为德育实施的唯一途径，而忽视隐性德育的观念。学生在校园当中所受到的影响来自方方面面，它不仅有源自系统的德育课程教学，还有来自校园精神、校园环境等各种非正式因素的潜在影响。直白的道德说教、硬性的教学管理，对于充满活力、富有思想和主见的新时期大学生，很难达到预期的德育效果。必须充分利用校园中丰富而又生动的教育资源，精心营造浓厚的德育环境，使大学生通过自身的体验和感受来获得道德的洗礼。总之，教育者只有树立全面的德育观，充分认识到隐性教育在高等职业院校德育中的重要作用，才能有效地实施传统文化的隐性德育。

（二）加强教师传统文化修养，注重教师身正为范的榜样性

"学高为师，身正为范"，这是对教师职业的最好阐释，也是对教师修养的基本要求。教师要重视自身的素养，以身立范，因为教师的一言一行都会有形或无形地对学生产生影响，学生也总是会自觉或不自觉地从中受到熏染。因此，教师必须不断加强自身修养，内强素质，外树形象，以其正确的政治方向、高尚的道德情操、严谨的治学态度和卓尔不凡的人格魅力去感染学生，为学生树立榜样。

首先，教育者要树立言传身教的观念。高等职业院校德育工作者的表率作用，是隐性德育的一种重要因素。我国古代思想家说过："其身正，不令而行，其身不正，虽令不从。"这话用在教师身上，也是完全适宜的。教师只有以身作则，以自己的模范行动做学生的表率，才能对学生产生影响。当然，这并非说教师不要言教，而是特别强调教师身教的重要性。强调教育者的示范作用，使教育者成为大学生们学习的对象和仿效的榜样，是提高德育实效的重要因素。如果教师不注意身教，即使讲的都很正确，也只是空洞的说教，不仅不能起到应有的教育作用，而且有可能使学生感到教师言不由衷、口是

心非，而显得面目可憎，以至于德育效果适得其反，从而与道德教育的根本宗旨南辕北辙。总之，教育者自身的思想理念、道德风貌、工作作风、行为举止如何，能否赢得大学生的信任和尊敬，往往从一开始就决定了道德教育的内容能否被学生认同和内化。所以，高等职业院校德育工作者必须在实践中做到言行一致、表里如一，以身作则践行社会的道德规范和要求，使自己成为学生的表率，真正无愧于"人类灵魂工程师"的光荣称号。

其次，教育者要加强文化修养。高等职业院校德育实效的提高有赖于教师、管理者和服务人员的共同努力，而其中又以教师的学术功底和人格力量对大学生的影响最为深刻。学术影响来自相关研究领域的突出表现及重要地位，它比任何语言更具有说服力，能使教师获得学生的最大敬仰和行为效仿。当然，非专业知识的广博同样具有重大的作用。就像一个专门研究物理学的教师，如果还精通中国古典文学，那么，这样的教师无疑是更具有影响力的。教师的人格力量主要体现为健康的价值理念、高尚的道德情操和强烈的责任意识。一个具有高尚师德的教师，就是一部好的教科书，能给学生带来深刻而长远的影响。总之，一个好的教师，不仅要靠自己的学术影响力，更重要的是靠自己人格上的感召力去影响、引导学生，而教师对传统文化的修习无论是广博知识上还是人格力量塑造上，都有着得天独厚的优势。

传统文化虽然是封建时代的文化产物，有着时代的局限性；但是，其中许多思想、内容至今仍熠熠生辉，对人格的塑造发挥着巨大的积极作用。价值观方面如爱国、正义、天下为公等，职业道德的基本要求方面如"敬业""慎独""见利思义""义而后取"等，社会公德的基本原则如"己所不欲，勿施于人"。此外还有温、良、恭、俭、让、仁、义、礼、智、信等都是中华民族文化精神的精髓。这些传统文化有着强烈的伦理意识，十分重视道德修养和道德教育，以孔子为代表的儒家学说强调以完善人的主体道德作为完善社会道德的基础，将个人的修养同国家、社会紧密联系起来，强调个人在人伦关系中的权利义务。这都是极其适用和有效的教育材料，其在高等学校提倡优秀传统文化教育和人文素质教育，有助于调整教师的知识结构，塑造良好的人格、气质和修养，树立起富有时代风貌的思想道德情操。

二、开发传统文化隐性教育的载体

高等职业院校德育载体是指，在高等职业院校德育过程中，联系德育主客体并承载、传递德育的内容和信息的形式与手段。传统文化隐性教育的载体，也就是在德育中承载、传递传统文化内容和信息的形式与手段。其形式与手段存在正面、直接和隐藏、间接的区别，具有间接性、潜隐性和庞杂性等特点。由于高等职业院校传统文化隐性教育载体的这些特点，使得其在现实的高等职业院校德育中常常有意无意地被忽视，甚至遗弃。传统文化作为高等职业院校德育的内容之一，其隐性教育资源更具有矛盾的特殊性，对高等职业院校隐性德育资源的开发与利用，是新时期提高高等职业院校德育实效性的一个重大课题。

（一）开发高等职业院校隐性教育资源，丰富传统文化彰显形式的多样性

德育目标的实现有赖于德育载体的彰显，而德育载体的开发与运用，对高等职业院校德育目标的实现将起到事半功倍的效果。在我国多年来的德育建设中，相关学者对于德育载体做了深入的探究，取得了不少的成果。例如广播、刊物、课堂教学、社团活动、校园文化活动，等等。这些载体表现出了强大的生命力，在今天的高等职业院校德育工作中仍然具有重要的作用。当然，其给传统文化隐性教育的载体研究，也提供了丰富的资源和有利的借鉴。传统文化的隐性教育是高等职业院校德育在内容上和方式上的细化，两者的载体存在着差异，但也有着统一性，我们一方面要借鉴继承，另一方面也要紧跟时代步伐，善于开发利用新的载体，来实现德育内容和方法革新的要求。

第一，寓传统文化于校园文化之中，发挥校园文化的育人功能。校园文

化是文化与精神的积淀，它包括历史传统、潮流思想、价值理念等一系列文化的因素。在新形势下，校园文化因其无形的影响方式，成了高等职业院校学生所易于接受的德育载体，而它与传统文化的易融合性，也使它成了传统文化隐性教育的重要载体。

首先，培养良好的校风，形成积极的文化氛围。所谓校风，是指在一定的条件下，学校全体成员在学习、工作和生活等方面，经过长期的培养、沉淀而逐步形成的态度和习惯。它包括师生的精神面貌、价值态度、思想道德、文化修养等各种因素。校风一旦形成，便具有相对的稳定性和影响的持续性。积淀得越久，无形的精神力量就会更强大，它能跨越时间与空间的局限，对师生产生持久的、潜移默化的影响，使他们的行为符合它的要求，自觉地抑制或改变师生那些不符合规范的行为和作风。也就是说，它作用于校园的每个角落，会无时无刻发生着影响，生活在校园内的所有成员都会在无意识中受到它的规范作用。校风的内涵丰富多彩，它主要包括学校领导的作风、教师的教风和学生的学风等，由于其影响的重要程度，本节主要从教风和学风两个方面加以简述。

教风建设是校风建设的核心。校风主要是由教师的教风和学生的学风构成的，而教师的教风处于核心的地位。教师的教学素质、治学态度、教学方式，对学生无论是在专业教育还是德育教育上，都有着举足轻重的作用。可以说，教师是学校赖以存在的灵魂，而教风则是教师的履职风范和职业精神，教师的专业素养、人格和能力，是体现学校实力和形象的主要因素。因此，在新时期加强教风建设有着重要的意义。而加强教风建设，首先在于强化教师专业素养、人文素养和人格魅力等方面的发展，这就可以借鉴中国丰富而广博的优秀传统文化。当然，集体的力量才是最大的。在加强教师个人素质的同时，也应该注意教师集体的培育，只有用集体的思想理念和人格魅力，才能创造出一个积极向上的精神氛围，从而达到感染学生、培养学生良好学风的目标。

如果说教风建设是校风建设的核心，那么学风建设就是校风建设的基础。学风是学生对待学习的理念、态度所形成的一种主流风气。优良的学风是一种氛围，使人受到感染和熏陶。同时也是一种动力，使学生时刻怀有紧迫感和使命感而积极进取，早日成才。优良的学风更是一种约束力，能有效规范不良的思想倾向和行为举止。优良学风一旦形成，就会对生活在这个环境里的学生产生巨大的规劝、规范作用。学风建设在校风建设中有着不可或缺的作用，在建设学风时，应该坚持以正面引导为主，加强对学生社团的建设与管理，促进各项文化活动的开展，同时也要开发校训、校歌、校徽等各种传统文化资源，塑造学校的整体形象。

传统文化的精深内容在校风的建设上能提供丰富的素养。无论是道德规范、协作精神、管理思想，还是治世治学的经典理念都无所不包，无所不容。在新形势下，博大精深的传统文化对校园文化的建设有着重要的作用，而校园文化也是彰显优秀中国传统文化思想的重要方式。

其次，开展校园文化活动，践行传统文化思想。校园文化活动是传统文化隐性德育的重要载体，传统文化隐性德育的心理强化来源于校园文化活动中大学生的自身实践。前面有过相关论述，那就是道德的认知并不等于道德的行为。这一过程的实现有赖于道德情感和道德意志的强化，校园文化活动在这一强化过程中则起着重要作用。校园文化活动主要包括传统文化节日活动、科技实践活动、文体娱乐活动等。它有着"润物细无声"的德育效果，能有效地培养大学生的道德情操。在各种校园文化活动当中，大学生通过参与活动的过程来感受自我、认识自我，并对德育思想做出理解和升华。

比如，在传统文化节日的端午节中，通过对屈原的纪念，让学生不仅可以感受到屈原对国家的深沉眷念、伟大的爱国情怀，更能让学生感悟到为国家的兴亡不惜牺牲一切的执着理想。当然，能感悟的还有许多许多。这种文化活动的德育效果比直白的说教来得更真切，更能让学生产生共鸣。因此，学校可以根据大学生德育的需要，广泛开展各种具有传统文化因素的活动，并寓德育目标、内容于活动之中，使学生们通过活动的参与来得到体会和感悟，使思想品质得到升华。对此，学校可以组织学生开展具有历史意义和重要价值的节日纪念、具有中国特色的书法比赛、富有深情与言志的诗词朗诵等丰富多彩的文化活动，让学生在浓厚的传统文化氛围中，不知不觉地受到思想的洗礼和道德的升华，使其在轻松愉快的环境中接受教育，不断完善自身的修养。可以说，既作为德育内容，又作为德育形式的中国优秀传统文化，在这方面有着得天独厚的优势。

最后，美化校园环境，建设文化底蕴校园。校园建筑乃至校园的一草一木，都可以成为传统文化隐性教育的载体。学校的总体布局体现出校园的主体精神，例如，校园中的花草树木挂牌竖匾，可考虑使用富有哲理性的诗句警语。建筑物、道路的命名，可用既具有知识性，又具有教育性的古代大贤。校训、校史，还有校园"名人堂"、校园中名人塑像、楼道的名人画像及其名言等，都是能对学生产生感召作用和激励作用的优秀传统文化。人们如果在塑造自然环境过程中，别具匠心，使具有生命灵性的人文精神统统转化为一种信息储存于有形的载体中，和自然风景和谐统一，那么，这样的环境会对大学生思想政治与道德品质的形成产生重要的影响。

第二，寓传统文化于网络之中，发挥网络的德育功能。互联网以其强大的功能在今天成了最重要、最快捷、最强大的信息交互方式，备受大学生的青睐。网络的开放性，使信息的全球化进程加快，给新时期的高等职业院校德育工作既带来了机遇，也带来了挑战。机遇方面，互联网的发展同时也为高等职业院校传统文化的隐性教育提供了绝好的平台。传统文化内容广阔、形式丰富，网络的出现与发展，让传统文化找到了丰富的传承与彰显方式。许多不易彰显的内容，也可以在网络绽放光彩。比如，中国传统的工艺文化，其融入网络主页不仅使网页设计更加美观，更是让浏览者可以在无意识的状况下感受到中国传统文化的博大与精深。先人事迹、成语故事、灯谜字谜这些形式多样的内容，更是可以得到很好的呈现。针对传统文化的隐性教育，教育者一方面可以充分利用互联网快速性、隐蔽性和互动性等特点，及时掌握学生的思想动态，并据此调整传统文化与网络的结合方式，丰富传统文化的各种表达形式，从而可以大大提高传统文化隐性教育的针对性和有效性。

另一方面，可以利用网络形式丰富多彩的特点，寓传统文化于网络之中，让学生在网络的海洋中游弋之时，时刻能感受到传统文化的气息，从而达到"润物细无声"的功效。网络环境在传统文化的隐性教育中，表现出了重要的意义，对此，高等职业院校德育工作者应将网络环境建设纳入高等职业院校德育建设的重要对象，以期能充分发挥其隐性育人的强大功能。

首先，学校应加快校园网络的建设，优化传统文化与网页制作的融合。校园网络的建设首先在于加快高性能的硬件设施建设，为校园打造一个畅通与覆盖全面的校园网络环境。只有有了全面的覆盖环境，才能谈得上它的作用。这是其发挥德育作用的前提和基础。传统文化的隐性教育与网络的主要结合之一，在于传统文化与网页设计的融合。所以，在加强硬件建设的同时，应该加强相关网页的制作，做到把传统文化不着痕迹地融合到各种网页形式中去，使校园网上能处处彰显着中华民族优秀文化的精华。

其次，要借助网络载体的优势，构建新型的传统文化德育阵地。这就要利用网络载体的优势，建立一批高等职业院校传统文化德育的专业网站，形成传统文化德育工作的网络体系。当然，纯粹的说教显然不能吸引读者的注意，只有充分发挥电脑多媒体技术的潜力，开展富有知识性、娱乐性和参与性的文化活动，使网上传统文化德育内容图文并茂、声像俱全，使内容形式丰富多彩，才能吸引广大大学生的积极参与，从而达到理想的育人效果。这样，情景交融、寓教于乐，当大学生在网上漫游时，在玩乐中，让德育潜移默化地润入学生的心灵，可谓"随风潜入夜，润物细无声"。

最后，要规范网络行为，净化网络环境。新时期的网络传播表现出速度快、内容杂、影响广等特点，而网络的规范一直是被动落后的。如果网络的开放性是其最大的优势，那么，其带来的不良影响也是其最大的弊端。在高等职业院校的范围内，校内局域网应该对信息文化进行审查和监控，完全的监控不能实现，但是，在文化消费的选择和鉴别上可以加强引导，从而阻止不良思想理念的入侵，防止各种垃圾文化的传播，为大学生营造一个良好而健康的网络文化环境。

第三，寓传统文化于管理之中，发挥管理的育人作用。校园管理作为传统文化隐性教育的载体之一，就是指把传统文化中育人的管理理念和管理思想寓于管理活动之中，在管理的过程中，注意德育方法与管理手段的结合，从而以贴近学生生活实际和思想实际的方式，来达到育人的作用。它是基于高等职业院校德育实施的规定性和新时期教育对象的特殊性而产生的。主要表现为：在学校方面，目前高等职业院校德育中，教学资源显得十分有限，德育内容的系统化必须要以学校组织管理的制度化为前提，从而使得组织管理的作用日益强化。在学生方面，进入大学时期的学生正处于成人阶段，他们的心理和生理还不完善，是非价值判断还不成熟，自我控制能力不强。针对学生这种特殊性，高等职业院校如果忽视引导管理，那学生的成人将可能出现难以预料的结果。管理载体有着广泛性和实践性的特点，相对于其他载体来说，它可以使德育与教学科研工作实现较好的结合。众所周知，管理人员在管理的过程中，会与大学生有直接的接触，这样就有利于学校及时了解学生们的学习、生活情况，以及思想动态，采取有针对性的措施对他们进行管理引导，并可以及时反馈给教师，从而使得高等职业院校德育更贴近学生的思想实际。管理载体在德育中的作用是显然的，其管理内容、方法和手段是德育实效发挥的主要因素。传统文化隐性德育在管理中作用的实现，必然只有通过作用于管理内容、方法和手段等要素，才能达到相应的目标。中国传统文化中有着丰富的管理理念和管理文化，主要表现为"以人为本""以德服人""仁者爱人"等。在新形势下的高等职业院校隐性德育中，这些思想表现出了强大的生命力，符合了时代发展的需求。当然，传统文化中的优秀管理文化还有许多，无论从儒家到墨家，还是道家到法家，其管理文化不一而足。新时期，要发挥管理的德育作用，高等职业院校首先要建立健全必要的规章制度，在对大学生进行必要管理的过程中，伴之以深入细致的德育。要注意把传统文化的管理文化和信息渗透到管理中，通过管理对学生的思想品德施加潜移默化的影响。

（二）探究高等职业院校隐性教育载体，增强传统文化与其融合的深入性

高等职业院校传统文化隐性教育载体隐蔽、庞杂而零散，充分发挥传统文化的德育作用，加强传统文化与教育载体的融合，就显得十分重要。好的思想只有得到充分的彰显时，才有可能取得良好的效果。高等职业院校传统文化的隐性教育途径是增强融合深入性的主要切入点和着力点。

第一，加强传统文化与专业课程的融合。要充分挖掘各学科教学中有关传统文化的德育因素，增强教学内容和传统文化的联系。在自然科学类课程方面，要注意挖掘中国古代的领先科技，以及先辈们为追求真理而奋斗的动人事迹。阐释科学家们身上体现出来的科学态度和科学精神，以及他们勤于思索、敢于探索的勇气。在人文学科类课程方面，各人文社会科学课程中的传统文化因素，是非常丰富的。《诗经》以其鞭挞社会丑恶、向往美好生活的特有的睿智，审视着人与人之间不同情境下的思想感情；《离骚》更是中华民族爱国主义的千古绝唱，表现了关心人民、热爱祖国、追求理想、改造现实的顽强斗争精神。中华民族漫长的诗歌发展史给我们留下了浩瀚的人文资源，那蕴藏在诗词中的乐观进取的人生追求、务真求实的理性态度，以及宽容仁厚、公正廉明、刚正不阿的美德善行，从古至今，都是人们反复吟诵的对象。汉赋、唐诗、宋词、元曲和明清小说等几个文学艺术的发展高潮，更是创造了绚丽多彩、辉煌灿烂、具有永久魅力的文学艺术。它们以独特的方式，熏陶和孕育着中华民族特有的人文素质和民族精神。

总之，课程教学是高等职业院校的日常活动，是大学生基本的学习方式，加强传统文化与专业课程的整合，有着重要的意义。

第二，加强传统文化与物质环境的融合。优秀传统文化在高等职业院校中的隐性教育，要注意与校园物质环境建设的融合，要让学生在校园里能处处感受到传统文化的氛围。目前，有些高等职业院校在学生宿舍及教室楼道上铭刻历代先贤的华美诗篇或谆谆教言，行走在这样的楼道中，或坐在这样

的教室里，立刻就能闻到中国文化悠远、深刻的气息，感受到浓浓的文化氛围，让人油然而生一种肃然起敬的感觉。传统文化在各种人文景观上的彰显，也别具特色。

例如，与本校有关的名人雕像、表现校园精神文化的碑刻、富有美感的建筑小品、以校训或与学校有关名人命名的路牌等。这些人文景观，每时每刻都向学生们默默地传递着学校的优良传统和校园精神，激发起他们爱校、建校的热情，激励着他们奋发向上的精神。我们应注重传统文化的日常渗透，千方百计地在学生周围创造接触传统文化的机会，以求达到"随风潜入夜，润物细无声"的教育目的。

第三，加强传统文化与校园精神的融合。传统文化是培育和凝练校园文化、校园精神的重要资源。传统文化中所蕴含的价值理念、精神态度、行为取向，在现代大学文化和精神中都有所彰显。高等职业院校要充分挖掘学校自身历史传统的宝贵资源，再结合学校发展战略和规划，根据学校办学思想和理念，努力凝练具有时代特征和学校特色的大学文化和精神，提升大学观念、志向和精神境界，不断增强学校的文化底蕴，并通过大学文化的传播和大学精神的沉淀，发挥大学文化和大学精神对学生巨大的感染力、渗透力和熏陶力，真正起到凝聚人心、激励斗志、鼓舞士气的作用。

第四，加强传统文化与网络空间的融合。校内网络环境作为传统文化思想内容的隐性载体资源，主要通过以下两个方面来加强传统文化与载体的融合。一方面，古典而蕴含人文教育的版面设计。就像人的眼睛是心灵的窗户一样，网站版面也是一个网站内蕴彰显的窗户。网站版面可以融合传统哲理名言、传统图画、圣人先哲的经典图像，等等。这些富有传统文化思想的设计，不仅能彰显出深厚的文化底蕴，还能让学生在浏览时潜移默化地受到熏陶和感染。另一方面，通过开展形式多样、生动活泼的网络德育活动，吸引大学生广泛参与，寓教于乐。传统文化博大精深，有富有哲理的寓言，富有深意的诗谜、字谜、灯谜，富有传奇色彩的个人事迹，富有催人奋进的感人故事，等等，都可以用各种形式放到网络上。这样，把说教性的内容变得具体、可亲、有情趣，对大学生产生潜移默化的影响，从而提高他们的道德文化品位，达到内容与形式的有机融合。

三、拓展传统文化隐性教育的内容

当今时代是一个变革的时代，当今社会是一个处于转型中的社会。时代变革，社会转型，必然使人们的道德生活环境发生变化，提出新的道德问题，这就需要高等职业院校德育贴近实际、贴近生活、贴近学生，与时俱进。传统文化的德育内容，也只有不断充实和丰富，才能适应新时期、新情况下高等职业院校德育的要求。

（一）深化传统文化思想继承，提升德育内容的广阔性

传统文化博大精深，其育人思想更是俯拾皆是。但是，由于传统文化自身传承的选择性及统治的维护性，使得许多有益的思想理念被遗弃或被掩埋，我们平常大部分是关于儒家思想的继承，或者说，在其他思想内容上没有给予更多的重视。传统文化中无论是民俗民风、人格风范，都有许多生动而深刻的德育思想，它们在当今对我国高等职业院校的德育还有着重要的意义。

第一，积极哲学思想的继承。中国传统文化以儒家文化为主体，道家、墨法兵诸家、佛家文化也各占有一席之地。宗教作为一种社会信仰，决定了它直接参与着对人社会信念、价值观和伦理道德的塑造。虽然大部分宗教具有悲情、遁世、宿命等消极特点，但它也有着向善、宽容、追求、美好、诚信和献身精神等显著的积极因素。而这些积极的因素正是高等职业院校德育所需。在中国历史的长河中，"明德亲民，止于至善""守静致虚，道法自然""雄赡浩博，赫奕天下""诸行无常，诸法无我"，分别成为儒家、道家、墨法兵、佛家等诸家的文化精神和理想人格。特别是"儒家学说经历代学者加工改造，并与其他学说相斥相吸，丰富了自己的内容，经过社会的选择，完善

了自己的形象。最后，终于凝聚为民族精神的主体内容，成为中国传统文化的主干之一，对我们民族的理想人格、思维方式、价值倾向，以及社会居高不下心理等产生了深远影响"。

第二，传统礼仪文化的继承。"礼"可以说是中国文化的突出精神。好礼、有礼、注重礼义是中国人立身处世的重要准则。中国文化认为，礼是人与动物相区别的标志。"凡人之所以为人者，礼义也。"(《礼记·冠义礼》)也是治国的根本之一。"礼，经国家，定社稷，序民人，利后嗣者也。"(《左传·隐公十五年》)礼同时又是立身之本和区分人格高低的标准。《诗经》言："人而无礼，胡不遄死。"历史上，礼是大至安邦立国、小至日用伦常的基本准则。孔子就提出："不学礼，无以立。"就是说不知礼，就不能真正地立足于社会。"礼"不仅约束、引导和规范着人们的行为，而且构成社会文明、社会和谐的重要内容。所以，自古以来，在人际交往和社会活动中，都注重各种礼仪、礼节，形成了许多言语、举止等方面的具体规定和规范，并达成了一种道德上的共识和态度，即按规定的礼节、礼貌行事说话是文明的表现，否则，就是失礼和粗鲁的，有时，甚至还会因此而给人的声誉，以及人际关系带来不良的后果。讲礼是一种文明意识和文明习惯，它源自个人的长期修养。新时期，礼仪文化对高等职业院校德育有着重要的作用，无论是素质教育建设，还是和谐社会建设，都对礼仪文化有着较高的要求。礼仪是文明礼貌的表现，它直接关系到新时期社会的整体形象和精神面貌，社会成员普遍地接受了礼而且能循礼而动，可以说，是和谐社会建设的时代要求。

第三，优秀人格风范的继承。中国是一个注重人格修养、人格自律和人格影响的国家。古往今来，不知道有多少活生生的人物用自己的行动甚至生命彰显了其高尚的人格，并激励着一代代后人实践与升华。这种代代相传的榜样力量的凝聚，铸就了中华民族的伟大精神，为高等职业院校的德育提供了无数高大的人格形象。人格风范在民族精神的传承中，具有巨大的榜样辐射作用。中国历史上出现过的具有高尚人格风范的名人及其事迹，历来都是后人学习的楷模。随着我国文明的发展，在许多领域都涌现出了流芳百世而载入史册的、体现民族精神的楷模。正是这些坚实有力的民族"脊梁",挺起了我们的民族之魂。这是一种伟大的精神力量,它哺育和促使着一代又一代的仁人志士,为了中国的生存、进步和发展,为了推动历史车轮的前进而奋斗不息,前赴后继。榜样力量与群众实践的结合,是塑造健康人格和社会风尚的有效途径。人格虽然是一种个人的行为方式,但是,这种行为方式有着群体性辐射作用,即对社会、他人和家庭都有着重大而直接的影响。人格主要表现为以身作则、模范实践共同的目标和道德标准。它具有巨大的感召力、榜样力和说服力,能够令人心悦诚服地以其为榜样去实践、去创新。人格风范的继承与发扬,对于新时期的我国高等职业院校德育有着巨大的作用。

（二）强化传统文化内容创新,提高教育内容的时代性

传承与创新是中国传统文化发展的重要特征和规律。中华民族的文明史,就是不断适应社会发展需要,推陈出新的历史。传统文化是历史的沉淀,是人们在长期的历史进程中所形成的产物。

传统文化的内容创新,一方面,表现为对历史所忽视的内容的重新探索。在历史的长河中,我们形成了丰富多彩的文化,但是,由于传统文化传承的选择性,以及统治的服务性,使得许多优秀的文化被遗弃。在新时期,对遗弃文化的整理与探索,在一定程度上可以说也是对传统文化的创新。因上一节对此已有论述,在此不再赘述。传统文化内容的创新,另一方面,主要表现为传统文化内涵的扩展,与时俱进而富于时代新意。在传统文化中,思想内涵能扩展而富有时代性的,可以说数不胜数。比如,"天人合一"的思想,这一思想在先秦萌芽,主要论说了神与人之间相通的联系。发展到西汉,董仲舒把该思想加以演变。"天人感应论"正式提出于北宋,著名思想家张载提出人和自然遵循统一的规律。"天人合一"的思想发展到今天,可谓更为广阔。在人与自然统一、协调的思想下,提出了人应该遵照自然规律、和谐发展、可持续发展等思想理念。前人思想虽然存在失当而错误的地方,但其思想的

发展性可见一斑。可以说，传统文化的这种传承与发展，是其文化的内在属性。

随着历史的发展，优良的传统文化只有以其与时俱进的适应性，才能满足时代的需要，才能继续发挥育人的作用，才能继续激发人民群众的民族自尊心、自豪感和对祖国的爱国主义热情。事实证明，传统文化一直也将继续对社会的发展起着积极的推动作用，因为传统文化其思想内涵的发展，不仅有着随时代进步的要求，还有着自身发展的内在活力因素。本节主要探讨传统文化发展革新的内在活力因素。

第一，变易革新。在中国传统文化存在着丰富的变易思想。《易经》就是一部专门讲"变易"的哲学著作，它通过八卦推演，阐明了万物都是在矛盾运动中变化发展的道理，对后世产生了巨大的影响。

第二，经世思想。经世思想是传统文化的基本精神。其提倡的积极用世精神被后世继承发展为"修身、齐家、治国、平天下"。"修身"是为了"治国、平天下"。经世思想在不同时期，其表现也有强弱的不同。以清代为例，清朝初年学风朴实，定于经世精神中期；乾隆、嘉庆时，由于严厉控制议论，知识分子只好把自己的聪明才智转移至"故纸堆"的研究，致使经世精神隐而不彰。直到鸦片战争前夕，由于清朝的衰落，统治阶级对社会舆论控制能力减弱，为了救国图存，经世思想再次抬头，渐渐成为当时一种社会思潮。当时的包世臣、龚自珍、魏源，封疆大吏贺长龄、陶澍、林则徐等人，都提倡学问的经世。他们致力于农政、河工、漕运、战守、货币等实学研究。

可以说，发展到清末的经世思想就是一种救亡图存的思想，充分地展现了前人的社会责任观念。新时期，社会主义的建设、发展都需要人才，经世的内容与历史虽有很大的区别，但其精神内质是相同的，那就是"积极用世"。但也要防止当下高等职业院校普遍流行的"学习实用主义"——即以是否有用、能否给找到工作带来优势、能否产生经济效益等为准则的一种学习态度。大学生在市场经济发展的今天，在注重个人发展、个人前途的同时，也不能忘记个人的社会责任、社会价值。

第三，民本思想。中国传统文化中蕴含着丰富的民本思想。人为万物之灵，天地之间人为贵，这是中国传统文化的基调。中国传统文化是一个融会了多民族文化而形成的综合体，具有广阔的涵摄性和包容性。中国传统文化的这个特点，在历史发展的不同阶段，都起了十分重要的作用。近代从西方传入的各种先进思想理念，如科技思想、民主理念，以及五四运动以后传入中国的马克思主义，在博大精深的中国文化中，都可以找到融合点，从而被吸收到不断发展更新的中国文化体系中去，这是西方先进文化能够在中国传播、生根发展的重要原因。这也是中国传统文化能创新发展的重要原因。

中国传统文化中的活力因素不止以上所列举的三点。此外，像自强不息的进取精神、深沉的忧患意识等，也都非常具有意义，他们为近代文化的变革创新起了巨大的推动作用。由于在中国传统文化中，存在着这些积极的活力因素，它们也因此在中国文化变革中起着联结旧文化的作用。中国近代旧文化的创新、新文化的形成，都是吸收了许多传统文化精华的结果，具有中国的民族特色。

第九章

高等职业院校德育在新媒体环境下的创新

第一节
大学生德育指导理念的创新

新媒体对大学生德育产生了巨大的影响，新时期，必须根据新媒体带来的变化，结合新媒体的传播特点和规律创新大学生德育。而德育指导理念的创新是创新德育的根本，欲创新新媒体视域下的大学生德育，必须首先创新其指导理念。本书认为，新媒体视域下的德育创新应坚持以下指导理念：整体育人理念，一元主导与包容多样的理念，德育价值取向与社会道德整体发展趋向相一致的理念。

一、树立整体育人理念

整体育人指把德育看成一个完整的整体，从德育的主体、客体、介体到德育的现实环境和虚拟环境，看成一个完整的整体。这样新媒体视域下的整体育人包含两方面的含义，一方面指虚拟空间与现实空间德育的有机结合，另一方面指学校、家庭、社会教育与虚拟空间德育的结合。这两方面的含义共同构成了新媒体视域下整体育人理念的完整内涵。

（一）实现虚拟空间与现实空间德育的有机结合

今天，新媒体给人们带来的最本质的冲击是传统意义上的物理空间概念发生了革命性的变革，"虚拟空间"横空出世。传统的、直观的实在物理空间与虚拟空间相比存在许多本质的区别。实在物理空间可以三维度量，在物理世界里开展德育工作，必须符合事物的客观性、实在性原则。教育者、教育对象、教育环境和教育媒介都是实在的。教育者在实在空间里把握教育对象的思想的针对性和准确性一般是较高的，教育效果也较理想。我国的德育有上千年历史，现代意义上的德育也有几十年的成功经验。

新媒体给人们带来的虚拟空间具有全然不同于物理实在空间的诸多特征。在新媒体创造的虚拟环境中，人们的思维悬浮在虚拟空间中，摆脱了肉体的束缚，沉浸在充满数字情感的虚拟世界里。科学家们试图通过人工技术操作使虚拟空间更加类似于物理实在空间，以便在虚拟世界中可以不折不扣地解决以往必须在实在空间才能解决的问题，也包括我们关注的德育问题。但是人们办不到，因为现在的新媒体技术还达不到如此先进的程度，更主要的是我们在价值判断上难以取得共识。虽然我们感觉到虚拟和实在之间存在着共通性，而且这种共通性日趋成熟和稳定，但我们不得不承认，虚拟空间代替不了物理实在空间，物理实在空间也代替不了虚拟空间。物理空间具有实在性、唯一性，某个事物只能在某个特定的时空出现，不可能有第二个空间让其展示同一发展过程。虚拟空间不是唯一的，而是多重的，同一场景可以被模拟到不同的虚拟世界里。即使某一虚拟空间是全部地模仿了某个物理空间，人们在进入其间的那一瞬还是不得不做出判定，虚拟空间应当模仿人类主观感觉的那个世界还是模仿客观存在的自然科学所认定的那个世界。虚拟空间在某种含义上可以理解为它来源于柏拉图主义。网络虚拟空间的物体正是从柏拉图想象力所构造出的理念出发，但那些完美的立体或抽象的思维在意义上却不同于柏拉图所构造的理念，相同的则是网络虚拟空间的信息（information）秉承了柏拉图形式（forms）的内涵。

　　鉴于虚拟空间和物理实在空间之间存在的差异，我们认为，不管两者有多大的包容性，虚拟空间代替不了实在空间，实在空间的德育工作并不是所有的都可以在网上得到解决。道德问题一般是复杂和多元化的，单凭肤浅的交流往往看不出、看不准问题症结所在。我们又如何保证新媒体虚拟空间的思想交流具备针对性和指向性呢？再者，道德问题的真相和假象往往很难区分，有时连受教育者自己也说不清自己的问题到底出在哪里。这种情况下开展虚拟空间的德育依然不能保证教育者能准确、及时找到问题真相。而且，虚拟空间模拟不出人类的全部情感，网络和计算机有时缺乏人文关怀。

　　我们一方面认识到虚拟代替不了实在，实在空间的德育任务很难全部放到虚拟空间完成;另一方面,我们又看到虚拟以其强大的优势弥补着实在做不到的漏洞。因为虚拟空间同样具备着"教育者—交流沟通—受教育者—信息反馈—教育者"这一德育基本环节,那么在新媒体虚拟空间中开展德育一定会收到实效。而且如果能够把实在空间的德育与虚拟空间的德育有机结合,一定会收到单一的实在空间德育与单一的虚拟空间德育所不能达到的最优效果。新媒体虚拟空间与现实空间德育的结合可以体现在目标、内容、方法、手段、效果的结合等各个方面。

(二)实现学校、家庭、社会教育与虚拟空间德育的结合

近年来,关于德育合力、思想教育合力的问题引起人们的广泛关注。本书前面部分已经谈到,发挥好德育的合力,一方面可以产生比单一学校德育更强大的力量,另一方面可以产生类似于几何效应的一种新的力量。而面对新媒体环境,实现从单一学校教育向学校、家庭、社会教育与新媒体虚拟空间教育结合的方向转变就显得尤为重要。

随着新媒体突飞猛进的发展,德育出现了社会化、本真化、深邃化、立体化的发展趋势。从空间上看,德育已经完全超出了学校范围;从时间上看,德育也已经完全超出了学校教育的阶段。跨越了时间和空间的特质所界定的德育成为一个终身的、全员的认知理性和实践理性;从主体上看,主体间关系已经完全超出了国家的范围,在全球各民族的各种思想文化的交融和碰撞中共生与融合。

传统德育体制的封闭性与以新媒体为标志的信息社会的开放性形成了强烈反差。新媒体的开放性必然与封闭式的传统德育模式产生矛盾与冲突,教育不是一个孤岛,它不仅与学校其他各方面的教育密切相关,而且与整个社会紧密相连。但是长期以来,我国学校德育与社会德育形成了相对独立的封闭性体系,因此在面对新媒体的开放性时,传统德育体制就存在一定差距。在新媒体视域下,要把单纯的学校德育扩展到家庭、社区、社会乃至新媒体

自身，让社会来共同承担德育任务与责任，要健全学校、社会、家庭的网络化的评估体系，尽量减少德育与新媒体的结构性落差，减少信息开放与德育封闭的冲突。客观上，新媒体对学校、家庭、社会、学生的影响是巨大的，新媒体全方位地改变了人类的生存方式。从长远来看，如果德育在新媒体中日渐萎缩的话，道德问题将会面临灾难性后果。我国当前一些大学生的离经叛道、放纵等行为，与信息社会初始时期的无序状态不无关系，与传统德育的功能失效也不无关系。德育体制应与时俱进，如果不与时俱进，自身的生存和发展也将成为问题。因此，在新媒体视域下，德育应实现从单一学校教育向学校、家庭、社会教育与新媒体虚拟空间教育结合的方向转变。

二、树立一元主导与包容多样的理念

人类进入21世纪，德育面临着市场体制和全球化的推进等变化，新媒体的迅猛发展更使文化多元化、社会信息化、社会多样化和个体特色发展等日益明显。在这些新背景下，德育要正确处理新媒体视域下的多元文化激荡、社会多样化发展、学生个性化发展与社会主义核心价值体系主导之间的关系，多元道德冲突与中国传统道德的继承、对西方道德观念的借鉴与扬弃之间的多方面的辩证关系，就必须坚持德育一元主导与包容多样的理念，既坚持以社会主义核心价值体系为主导，又继承中国传统道德的优秀传统，同时借鉴和吸取西方道德文化的积极因素。坚持一元主导前提下包容多样的指导理念，是当今新媒体时代背景下德育的必然选择。

（一）坚持以社会主义核心价值体系为主导

全球化和信息化是推进当代社会发展的主要潮流，新媒体的发展促进了信息化和全球化的进程，新媒体中多元文化、多元价值观相互激荡，西方意识形态对我国主流意识形态的渗透与冲击不容忽视。而新媒体中个体自由、无监督状态下的选择，更使得个体易于接受多元的价值观，也使得道德选择处于迷茫和混乱状态。因此必须加强社会主义核心价值体系在新媒体环境中的主导。

在新媒体传播环境中，东西方文化思潮的交汇、碰撞更为直接，新媒体传播环境是一个多元文化交织的、多种思想碰撞的相对复杂的文化环境。新媒体由于传者与受者的广泛性与主动性，在价值导向上传统媒体有效的调控手段，如封锁信息源、控制传播渠道、筛选信息流等手段很难实现。因此用社会主义核心价值体系主导新媒体文化是优化新媒体传播环境的需要，更是新媒体视域下创新德育的现实需要。

（二）继承并弘扬中国优秀的传统伦理道德及其德育价值

新媒体环境使中国传统道德面临挑战和冲击。新媒体形成了跨越时空的网络交往，对"私德主导、公德不彰"的中国传统伦理带来了严峻挑战。中国传统伦理道德是建立在"熟人社会"基础上的"熟人伦理"，由于传统社会交往面窄，交往对象大都是熟识的人，传统道德得到较好的维护。而新媒体传播是一个基本由陌生人组成的社会，传统伦理道德面对新媒体构成的陌生人交往表现出滞后性和不适应性。新媒体改变了传统的社会资源的分布格局，社会财富和权力、地位流向代表科技发展方向的群体和个人，打破了传统社会等级差序结构和封闭的组织方式以及相应的门第观念。新媒体带来的开放、平等的网络文化精神不断冲击着传统伦理文化中的保守性的精神理念与气质。新媒体由于其去中心化的传播特点、全球性的广泛参与，使伦理相对主义和伦理多元化强化，使中国传统道德面临开放的多元道德文化并存的挑战。

继承中国传统优秀的伦理道德及其德育价值。新媒体传播推进了经济全球化和文化多元化的进程，同时也促进了中国传统伦理道德中的优秀成分逐步得到世界性的认同。如何正确认识和把握中国传统道德，继承中国传统优秀的伦理道德是一个必须认真面对和解决的课题。从人类德育活动的历史来看，德育主要有三种类型：一是继承与发展方式，就是在保持本民族道德体系的历史完整性基础上发展、创新德育；二是移植与复制，以外来道德体系代替本民族道德体系；三是解构与重建，彻底告别本民族的道德传统，在新型价值观念指导下建构新型道德体系和道德价值观念。从后果来看，第一种德育的优势在于保持了道德传统和已有的道德成就，缺陷是局限于民族自豪感而拒绝外来先进价值观念；第二种德育的优点在于吸收其他国家和民族的优秀道德成果，缺陷在于可能造成本民族道德传统的遗失；第三种德育方式的优势在于能够彻底清除既有道德的不良影响，缺陷在于这种方式有可能因为拒绝人类道德成就而陷入道德迷茫之中，脱离公众的道德实际和要求。科学的德育方式应该是在继承本民族的道德传统的基础上，吸收优秀的外来道德价值，不仅保持本民族道德体系的完整性、继承性，而且赋予道德价值观念开放性和时代性。本书认为新媒体视域下的德育创新应该在继承、发展中国传统优秀道德文化的基础上，学习、借鉴西方道德文化的积极因素，根据时代发展的特点和新媒体传播特点与规律，促进我国道德文化和德育在新媒体视域下的创新和发展，以适应我国社会发展的需要。

中国传统道德是新媒体视域下德育的精神家园，是不可撼动的"根"。通过对中国传统道德文化进行梳理、分析和扬弃，实现对中国传统道德文化的继承和创新。就主流而言，中国传统道德是以儒家思想为核心、以道家思想和佛家思想为补充的三位一体的体系。这个体系随着社会的发展一直处于变化之中。经过认真梳理，学界挖掘出了支撑中华民族近两千年的道德价值，并把其作为推进当前道德发展的思想基础。中国传统道德的核心价值规范包括仁、义、礼、智、信等方面。中国传统文化的道德精神与西方道德价值观的重大区别就在于，西方道德崇尚个人自由以及人与人之间的平等，个人的成功和幸福是决定其道德价值选择的主要动机。但是中国传统文化的道德精神的重心不在于个人，而是把个人的道德修养当作个人参与社会活动、推动社会发展与进步的途径，道德修养从修身开始，直至于"齐家、治国、平天下"，这是中国传统道德目的论的总纲领。中国传统道德的重要内容就是关注个人在各种道德关系中如何做出道德选择，在各种道德冲突中坚持操守，施行仁义。正是在反复不断的道德价值冲突和人的道德选择过程中，形成了中华民族独特的伦理风格和道德精神，以理导欲而欲不可纵，公私分明、公而忘私，"礼、义、廉、耻"德之四维，知行合一，荣辱在己，直至于"修身、齐家、治国、平天下"。这些都是宝贵的道德资源，当代中国的道德进步只能建立在对传统道德精神的继承和创新基础之上。当然，中国传统道德文化中的"私德主导、公德不彰"，君臣、父子、夫妻不平等的"三纲五常"等需要在现代化的进程中予以改进。

本书认为中国传统德育在新媒体视域下的继承与创新主要应从以下几个方面着手。

首先，传统道德是新媒体视域下德育创新的根基。道德价值观念的先进性和发展性是道德发展的重要标志，每一个时代的道德观念都可以通过反思、批判前人的道德观念进行创新和重构，形成新的道德观念和价值标准，推动道德进步。虽然新媒体创造了与以往传统不同的虚拟与现实共存的环境，其虚拟、开放的环境受到西方价值观念的强烈影响，也表现出西方道德与新媒体环境相契合的一些特点。但无论是从理论逻辑还是历史经验教训来看，德育都不能建立在抛弃民族传统的基础之上，放弃几千年的道德传统转而投入西方的怀抱，或者是毁灭传统将道德前途交付给脱离实际而不可预测的价值体系，后果都将是可怕的。今天中国的德育只有以中国传统道德作为发展的起点，得到中华民族文化的孕育和支撑，才有可能为新媒体视域下社会主义价值体系的构建提供可靠的基础。

其次，传统道德是新媒体视域下实现德育高端目标的必要条件。德育以一定的道德目标为落脚点，而道德目标则是由一系列不同层次的目标系列所构成的，从低级阶段的日常生活中的基本生活规范，到高级阶段的理想、信念等人生的追求，都是进行不同层次的德育所要关注的目标。在新媒体视域下，这些道德目标仍然需要或者说更需要更好地坚持。德育的高端目标是指以远大的人生理想、爱国主义、民族精神、为人民服务为内容的个体道德品质的培养目标。从德育资源来看，中国传统道德价值体系中所注重的就是君子正其谊不谋其利，明其道不计其功，大公无私，今天我们的德育目标不可能将每一个人定位于"君子"模式，但中国社会的发展确实需要引导人们为国家的民族前途而放弃个人利益，为人民服务而奋斗一生；从民族精神、爱国主义道德的特殊性来看，这些道德目标都具有非常鲜明的民族和国家的特征，而对于自己祖国的情感、对于本民族的追随必须建立在对以往传统道德的继承上。在新媒体视域下，这些道德目标更需要很好地坚持。

最后，本土道德价值是新媒体视域下民族文化认同的核心。新媒体视域下，各民族文化相互激荡，在此背景下进行德育必须处理好两对关系：一是继承传统道德与道德创新的关系，二是重视本土道德价值与吸收外来道德观念的关系。应该在继承传统美德的基础上创新道德，推动道德价值的现代化。新媒体的发展推动了中国现代化的进程，中国的现代化不仅体现为生产方式的现代化，更体现为思想观念的现代化，公平、平等、自由、对个人权利的尊重等都是现代化社会不可缺少的价值观念。但是，由于中国传统道德的历史性和时代局限性，它是不可能为我们提供现成的解决道德问题的方案的，我们只能不断进行道德观念的创新，追寻适合新媒体环境的、能够推进中国现代化进程的、更具合理性的道德价值观念，并通过德育的途径向公众传播，从而解决各种道德问题。西方发达国家属于先发型现代化国家，在此过程中，西方国家和民族形成了丰富的道德成果，这些成果已经显示出在推动人的发展、促进社会进步等方面的巨大作用。我们坚持本土道德价值，学习西方先进的道德价值观念和德育的思想和方法，可以促进中国传统道德和德育的创新，还可以将中国传统道德通过新媒体等渠道向全人类传播，使中华民族的优秀道德成果走向世界。

（三）学习并借鉴西方道德及其德育文化的积极因素

西方德育文化主要是立足狭义文化角度而言的，是指西方德育的基本精神、原则、理念和基本模式等主要属于观念形态的德育文化，主要内容包括以自由、民主、平等为核心的人文主义价值诉求、理性主义的哲理基础、自由公民的培养目标、趋于生活世界的实践指向、教育方式多元发展等。西方德育文化值得我们学习和吸取之处主要有自由、民主、平等的人道价值观念，自由公民的现代合理定位，注重个体主体精神、权利与义务对等、契约、正义的公民伦理价值、理论深掘和实践创新并举、现实性与理想性并举等德育优点，而需要防范和警惕之处主要有个体本位的过度张扬、西方文明中心论、意识形态霸权。

西方德育文化的内容存在着一些前后基本一致的深层次的理念和精神脉络，具有不同于东方文化的特征，很多方面表现出与新媒体环境、现代性相契合的特点。一是人文理念深入人心，内涵丰富，涉及面较为宽广，随着历史发展不断丰富、提升。其中自由、民主、平等是最具代表性的人文价值诉求。二是理性主义的哲理基础。理性主义在西方文化中占有非常重要的地位，苏格拉底的"美德即知识"奠定了"围绕着理性树立德性"的德育理念，反思和重建后的理性主义是当今欧美的德育主导信念之一。三是自由公民的培养目标。从个体受教育者角度而言，德育主要是为了实现自我道德方面的完善和发展，形成和谐的个性，成为有德性的人；而从国家而言，主要是为了培养热爱国家、维护国家政权、遵守道德秩序、能为国家和民族做出贡献的道德国民。两者有冲突的地方，也有相通之处。西方德育在两者的结合方面有独特之处，培养奠定在个体主义和自由主义基础上的，既富有德性和自由个性又忠诚爱国、遵法守纪的自由公民成为西方很多国家的德育目标。四是注重个体主体精神，权利与义务对等，契约的公民伦理价值。西方道德文化中的公民伦理价值包括如下基本价值范式：个体主体精神、权利与义务对等精神、契约精神。五是趋归"生活世界"的实践指向。西方德育的唯智主义、主知主义早在其最初萌发时期就已经遭到一些思想家的批评，亚里士多德提出了实践理性思想，恢复德育的生活实践向度。到了现代社会中，人们对传统主知主义、科学化德育模式的缺陷和弊端有了更清楚的认识。恢复德育的人文特性，回归德育的生活实践向度，成为当代德育的主导倾向。

西方德育的以上所有特点，如自由、民主、平等的人道价值理念，自由公民的现代合理定位，注重个体主体精神、权利与义务对等、契约的公民伦理价值，趋归生活世界的实践指向，都契合了新媒体开放、多元、自主的环境。加之新媒体本身是西方科学技术和文化发展的产物，因此西方道德及德育文化本身与之具有更好的契合性，这些是我们应该积极汲取和借鉴的有益因素。而西方德育理论深掘与实践创新并进、理想性与实效性共举的教育路径也是我们应该学习和借鉴的重要方面。

三、树立德育价值取向与社会道德整体发展趋向相一致的理念

德育是道德活动的一种重要形式。它是培育理想人格、造就人们内在道德品质、调节社会行为、形成良好社会舆论和社会风气的重要手段。一种道德，最终能否被社会所接受，关键固然在于它能否反映社会道德关系的本质，是否符合社会发展的必然性，但是，这种道德究竟能够在何种范围和程度上为人们所接受，却取决于它的传播程度，取决于德育实施的好坏。德育不是一种无需外部条件的抽象的、孤立的活动，社会的政治、经济制度对于德育的性质和具体内容有着直接的决定作用，社会道德的整体发展趋向决定了德育的价值取向。新媒体传播促进了我国社会伦理向现代公民社会伦理的演进，新媒体视域下的德育创新应坚持德育价值取向与社会道德整体发展趋向相一致的理念，顺应新媒体视域下我国社会伦理向现代公民社会伦理演进的趋势，注重大学生的公民伦理德育。

（一）社会道德的整体发展趋向决定了德育的价值取向

"现代化"是最深刻揭示近百年来中西方社会发展脉络和世界秩序变动的语境，以新媒体为代表的信息化推动了中国现代化的发展。现代化是一个

巨大的社会变迁过程，它通常由物质层面的变革始发，进而引发制度与文化全方位的变革。精神层面的变革是现代化中最深层、最内蕴的变革。现代化与现代性不能仅从社会的政治—经济结构来规定和把握，也必须通过人的体验结构来把握和规定。以德性价值为核心的人的精神气质的现代化是社会现代化的必然趋向，又是全面实现社会现代化之依归。现代化促成传统伦理精神的变迁和伦理范型的转换，同时也呼唤和铸造与社会现代化互动的时代精神气质与人格范式。现代化及其所创造的现代性价值，集中体现在它对社会价值范式与权重的根本性转变上。

伦理道德作为社会结构中的观念形态，随着社会物质与制度层面的改变而变迁，这种变迁有自发的演进与自为的推动两种形态。自发的变迁指伦理价值生态因其存在的物质基础的改变而变革，其间有不依人的意志的发展趋向；自为的推进则是社会主体力量根据变迁的社会生活与利益关系，有意识地推进伦理道德价值与规范，构建新伦理精神与塑造道德人格范式。现代化中的伦理变动是自发、自觉的两种力量相互交织、相互作用的过程与结果，是实然与应然的统一。20世纪80年代以来的中国现代化进程是在以新媒体为代表的信息化推动的全球化的环境下展开的，这种境遇颠覆性地改变了传统社会结构与人的生存方式，使长期处于孤立封闭、自生自长的文化空间结构之中的中国传统伦理文化及其价值范式面临生存境遇的置换，必将产生与时代境遇的深刻矛盾并面临较大的变迁。尽管精神文化历史惰性的特质依然存在，但中国现代化进程中新的社会境遇和人的生存方式促进了传统人伦秩序的改变和新伦理范式的形成。从社会主体道德构建的自觉行为考察，现代化中精神文化的促动因素包含社会主体的自觉行为。社会精神文化难以自发完成自身的历史转型而获具现代性气质，它作为人们生存方式的精神价值凝结，自始至终受到社会主体的自觉意志的规划、导控与指引。代表社会意志的主体通过道德文化建设和德育来导引精神文化与规范社会生活的人伦秩序，现代化中的精神气质的转变是实然与应然的统一。社会变迁经历由器物到制度发展，进而引发思想观念、精神文化的全面转型过程，社会主体的自觉构建与教育（德育是社会主体自觉的体现）则使得这种突然变迁朝向体现社会主体意志的应然发展方向。因此，社会道德的整体发展趋向决定了德育的价值取向，德育的价值取向应与社会道德的整体发展趋向相一致，只有这样才能发挥德育的社会主体自觉作用，才能使社会道德变迁朝向体现社会主体意志的应然发展方向。

（二）新媒体传播促进了我国公民社会的发展

从伦理学的角度分析，公民社会是公民作为社会主体的社会，公民身份的现代含义主要是通过与"臣民"的对比显现的。臣民是君主专制制度下的无主体性、不自由、不平等的社会存在状态，所形成的是依附型人格。公民具有人格独立、自由平等、权利与义务关系上的对等特征。

公民社会与国家二元架构下的公民社会是西方公民社会的基本理论维度，对于中国是否存在公民社会一直以来争议较多。公民社会在不同的历史阶段以及不同的文化背景和国别也会有所不同，东西方的历史和现实的差异决定了中国的公民社会不会走西方的老路。中国社会目前正在形成公民社会的基本特征和精神特质，中国市场经济的发展为公民社会的形成奠定了社会制度和经济基础，中国的网络化、全球化际遇进一步改变了传统社会的价值观念。新媒体通过对公共领域的建构，促进了中国公民社会的形成，孕育了现代开放的价值理念与精神气质。

新媒体传播促进了中国公民社会的形成，孕育了开放、民主等现代伦理精神。哈贝马斯认为公共领域的建构必须具备以下三个条件：由私人组成的公众，他们具有独立人格，能够在理性基础上就普遍利益问题展开辩论；拥有自由交流、充分沟通的媒介；能够就普遍利益问题自由辩论，进行理性批判并达成共识，形成公众舆论。新媒体传播为中国建构了较理想的公共领域，推动了中国公民社会的进程。其一，新媒体传播为中国培养了自主理性的公众。新媒体提供的出版空间刺激了个体对信息创造性活动的主动参与，也实现着参与者的自我发现与完善。新媒体将个体置于一个反思和重塑自我的循环之中，由于博客等有相对固定的发布空间，这使传播者的身份相对确定，出于获得他人赞赏的需要，参与者倾向于表现自己的优点而故意收敛个性中的负面因素，使交往行为趋于理性，从而培养了具有独立性、自主理性的公众。其二，新媒体为中国民众提供了可以表达主张的功能强大的话语平台。在此之前，中国大众传媒基本上处于精英力量的主导之下，民众参与度不高。新媒体把传统媒体的受众转变为公众，使中国普通民众大规模介入公共信息传播。当今中国社会各个地区、各个层级几乎都在互联网上建造了信息传播平台，公民的知情权、公共表达、公共监督、公共参与和公共协商等信息权利得到极大的实现。其三，新媒体促进中国公众就普遍利益问题自由辩论，形成公众舆论。新媒体向所有人和所有的问题开放，公共话题的范围从传统公共领域的文学艺术话题，扩展到社会生活的几乎一切领域。公众可以不经过"把关人"的审核把事件上传到网上形成草根新闻，按照自己的意愿自由讨论问题并推动舆论，使公共事务更多地置于公众的监督和评判之下。新媒体通过建构公共领域，促进了我国公民社会的形成，也孕育了开放、平等、民主等现代伦理精神。新媒体传播促使中国传统伦理向公民社会伦理演进。中国现代化转型与发展为公民社会的形成准备了良好的条件。公民社会是一个器物存在、制度存在和精神文化观念的统一。公民社会的现代性意义通过公民社会精神形态——公民伦理体现出来，公民伦理形态是实现伦理传统创造性转化的必然抉择与过程。

中国传统儒家伦理有心性伦理、制度伦理和日常伦理三个层面。中国传统人格状态分为理想人格与现实人格两个层面，心性伦理揭示了"圣贤人格"理想的崇高价值目标，制度伦理孕育了中国传统社会的现实人格。中国传统社会的现实人格表现出了以依附、无我、不自由为特征的"臣民人格"状态，中国传统理想人格的终极归宿是服从和服务于宗法血缘关系基础上的关系及其统治的需要，中国传统理想人格与现实人格统一与共生于"臣民身份"中。

新媒体传播使广大民众积极参与到公共事务中，公民社会趋向与公民伦理诉求成了当代中国的基本社会存在境况。从传统社会依附型人格走向公民社会独立型人格，成为中国社会伦理变迁和公民伦理趋向的必然蕴涵。公民人格的价值包含两个方面。其一，既尊重个体独立价值的主体性，又强调尊重他者权利的主体性。公民人格在强调对依附性、受动性消除和主体性、独立性获得的同时，强调人所应当承担社会义务和对他人的尊重。新媒体传播环境促进了人们独立性和主体性的自我意识，同时，网络社区中的社群化又使人们形成了对他者权利的尊重和认同。一方面，网络化生存解构了传统的整体主义至上的价值模式，在新媒体创造的存在时空中，个体摆脱了现实社会群体与社会关系的制约，凭自由意志做出体现自由意志的价值选择，促进了独立性和主体性的自我意识。另一方面，由于新媒体环境中人们持有各自不同的价值观，在彼此没有根本利益冲突的前提下，人们选择了包容与尊重他人。从而新媒体促进了主体性与主体间性统一的公民伦理精神的形成。其二，既推崇契约精神和规范意识，又高扬德性价值。契约精神是平等主体为了尊重相互间的主体地位与权利而达成契约的精神凝结，是维系公民社会正常交往的最基本的主体人格要求。德性精神是一种道德价值信仰，是主体内在的对美德与崇高人格范型的追求。公民人格既推崇契约精神又崇尚德性价值，在优先强调契约与规范意识的同时，又倡导作为价值信仰存在的德性精神。新媒体所具有的网络文化精神和技术理性与契约精神之间相互贯通，新媒体视域下的网络化生存使差异主体的独立性越发强化，个体权利诉求更加自由与开阔，而现实社会的他律机制在虚拟时空中的淡化，使差异个体间的矛盾更加纷呈。网络虚拟空间的理性化与规范化迫切需要更加完备的法制与契约形式，新媒体不断催生现代完备的契约精神。又由于现实社会的道德规范对新媒体时空中的行为不具有较强的约束力，个体是否遵守道德规范主要依靠其自身的道德水平和道德信仰。因此，新媒体催生了契约精神与德性精神统一的现代伦理精神。

（三）新媒体视域下应注重大学生的公民德育创新

对于新媒体视域下的当今中国而言，伦理道德的现代性是一种应然性的期待与选择，公民伦理形态是实现伦理传统创造性转化的必然抉择与过程。因此，新媒体视域下的大学生德育应根据我国社会伦理向现代公民伦理演进的现实状况，注重大学生的公民德育创新。

首先，认识传统德育的当代困境与局限。新媒体视域下，中国传统德育面临一些困境与危机，主要表现为：其一，传统伦理文化与人格范型相适应，传统德育理念与模式是忽视个体的个性与主体性的；其二，传统德育根本上是一种道德义务与道德责任的教育，在教育内容上缺乏对个体道德权利的应有考量；其三，传统德育有着塑造"圣贤人格"的远大志向，却缺乏对作为人伦底线的基本的理性与规范的观照；其四，传统德育有着发达的亲缘伦理精神教育的传统与根基，但同时存在着公共生活的伦理教育的巨大的"空场"；其五，传统德育在教育方法上维系着由外向内的刚性有余而柔性不足、理性泛化而感情缺失的灌注方法。

其次，注重新媒体视域下中国公民社会伦理进程中的大学生公民德育创新。新媒体视域下中国公民社会、公民伦理的发展趋向对现代德育的期待，中国传统伦理文化及其所规定的传统德育在现代生存方式下的式微与困顿，都呼唤一种基于网络化、全球化的境遇下的，契合了公民社会及公民伦理发展思路的，实现了自身历史性转型并获具了现代性价值的德育形态。这种现代德育形态的现代性价值与意蕴，集中通过其现代性的德育理念体现出来。作为公民社会的精神文化表征的公民伦理与公民人格的价值涵摄与价值规定，框定了现代德育之现代理念的存在形式，体现为：主体性精神、契约精神和权利与义务对等精神等方面。因此，在新媒体视域下，应注重对大学生进行公民德育，应在坚持社会主义核心价值体系教育的前提下，注重培养大学生的主体性精神、契约精神和权利与义务对等精神，并将其具体内化于德育的目标设定、内容取舍与方法论选择之中。

第二节

大学生德育模式的创新

德育模式对于德育而言具有根本的、全局性的作用，德育模式必须与德育环境以及德育主体、客体、介体的情况相融合。新媒体的发展给传统的大学生德育模式带来了挑战，新媒体使得德育的环境、主体、客体、介体都发生了变化。因此，应根据这些变化，坚持整体育人理念，建立新媒体虚拟空间德育与现实德育相结合，新媒体视域下学校、社会、家庭、学生相结合的立体德育模式。

一、建立新媒体虚拟空间与现实空间结合的德育模式

新媒体为德育创设了虚拟与现实共存的环境，德育应在整体育人理念的指导下，建立新媒体虚拟空间与现实空间结合的德育模式，以适应新媒体环境的需要，提升德育效果。

（一）明确虚拟性与现实性的关系

新媒体的发展使人们越来越多地在虚拟空间中生活，虚拟空间已成为现代人的又一个生存场所。虚拟空间的本质就是其虚拟性，是指人的活动从以往以物质实体和能量载体为基础的活动平台，转移到以信息网络为基础的活动平台后所实现的一种生存性状。与虚拟相对应的是现实性，是指人的活动在以物质实体和能量载体为基础的物理时空（现实世界、现实社会、现实空间）中所表现的生存性状。虚拟空间的出现使人们在更大范围内演绎着现实中的社会关系，虚拟性与现实性之间的关系存在既有区别又有统一的两个方面。

首先，认识虚拟生存的特点。虚拟生存具有间接性、流动性、隐匿性、

平等性、开放性和共享性等特点。在虚拟空间中，人们的交往形式以间接为主，交往手段符号化、数字化，交往内容以信息为主，摆脱了现实社会中交往的直接性和时空局限性；虚拟生存具有流动性、隐匿性，虚拟交往无须见面，上网人可以隐匿自己的身份、年龄、性别、行为目的，可以从事着与其扮演角色相应的各种活动。现实社会中的人有时为了某种利益，戴着面具做人，使人的心理产生压抑。在虚拟社会中，人都是匿名、隐形的，有利于更真实地表现自我；虚拟生存具有平等性，新媒体提供了人和社会沟通的平台，让每个人都能地位平等地参与公共生活，彼此之间是一种平等的伙伴关系。这种交往是一种较单纯的精神交流，对交流双方不会产生心理上的负担；虚拟生存具有开放性和共享性，过去由于各种限制，大众传播媒介只能提供给人们相对有限的自由表达的空间。新媒体的开放性使得言论自由更加具有普及性。新媒体传播的全球化开启了跨文化交流的新时代，新媒体为不同国度、不同地域的任何一种文化提供了生存的土壤，也为人们的知识共享提供了平台。

其次，虚拟性与现实性的区别。虚拟性与现实性的区别体现在人们生存的时空特性、社会存在方式、社会存在和发展的深度和广度等方面。一是人们生存的时空特性发生变化。虚拟空间是时间、空间极度压缩的状况，在时间上实现了信息的即时传递；在空间上，广阔的世界被压缩在一个小屏幕上，这与现实的时空特征存在根本区别。现实主体的存在及其活动都以时间和空间为定位标志，人们可以感知其存在，社会也据此直接或间接地对主体及其活动进行控制。在新媒体虚拟空间中，主体可以异地、异时开展活动，消解了主体的具体时空特性，也消解了现实社会中时空对主体和事件的定位功能。二是人类社会存在方式不同。虚拟生存以虚拟的方式存在，现实生存则以物质实体的方式存在。三是社会存在和发展的深度和广度发生变化。现实社会中，人们的活动主要局限于民族、国家的范围，在社会发展中虽然存在多种可能性，但这些可能性由于受到现实的限制，不能都转化为现实性。虚拟空间以虚拟的方式运行和发展，人们可以通过虚拟方式把社会发展的种种可能性展示出来，转变为虚拟现实，使社会发展可以在多种可能性中进行多种虚拟的选择。四是现实生存的国家独立与虚拟生存的无国界的区别。现实社会中，每个国家都有自己的领土、历史文化、社会制度和法律形式，而虚拟社会是一个没有地域区分的场所，信息跨地域、无疆界、全球性自由流通。发达国家比发展中国家具有信息优势，西方发达国家将本国的社会价值观和社会意识形态通过新媒体传送给其他国家，给一些国家的传统文化带来较大冲击，会导致文化霸权主义的产生。五是现实生存高度社会化与虚拟生存充分个体性的区别。在现实社会中，科技的发展使社会各部门、各行业连成一个整体，个体利益的满足与实现依附于一定的集体或集团群体性的利益角逐。在虚拟社会中，每个人基于资源共享、互惠合作等一定的利益和需求自觉自愿地互相联系起来，每个人既是参与者，又是组织者，每个人凭自己的意志决定自己的生命形式。六是现实生存中人际交往、情感的需要与虚拟生存中人机交流导致人际关系淡漠的区别。社会性是人的本质属性，它依赖于人与人之间的直接交往，从而交流感情和结成群体。新媒体改变了人际交往的模式，人与人的交往变成了人机交往，人们之间的直接社会交往减弱，有可能导致人际关系的疏远，导致个人产生紧张、孤僻、冷漠等问题。

再次，虚拟性与现实性的统一。随着新媒体技术的发展，最恰当的选择是对虚拟世界和现实世界并驾参与，不能因为新媒体的便捷而放弃现实生活。虚拟性和现实性两者是统一的。

虚拟性要还原到现实性。虚拟性离不开现实性，现实社会决定虚拟社会，现实社会是虚拟社会存在和发展的基础。虚拟社会的基础是现实社会。数字化虚拟不过是借助于现代技术使新媒体中的交往具有多向性和直接的互动性，新媒体空间中主体关系的特点是现实社会部分特征扩大化的表现形式，人们在新媒体空间中的关系在整体上没有也不可能超出现实社会所规定的范围。虽然新媒体空间中人与人之间的关系有自己的特点和规则，但这些特点和规则不可能构成与现实社会相并列的社会。虚拟社会的主体仍然是现实社会中的人，新媒体主体关系中的自我是真实自我、想象自我和多元自我的综合体，表现了主体的人格的多样性。在现实生活中，人格的一些特性因受制约没有或较少表现出来，而人格在新媒体中表现得比较充分，但新媒体主体关系的主体仍然是现实社会关系中的人。从本源看，没有现实社会关系的主体，就没有新媒体中关系的主体。无论新媒体如何虚拟化，置身于虚拟空间的人和创设虚拟空间的人都是现实存在的人。新媒体是虚拟的，人在其中投入的感情和产生的生存体验又是真实的。现实社会关系在本原上决定虚拟关系，现实社会关系决定新媒体中的主体关系，限制、克服或消除新媒体关系中的各种弊病，使其健康发展，归根结底取决于现实社会关系的发展。从本质上看，新媒体关系是现实社会关系的复杂性在虚拟社会的折射、投影、延伸。从法的角度看，关于新媒体关系的立法是以虚拟主体是否侵害了现实社会主体的利益为尺度的，最终受惩罚的是某些虚拟主体承担者的现实社会的主体。从道德的角度看，新媒体中出现的道德问题并没有超越现实社会中出现的道德问题，新媒体关系的调整和新媒体关系主体的改造最终取决于现实社会关系的调整和现实社会主体的改造。但是，新媒体对现实社会的法律和道德规范确实提出了挑战，如新媒体虚拟主体的身份、行为方式、行为目标的隐匿性和不确定性，使有些不道德行为难以追查和定罪。虚拟社会要接受现实的最终检验，虚拟社会的最终目的是指导现实、检验现实、接受现实的最终检验，这样才能保持虚拟现实的科学性、规范性。

现实性要反映到虚拟性。虚拟社会相对独立于现实社会，人们在新媒体中的实践活动及观念意识都是对现实社会生存的自我突破和发展。虚拟生存对现实生存有影响，是现实生存的必要补充，并与现实生存相互转化。虚拟社会的发展反作用于现实社会，虚拟社会的发展必然作用于现实社会，形成现实社会新的特点。虚拟社会以人与人的关系为主导的社会关系改变了现实社会人与自然关系为主导的社会关系体系，导致了现实社会主导关系的转变。虚拟社会的许多思想可以修正现实社会管理和制度中的某些缺陷，虚拟社会产生的思想某种程度上能净化和提升现实社会中的精神、文化品位。从道德角度分析，网络伦理对现实伦理将产生新的推动。虚拟社会的虚拟性和前瞻性为僵化的现实社会展示了一种发展模式。虚拟社会是对现实社会的丰富，虚拟社会可以把在现实社会中尚未实现的变成虚拟的现实，原先在物质世界中物质质料与功能统一的局面被打破了。功能从质料中被抽离出来，行使了单独的职能。虚拟社会中，人与人之间的交往带有"去现实化"、弱社会性的特点。虚拟生存可以美化、幻化现实生存，把现实生存理想化。新媒体给丰富的人性提供了充分的释放空间，使人际交往变得更加自由和轻松。

最后，应坚持虚拟性与现实性的辩证统一。虚拟生存和现实生存共同构成人类基本的生存环境。人的生存应以现实生存为基础，以虚拟生存为媒介，二者共同作用。其一，只有虚拟性，没有现实性，不能体现人的社会本质。如果人们不能在现实与虚拟之间实现角色的转换，保持现实生存与虚拟生存之间的张力，就会造成心理错位和行动失调。虚拟生存只是现实生存的一部分，但不能完全取代现实生存，不能完全独立于现实生存。如果离开现实性谈虚拟性，就会把人看成是纯粹脱离现实的抽象物。其二，只有现实性，没有虚拟性，不能体现人的历史特点。在新媒体快速发展的信息时代，人们被抛入一个"数字化生存"的处境之中。我们也要历史地看待人的发展，站在信息时代看人的社会本质。在这样一个虚拟性盛行的社会中，谁也不能摆脱虚拟性而真实地存在。人不应该完全地依赖于虚拟世界，不能把虚拟生存方式当成生存的唯一。人的生存应以现实生存为依托，以虚拟生存作为延展，二者交织互动，共同构成人类基本的生存方式。

因此，应关注虚拟社会与现实社会、虚拟生存与现实生存即"虚实"的关系，实现其虚实共生、和谐互动的良性循环。随着新媒体虚拟空间的发展，人们对虚拟世界的依赖性增大，必须适应虚拟社会的特点，形成新的虚拟社会的管理体制。

（二）把握好新媒体德育与现实德育的关系

新媒体德育有两种内涵：一是新媒体视域下的德育，二是基于新媒体的德育。前者是对新媒体德育的广义理解，指的是在新媒体的社会环境下，传统的德育从理念到内容、手段、机制与组织方式如何发展和创新，是一种德育全面体系的构建问题；而后者是对新媒体德育的狭义理解，指的是把新媒体作为德育的新阵地、新工具、新方法，用以加强和改进德育，是德育局部体系的构建问题。如果我们把新媒体德育看成是一种虚拟德育，一种利用新媒体所进行的网上德育，我们就可以把面向现实生活所进行的传统德育和网下德育看成是一种现实德育。就新媒体德育与现实德育的关系而言，它们是辩证的统一，既相互区别，又相互联系、相互补充。

首先，新媒体德育与现实德育的区别。新媒体德育与现实德育的性质和目的是相同的，都是以马克思主义意识形态为主导的、促使人们形成符合社会发展需要的思想品德的实践活动。新媒体德育与现实德育相比较，教育主体、客体、介体、环境发生了许多变化。

一是德育主体的身份角色不同。新媒体德育与现实社会传统德育在主体身份认同上存在差异，现实社会德育主体身份的确认总是与一定的社会地位、性格特征等因素直接相连，相对简单和直观。对于新媒体德育来说，交往主体是未知的。交往者的国籍、社会地位、性别模糊不清，给新媒体交往带来了新的不确定性。新媒体空间中的角色与现实生活中角色的关系也是一个新问题，新媒体空间中的角色可以自由地想象和设定自己，可以自由地抒发内心的感受或想象的感受，但无论新媒体空间中的角色多么理想化，虚拟毕竟无法取代现实。这种反差导致了对既有文化和制度的不满，可能造成主体身份认同或辨认方面的错置。

二是德育的主客体关系发生了变化。在现实德育中，主体与客体有时也相互转化，但总的说来，主体往往处于主导、权威者的位置，其主体性地位往往强于客体的主体性，客体的主体性较难发挥。新媒体德育在主客体关系上则更多地强调主体客体化、客体主体化，强调主客体之间的互动和平等交流。在现实德育中，主体着重指以培训教育对象的思想品德为活动指向的人，包括各级党的组织、政府机构、群团组织以及各级各类企事业单位的专、兼职人员。主体对客体的教育是有目的的、自觉的。但在新媒体德育中，教育主体不具有特定的身份，目的性、自觉性并不明显。现实德育的客体具有一定的确定性，主体对客体的情况大体掌握，而新媒体德育的客体具有不确定性，客体之间存在较大的差异。新媒体德育的受教育者在教育活动中，主动性大于被动性，整体上呈现个体性、虚拟性、自主性和参与性的特点。

三是德育的相关道德要素不同。从道德的角度看，除了道德主体不同外，相关道德要素也存在着差异。新媒体社会中的道德意识比传统道德意识淡化，人性趋于自然，交往较少受社会因素的影响，新媒体社会中的主体道德关系具有不确定性且更简单化。新媒体给人们提供了一些新的道德活动方式，如聊天、电子邮件等。这些活动具有独特性、随机性，使人们的交往不必考虑空间距离和文化差异等因素的影响。

四是德育的介体不同。教育介体主要包括教育内容、方法和手段等。在新媒体德育中，多媒体技术使教育内容形态变为立体化的、动态的、超时空的，教育内容变得丰富而全面，更具客观性和可选择性，但是存在一些负面信息。与现实德育相比，新媒体德育具有更快的传递速度和更广阔的时空，原来相对狭小的教育空间变成了全社会的开放性的教育空间。

五是德育的环境不同。德育环境包括德育对象所处的环境和德育活动的外部条件两个方面，指的是影响人的思想品德形成和发展、影响德育活动运行的一切外部因素的总和，主要包括自然环境、社会环境和精神环境，起决定作用的是社会环境。新媒体迅速改变着教育环境，使社会环境发生了深刻变化。传统社会由于人际交往面窄，在一定意义上是"熟人社会"，依靠熟人监督、道德他律手段，传统道德得到相对较好的维护。在新媒体空间里，道德主体消除了现实生活中外在的他律性规范的制约，进入了一个完全由陌生人组成的世界，成为一种虚拟存在。传统"熟人社会"中道德他律的外力在新媒体空间失去了作用，道德主体是否遵从道德规范，不易被察觉和监督，不像现实社会中的道德要靠社会舆论、传统习惯、内心信念三者同时来维持。新媒体技术与德育的结合使新媒体环境获得了许多优势，教育信息共享有利于收集和传播教育信息，教育信息交流平等、自由、全面、及时，有利于学生进行自我教育，各领域、各层次德育相互联系与沟通，有利于形成教育合力。

六是德育的物质基础不同。现实德育的基础是物理空间，它的运行主要依靠人们的是非观和社会评价。而新媒体德育的基础是电子空间，与传统的德育相比，建立在网络信息社会基础之上的新媒体德育，必将呈现出自主、开放、多元等一系列新的特点和优势，更加合乎人性，更能促进人和社会的自由全面发展。当前看，新媒体德育的特点和优势还需人们去创造和发扬。

七是德育的侧重点不同。现实德育中，传统的德育注重培养和造就比较定型的、有着确定模式的理想人格。理想人格是通过个人与他人、与社会发生直接的联系表现出来而被人们认识的。新媒体德育不仅要求学生接受道德规范，形成新媒体空间的理想人格，而且注重为受教育者提供帮助和指导，培养学生的道德主体性。这种道德主体性表现在自主选择判断、自主自律、自我约束、自身责任意识等方面。

其次，新媒体德育与现实德育的内在联系。现实德育是新媒体德育的基础。离开现实德育，新媒体德育会成为无根基的德育，会走向现实德育的反面，更无助于人类道德水平的提高。其一，只有以现实德育为基础，新媒体德育才不至于成为无根基的德育。传统德育往往反映的是社会存在和发展的客观规律的要求，新媒体德育以传统德育为基础，可以在新媒体空间中体现客观规律的要求，否则新媒体德育就可能变成空想和虚妄。其二，只有以现实德育为基础，新媒体德育才不至于走向现实德育的对立面。在新媒体中体验虚拟生活的人，在一定程度上摆脱了现实生活中传统德育的束缚。如果新媒体德育中有与传统德育相悖逆的成分，就会强化他们对传统德育的否定，可能践踏传统德育准则，使得新媒体道德关系出现混乱，甚至导致现实社会的失范加剧。其三，只有以现实德育为基础，新媒体德育才能最终促进人类伦理道德水平的提高。新媒体是以服务现实社会为目的的，建构新媒体德育的目的之一就在于巩固和促进传统德育。新媒体德育只有以传统德育为基础，才能与传统德育保持一致。其四，新媒体中主体关系的基础是现实社会。新媒体中的主体仍然是现实社会中的人，现实社会关系在本源上决定新媒体中的主体关系，限制、克服或消除新媒体关系中的各种弊病，促进其健康发展，决定于现实社会关系的发展。新媒体德育是现实德育在新媒体上的延伸和发展，现实德育居于支配地位，起着决定作用，新媒体社会在虚拟的实践条件和环境中形成的判断和观念，必须回到现实社会实践中去考察和检验。

最后，新媒体德育是现实德育的拓展、创新和延伸，促进了德育的现代化。

其一，新媒体德育对德育的拓展。新媒体的开放性拓宽了德育的空间，新媒体的互动性增强了德育的针对性，新媒体的便捷性增强了德育的时效性，新媒体的多样性增强了德育的吸引力，新媒体带来的积极因素，促进了教育手段的现代化，更促进了教育观念的现代化。其二，新媒体德育是现实德育的创新发展。新媒体的虚拟不仅是对现实的虚拟，而且是对可能和不可能的虚拟，新媒体不仅帮助别人理解既存的世界，更构造出一个可能的世界。新媒体以再现现实、再造情境对现实德育进行创新。新媒体突破了德育的时空界限，扩大了大学生的自我教育空间，有利于现实德育的发展。其三，新媒体空间的道德关系是现实关系的反映和表现。道德关系作为精神关系，植根于现实社会人的社会关系，主要是物质关系、利益关系之中，新媒体空间的道德关系也是现实社会关系间接的、模拟的、曲折的反映和表现。新媒体空间的人人虚拟道德关系不是对人及其道德关系的机械的原本模拟反映，而是对其进行再创造，将旧人性赋予新人性，并渴望人性的矛盾和冲突得到解决、调节、缓和。新媒体空间的人人虚拟道德关系是现代科学技术发展的产物，其中的人是具有主体性的能动创造者。新媒体空间的人人虚拟道德关系既是社会历史条件发展的必然过程，又是道德关系的革命、解放和进步。但是如果新媒体的人人关系处理不好，会容易使人养成依赖性，依附于自己的虚拟人格、网络科技而丧失独立性、主体性和创造性，造成新的奴役和封闭，使人成为工具人、经济人而非文化人、社会人。因此，应妥善处理虚拟道德关系与现实道德关系，做到两者的协调一致，做到新媒体德育和现实德育相互补充。

（三）建立新媒体德育与现实德育相结合的有效模式

在新媒体视域下创新大学生德育，应以现实德育为基础，以新媒体德育为拓展，实现两者在教育目的上的统一、教育内容上的融合、教育手段上的互补。

首先，在新媒体飞速发展的时代背景下，强调德育以现实教育为基础，使新媒体德育成为现实德育的有益补充。在加强新媒体德育的同时，现实德育只能加强，决不能削弱。由于新媒体对高等职业院校和社会的影响和渗透，其潜在的建设和破坏能量伴随着不断创新的技术逐渐释放和显现，与大学生的价值观形成越来越显著的互动和冲突。因此，在加强新媒体德育的同时，现实德育只能加强，并且要注重新媒体德育与现实德育的统一、融合与互补。新媒体极大影响了大学生的学习和生活方式，但是新媒体取代不了学校、家庭、社会的教育功能，特别是大学德育的教育方式离不开言传身教、耳濡目染、激励、群体活动等，新媒体德育可以成为现实德育的有效补充。德育工作者在鼓励大学生通过新媒体获取信息的同时，要引导大学生立足现实世界，正确理解新媒体世界，使新媒体空间丰富的信息成为培养大学生全面素质和良好道德品质的有效补充。就思想理论课的教学而言，要努力实现高等职业院校思想理论课教学的现代化、多媒体化。同时，高等职业院校德育应从"灌输信息"为主转变为"引导选择"和"灌输信息"并重，把新媒体法制教育和新媒体德育、媒介素养教育作为德育的新内容，引导学生分析信息的价值，有效地利用信息，在道德判断的基础上进行道德选择，提高道德素质。

其次，实现新媒体德育与现实德育教育目标的统一、教育内容的融合、教育方法的互补。其一，在教育目标上，新媒体德育与现实德育是一致的。其最终目标都是培养社会主义合格建设者和接班人，其基本目标都是将社会主义核心价值观内化为学生的道德观念，外化为自觉自愿的道德行为。但二者的侧重点、教育方法和手段有所不同。现实德育侧重于培养学生的理想人格，新媒体德育不仅仅要求学生接受道德规范，形成新媒体空间的理想人格，而且注重为受教育者提供帮助和指导，培养学生的道德主体性。新媒体德育目标内容建设应包括运用新媒体技术实现现实德育目标，适应和驾驭新媒体社会的价值目标的构建。这一目标的建设重点之一是把媒介素养教育融进德育系统之中，其中媒介道德、媒介法规意识和媒介能力教育是媒介素养教育的重点。其二，在教育内容上，新媒体德育与现实德育应实现融合。现实德育与新媒体德育都应以社会主义核心价值体系教育为主导和主要内容，同时应加强伦理意识和道德责任感教育、网络道德规范教育、网络法制教育、网络安全教育、网络生态文明教育、媒介素养教育。新媒体视域下高等职业院校德育的着力点应定位于通过加强教育提高大学生新媒体道德意识，使大学生认识新媒体道德及其特点，自觉遵守新媒体道德；教会学生选择，提高大学生的道德判断力；倡导"慎独"，增强道德自律能力；培养网德，形成大学生良好的网上行为习惯；培育大学生健全的网络人格，提高大学生的媒介素养。根据教育内容的不同，确定在新媒体德育和现实德育中不同的教育方式，对于适宜讨论、互动的话题，可以放在新媒体德育中进行，发挥新媒体及时、互动的优势。其三，在教育方法上，新媒体德育和现实德育可以互补。现实德育多运用传统的教育方法，如灌输法、情理交融法、说服教育法、互动讨论法等，实践证明这些都是非常有效的方法。新媒体德育方法是教育者根据国家的德育目标，结合新媒体传播特点和规律，有目的、有计划地对受教育者施加思想道德方面影响的过程，是实现新媒体德育目的的必要条件，是传统德育方法的一种全新拓展和延伸。而一些基本的方法，如理论教育法、自我教育法、社会实践法等，是现实德育与新媒体德育共用的方法。而且许多教育方法在新媒体视域下得到了创新，如传统的说服教育法向新媒体的情景陶冶法递进。新媒体德育除了具备传统德育方法的特点之外，还具备新媒体自身的特点，注重针对性，突出隐蔽性。而理论教育法、情理渗透法、典型教育法、隐性教育法、自我教育法在新媒体的环境下都得到了很好的继承和发展。总之，根据不同的教育内容选择相应的教育手段和方法，通过现实德育方法与新媒体德育方法的有机结合，可以更好地提高德育效果。

再次，实现新媒体德育对现实德育资源的整合。虽然新媒体德育具有一些新特点，但它所遇到的问题往往是德育的老问题，有很多在现实中早已存在，只是网络的虚拟性和非实体性加大了其后果的影响力。新媒体德育可以借助传统德育的理论和原则，对我国来说，在坚持社会主义核心价值观的前提下，中国传统道德规范、西方道德的有益因素等应当成为新媒体道德整合的资源。中国传统道德文化的主流思想——儒家伦理是中华民族的精神传统最深层的东西，新媒体不能脱离本民族深厚的文化背景，应以科学务实的态度对传统伦理道德思想进行价值选择，根据时代的发展，按照"取其精华，去其糟粕"的原则，将其中积极的成分进行新的转化，使之适合新媒体视域下的社会发展现实，并对社会发展起到一定的推动作用。

最后，重新审视虚拟与现实的关系，建立虚拟世界的实践干预策略。在德育环境的建设中，要把虚拟社区的管理与现实社区的管理结合起来，把新媒体内部德育资源的开发与新媒体外部社会实践的支持系统建设结合起来，使社会实践活动成为新媒体德育的重要途径。参与新媒体之外的社会实践活动，可以培养学生接触社会、了解社会的兴趣，可以使学生获得最直接的社会实践经验，有助于学生形成正确的道德判断力，并且通过新媒体体验与现实生活的对照，可以使学生更清醒、更理智地看待虚拟世界里的活动。

二、建立新媒体视域下各方面相结合的立体德育模式

创新德育模式使学校、社会、家庭参与到大学生德育中，发挥教育的合力作用，已经是学者和教育工作者普遍认可的问题，而在新媒体视域下如何发挥教育的合力作用，却是一个摆在学者和德育工作者面前的难题。新媒体传播创造了虚拟与现实共存的德育环境，拓展了德育的主体、客体、介体，

为发挥教育的合力作用创造了条件。因此，应根据新媒体的特点，建立新媒体视域下学校、社会、家庭、学生相结合的立体教育模式，充分发挥德育的合力作用，提升德育的效果。

（一）教育合力与综合教育论

所谓教育合力，就是在一定的时间内和一定的条件下，实施综合教育所产生的综合作用。这种综合作用，并不是综合教育中各个单项教育作用的加和，而是比单项教育作用大得多的新的教育力量。

"综合教育论"是对如何发挥教育合力的进一步阐释，更具有参考和借鉴价值。德育的综合结构是指德育是由特定的体系和要素所组成的，具有特定结构和运行机制，并能发挥最大教育功能的综合教育体系。它不是指各种教育体和要素的随意加和，更不是指各种教育活动的外在的机械拼凑和叠加，它是一种具有内在特定结构和运行机制的有机系统，具有独特性。德育的综合结构表现出两大特性：其一，空间结构的协调性，即德育的体和要素结构合理、运行协调，能够围绕实现教育目标和谐运转，发挥出最大的功效；其二，时间结构的有序性，即各项教育活动按照一定的方向和计划，分阶段地、连续地指向教育目标。

（二）德育主体的内涵

德育主体是指在德育过程中的主动行为者，是具有主动教育功能的组织或个人。在德育过程中，教育者和受教育者都是主动行为者，都具有主动教育功能，因而都是德育过程的主体。受教育者在接受教育的过程中，也具有主动教育功能，因而既是教育的客体，又是教育的主体。从狭义的角度说，德育的主体——教育者包含两个方面：一是进行德育的机构，二是从事德育的人员。从广义的角度说，在德育过程中，教育者（主体）既可以是单个的人，也可以是由多个个人组成的全体（多个教育者、教育者的组合或单位）。

因此，从广义的角度说，学校、社会、家庭、学生都是教育主体。

德育主体——教育者（主要指社会和学校中的德育机构和从事德育的人员）在整个德育过程中，负责搜集信息、决策、实施、反馈和调节等各个环节，引导和控制全过程，教育者在德育结构中居主导地位，起决定作用。教育者具有教育功能、管理功能、协调功能、研究功能。

家庭作为教育主体主要通过潜移默化的影响来教育和引导学生，学生自身通过发挥自我教育的主体能动性来发挥作用。

（三）学校、社会、家庭共同创设了教育环境

环境是人格形成的必要条件，人的思想意识是人对环境的反映，人的品德和心理是环境熏陶的结果。德育环境是指德育所面临的环绕在教育对象周围并对其产生影响的客观现实，社会环境、单位环境（学校环境或工作环境）、家庭环境和社交环境相互联结、相互制约，共同组成了德育的环境系统。德育环境系统具有广泛性、直观性、动态性、渗透性、特定性、部分可创性等特征。环境对人施以各种环绕力。这种力的作用能使人习染成一种符合环境的特性，并被环境同化，形成人格。环境的环绕力具体表现为三种力量：推动力、感染力和约束力。

社会环境主要包括社会、社会文化、社会风气等。社会由经济基础和上层建筑构成，具有整合功能、传讯功能、继往开来的功能和导向的功能。社会文化是人类在社会发展过程中所创造的物质财富和精神财富的总和。社会风气就是社会风尚和习气，以强大的社会舆论和社会习惯势力的形式制约着人们的言论和行动，对人的思想和行为具有潜移默化的影响；学校在引导学生尊重既有的社会秩序、传播统治阶级的价值观念、培养情感和传授知识技能方面，具有特殊的重要作用。学校环境主要包含校风、学风和师德等几个方面；家庭环境主要包括家风、家庭关系、家庭的文化素质；社交环境仅指由情况相近的经常交往的朋友组成的社交环境，即同辈群体的"朋友圈"。同

辈群体的"朋友圈"对人的思想品德和心理形成影响巨大，在"朋友圈"中，人们的社会地位、兴趣爱好、文化水准相仿，易于产生"平行影响"。

（四）新媒体视域下德育环境、主体、客体和介体的变化

新媒体传播因其与传统媒体不同的特点，对德育环境、主体、客体和介体都产生了较大的影响，其中有些影响具有划时代的意义。

第一，新媒体在很大程度上影响了德育环境。20世纪90年代以来，新媒体以多媒体的特征、交互性的功能，融合各种媒介于一身，成为人们了解外部世界的新媒介工具，也成为德育所处媒介环境的一部分。以作用的空间大小为标准，可以把学校德育的外部环境分为四个部分：宏观系统——社会经济、政治、文化和社会心理；中观系统——社区；微观系统——家庭；中介系统——大众传媒。当前，新媒体已深入到社会生活的每一个角落，新媒体对德育环境的影响是客观存在的不容置疑的事实。从宏观系统讲，新媒体影响了社会经济、政治、文化和社会心理，使开放、自由、平等、独立成为新媒体时代社会环境的主要特征；从中观系统讲，新媒体创造了比现实社区更加广泛的虚拟社区，使虚拟社区与现实社区共同成为人们的生活和精神家园；从微观系统讲，新媒体影响了家庭，使得人们的家庭观念、家庭意识以及家庭成员的交流方式发生了变化；从中介系统讲，新媒体对传统媒体产生了具有实质意义的划时代的影响，使得大众传媒成为广大民众可以自由参与的公共的平台，也使得舆论环境更为复杂。同时新媒体传播使得传授双方在一定程度上成为一体，也改变了传统德育的教育者与受教育者的关系，为德育创新创造了条件。随着新媒体的发展，新媒体环境不仅成为影响大学生思想观念、价值取向、思维方式、行为模式、个性心理的重要因素，而且成为影响高等职业院校德育发展的重要方面。新媒体创设了多元的文化环境、潜隐的政治环境、非控的舆论环境、缺乏理性的环境、困惑重重的伦理环境。新媒体环境对目前学校德育理念和德育模式的冲击、校园网建设在学校德育

应对新媒体环境冲击中的作用、新媒体视域下的教师教育能力等都是值得关注的问题。

第二，新媒体对大学生产生了较大影响。新媒体的技术特点，使其从一开始就具有自由、共享、民主、开放、平民化、世界性和多样性的"互联网精神"。新媒体环境除了带来一系列社会问题，凸显了目前德育的弊病之外，这种网络精神对传统德育带来更深层次的挑战，这种精神塑造了新型的新媒体主体。新媒体创造了网络文化，对大学生产生了深刻影响。新媒体将培养大学生在讨论中的平等价值观，由此培养出"平等文化"，网络文化是注重创造的"创新文化"，是一种"权力分散文化"。新媒体扩大了青少年的交往范围，打破了空间距离造成的地域集群观念，注重网络社区，创造出超地域的"虚拟社区文化"，具有交互性和协同性。新媒体视域下的青少年是更加自主、自由的一代，是首次掌握教育主动权的一代，是新媒体道德和网络文化的重要建设者。新媒体在给人们带来便利的同时，也带来了不可避免的负面影响。新媒体对大学生人生观、价值观和世界观的潜在威胁，对大学生道德意识的弱化，对大学生社会化进程的阻碍，导致交往的符号化以及由此引起的社会适应不良等，给德育提出了新的课题。

第三，新媒体正在改变教师与学生的关系。作为文化现象，新媒体具有虚拟性和真实性并存的特征，新媒体的这些特征吸引了越来越多的大学生，形成"新媒体—学生"这种新的信息机制，同时弱化了传统的"教师—学生"信息机制。在新媒体发展的初期阶段，形成的"新媒体—学生"是一种缺乏教师参与的信息机制，大学生信息摄取较个体化、隐蔽化，接受信息的自主性越来越强，在信息的理解上变得多角度化，不再按照教育者制定的目标去理解信息，而是将信息进行分析归纳，得出自己的认识，化为自己的思想进而指导自己的行动。这种机制显然具有促进学生自我教育的优点，同时又有很大的随意性与盲目性，并不是完全意义上的德育信息机制，因为它缺少教育的主体。随着新媒体的迅速发展，必然要建立一种教师参与下的"教师—新媒体—学生"信息机制，与传统的"教师—学生"机制实现互通、结合使用的交互模式。

第四，新媒体对家庭教育提出了新的要求。家庭教育一直是人们非常重视的课题，面对新媒体时代的新的社会环境，作为社会细胞的家庭也面临新的挑战和机遇。新媒体上大量不健康内容的存在冲淡了部分大学生的民族观念和爱国情感，西化倾向日趋显现，道德多元化日益明显，这些对家庭教育提出了新的挑战。家庭对大学生运用新媒体的影响，最直接地表现在大学生除了在学校外能否在家里获得网络资源。这将影响到学生上网地点的选择以及上网时间的长短，家庭因素又会影响到大学生接受网络的深浅和在网上的活动，进而对其接受网络道德影响的程度和方式产生影响。目前我国东部地区、中部地区以及西部地区学生家里的联网率差异巨大，这将对学生接触和运用新媒体带来一定影响，会造成不同地区的学生在接受新媒体价值影响的程度、途径、类型等方面的差异。父母的文化程度越高，越能运用新媒体与学生交流，则会对学生给予积极的指导，对学生的思想品德形成产生积极的影响。

第五，新媒体使社会德育愈加重要。新媒体视域下，社会德育成为人们关注的焦点，被寄予了来自社会各个方面的厚望。新媒体视域下社会道德问题的出现本质上是虚拟世界道德问题的现实转化，新媒体视域下的社会道德问题根源和具体表现相对复杂，既有学校德育的社会延伸部分，也包括具体新媒体社会环境和社会因素直接促成的问题。主要表现有以下几点：一是社会范围内的道德水平下降和道德信仰的危机。二是新媒体空间不良信息泛滥，污染了社会风气，毒害了大学生的心灵。三是新媒体活动导致了学生道德人格的异化。四是新媒体管理和监督的乏力，导致了严重的网络犯罪和网络过错行为。新媒体视域下社会道德问题的激增，给当今社会德育提出了严峻挑战。一贯以传统理念和既定模式运作的社会德育，面对突然变化了的德育环境时常处于两难的境地，表现为：新媒体视域下社会道德规范与传统道德规范之间的矛盾，政府对新媒体的法律监控与新媒体开放、自由特性之间的矛盾，新媒体的价值多元化与中国传统道德文化之间的矛盾，个体道德自主选择意识与选择能力之间的矛盾。新媒体视域下，社会德育存在如下问题：教育观念陈旧，教育方法和教育内容的呈现形式落后；新媒体社会管理的方法滞后，政府管理乏力，缺少权威性和威慑力；社会各个层面的教育力量整合不够，未能建立一个家庭、学校、社区等多种教育力量协同作用的立体化社会教育体系；德育的实施者"新媒体素质"低下，影响了社会德育的具体实施；社区的新媒体德育几乎是空白，缺少新媒体德育的社会支持系统。

第六，新媒体拓展了教育介体。体现在以下几方面：新媒体极大地丰富了德育资源和内容，教育者可以借助新媒体及时获取丰富的德育资源。新媒体促进了德育手段和模式的现代化，拓展了德育信息的获取渠道，优化了德育信息的传播方式，提高了德育信息的传播效率。

（五）创建新媒体视域下学校、社会、家庭、学生相结合的立体德育模式

新媒体环境带给德育的挑战之一就是教育影响的多极化和由此产生的教育环境的泛化。新媒体的自由与开放性打破了以往家庭、学校、社会教育之间的界限，使各种教育形式在功能、性质和影响效果与影响机制上变得更加模糊。新媒体视域下，迫切需要整合社会各方面的教育力量，构建一个立体化协同作用的教育体系，形成新媒体视域下的德育合力。

第一，充分发挥学校德育的主渠道作用，主动适应新媒体环境的挑战。其一，新媒体视域下大学生德育的重新定位。我国德育实效较低，主要原因有以下几个方面：重教轻育，重认知轻践行；德育目标的顺序倒错，造成道德主体对高层次的道德未必接受，低层次的社会公德和文明行为也没有养成；重视集体活动，轻视个人修养，个体缺乏内在的道德自律和自觉，其根本原因在于忽略了学生的道德主体性。而在新媒体空间中，学生基本上处于道德任意状态，他们的自主判断、选择、自主行为表现充分，更显示出其道德主体地位。学校德育应顺应新媒体的传播特点，遵循尊重、信任的原则探索德

育的新方法，以社会主义核心价值体系为指导，注重培养学生正确的价值观、道德判断力以及道德自制力，培养具有自主、理性、自律的道德判断和道德实践的个体，促进学生形成完善的、健康强大的人格。其二，学校德育内容的优化。新媒体既是德育的手段，又是德育的内容。学校德育应从德育目标出发继续优化德育内容。在原有内容的基础上突出价值观教育，使学生树立社会主义核心价值观，使学生能够"辨别真伪、追求真理、慎于判断"。增强道德意志力的锻炼和道德选择教育，使学生的道德认知与道德实践相统一。增强关于新媒体的信息素养教育，尤其是新媒体德育，让学生掌握新媒体道德行为规范，强化其新媒体道德意识和责任感。其三，运用新媒体优化教育方式。新媒体是大学生较乐于接受的沟通和交流工具。学校德育工作者可以运用微信、微博、QQ、短视频平台等方式与学生交流，可以通过建立德育网站、德育博客等方式对学生进行潜移默化的教育。其四，运用新媒体开发新的学校德育资源和渠道。新媒体拓宽了学校德育的渠道，提供了丰富的德育信息资源。运用新媒体进行德育，可以达到德育内容表现形式的优化和德育时空的拓展，可以充分运用多媒体、超媒体技术，使德育内容动态化、形象化；通过新媒体的信息传递方式，可以将德育延伸至学生的日常生活，突破时间的限制；运用新媒体，可以把学校的德育空间与新媒体博客空间、虚拟社区等开放式的德育空间整合，使德育冲破空间的限制，还可以实现学校、社会、家庭、学生之间的良性互动。

第二，充分发挥新媒体视域下社会德育的作用。新媒体环境的特殊性增加了新形势下社会德育实践探索的难度，新形势下的社会德育必须在实践层面进行革命性转变，以应对新媒体的挑战。其一，完善新媒体的立法机制，强化政府的管理职能。在新媒体的社会管理中，立法机制和政府部门管理是其中最重要的方面。在新媒体环境的建设中，除了加快新媒体立法进程，完善各种政府管理职能外，还必须结合新媒体环境变化的新特点，着重解决法律具体执行过程中的可操作性和政府监督管理的针对性，突出体制与具体化方面的创新。本书认为政府应加大以下几方面的工作力度：①加强对虚拟社区的管理，尤其是对网络论坛的管理，加强各论坛和主题聊天室的管理；加大对大的门户网站的监督和管理力度；注重管理中技术手段的使用。在新媒体环境中，以往行政命令的管理较难奏效，必须以高科技手段应对各种运用新媒体技术进行的违规经营，如程序监管技术、设置新媒体审计标准、预设防范"滤网"、埋设跟踪程序等，通过技术控制使新媒体控制具有实用性和可操作性。②建立新媒体德育的社会支持与辅助系统。新媒体视域下的德育除了正规的社会教育机构参与之外，还必须有社区和公共服务机构的协作与支持。作为一个社会分支单位，社区特指一定地域范围内的具有归属感的人群及社会性活动和现象的总称。随着城市化进程的加快，社区的影响在逐步加大，社区正成为大学生接触社会、参加社会实践的重要途径，大学校园也逐步成为相对独立的社区。大学生参加社区的义务服务和公益劳动，有助于大学生养成服务社会、关爱他人的优秀品质，抵消因虚拟交往而带来的道德人格和社会情感方面的消极影响。社会支持和辅助系统的另一方面就是面向社会的信息咨询机构和心理危机的求助体系。社区应加大对学生因迷恋网络等新媒体而带来的角色混乱、人际疏离、道德情感冷漠、网络依赖等心理问题的救助力度。③注重社会人文精神的重建，加大人文教育的力度。新媒体视域下，社会道德规范体系的脆弱表现反映出的是一定程度上文化的缺失。长期以来，工具主义和科学至上主义的大行其道，严重削弱了人文科学在构建整个社会价值体系中的作用。人文精神和人文科学的缺失必然导致社会道德价值取向的失落和人生境界的低俗与信仰的功利。因此，新媒体视域下的德育观念必须重新唤起社会范围内对人文科学的关注，加大人文科学在德育内容中的比例，提高大学生的人文科学水平。

第三，充分发挥新媒体视域下家庭教育的作用。新媒体的发展为发挥家庭在德育中的作用创造了条件，但家庭却往往是新媒体运用管理比较薄弱的地方。一些父母由于这方面知识的欠缺，无法对学生进行必要的指导，也不能与学生通过新媒体进行交流，使得学生与家长在新媒体交流方面存在障碍。要提高家庭运用新媒体对学生进行教育的实效，协调家庭、学校和社会的教育力量，必须加强家长新媒体知识的普及。因此，可以酌情对家长进行一些新媒体知识方面的指导，提高家长的知识和意识，运用新媒体平台建立家长与学校定期沟通交流的机制。比如建立家长电子信箱或留言板，使学校教育与家庭教育有机结合起来。

第四，充分发挥新媒体视域下学生自我教育的主体作用。德育实效性较低的根本原因在于忽略了学生的道德主体性。而在新媒体环境中，在没有道德人格的新媒体面前，学生基本上处于道德任意状态，更加显示出学生的道德主体地位。因此，在新媒体视域下，应结合新媒体开放、互动、虚拟隐蔽的特点，注重发挥学生在德育中的主体作用。在新媒体环境中，学生的主体性特征表现为选择自主性、参与主动性、自发创造性、目标自控性。在新媒体德育中，学生无论作为新媒体的主体，还是作为德育过程中"主体化"的客体，都表现出鲜明的主体性。发挥好、引导好学生的主体性是新媒体德育取得成效的关键。本书认为应从以下几方面着手：其一，转变观念，尊重学生的主体地位。德国教育之父洪堡认为，教育必须培养人的自我决定能力，去唤醒学生的力量，以便能使他们在目前无法预料的种种未来局势中自我做出有意义的选择。学生作为新媒体主体，其自我特征就是通过独立性、主动性、自尊性表现出来的，这就要求教育者摒弃传统的以教育者为主，受教育者被动、服从的教育观，形成教育者与受教育者相互平等、自由的关系，建立互动、平等的师生关系。以往师生关系有两个基本特点，一是教师—学生的单向关系，二是师生关系的居高临下特性。在这样的师生关系中，教育带有一定的强迫性。我们应充分运用新媒体交互性、主体平等性的特征，加强师生的互动交流，建立双向和多向的师生交流关系，把以往被动的道德灌输变为学生主动的道德学习，提高德育的实效性。其二，增强学生的主体意识。自我意识是对自我存在的认识，是对自我的认识活动和实践活动的认识和评估。强化学生的自我意识是运用新媒体育人的前提，学生自我意识的强弱一定程度上决定了在新媒体中自知、自控、自主的程度，决定着其主体性的发展水平。新媒体德育应定位于唤起和提高学生自我意识的教育，即增强学生自我教育的意识。我们在新媒体德育中要使学生认识到他们有权利、有义务进行自我教育，引导他们勇于承担责任，正确认识个人与社会、个体与群体、自身与他人之间的对待关系和结构关系，使他们肯定他人的主体性，使自身主体性的发挥始终有利于增强集体的主体性，始终有利于推动社会的发展。其三，塑造学生的主体人格。主体人格是人作为主体所具有的思想品德、心理素质和行为特征的综合。新媒体活动中，人格的稳定需要主体内在的自觉、自控，由此决定了德育必须重视培养以自律力为核心的新媒体道德，引导学生遵守新媒体行为准则，引导学生遵守新媒体道德规范，引导学生在新媒体与现实的结合中提高自律性。其四，在德育过程中充分发挥学生的主动性和创造性，增进平等互动教育。师生关系的革新、教育过程的生动使学生能够轻松地学习，有利于激发学生的主动性和创造性。在新媒体环境中，学生可以随意发表自己的意见，甚至可以以自己为中心选择与人交流，无形中得到了极大的尊重与重视。因此，应充分运用新媒体的特点，在教育过程中充分尊重学生的主体性，使学生成为道德学习和道德选择的主人。其五，加强新媒体资源建设，为形成学校、社会、家庭、学生四位一体的立体德育体系搭建平台。虽然建立学校、家庭、社会德育相结合的大德育体系概念早已为人熟知，但实践中学校仍然是德育的主要承担者，而新媒体为构建学校、社会、家庭、学生共同参与的立体德育体系创造了条件，学校应顺应形势，运用新媒体的特点，主动建设新媒体德育平台，构建学校、社会、家庭、学生四位一体的立体德育体系。我们可以借鉴一下香港教育统筹局建设的"学童及青少年的网上操守"网站。此网站是一个跨部门、跨社区的合作计划，由香港教育统筹局、警务署、影视及娱乐事务管理处及其他社会人士一同参与制作而成。其宗旨是"提供有关网上操守在社会、道德及法律层面的资讯，为父母提供指引，为教师及同学建议有关的学习活动"，网站设立了"活动""教师中心""学生承诺""家长指引""资源中心"几个栏目。此网站有效地把学生、家长、学校、社会联系起来，能够进行及时有效的互动沟通，可以给教师、学生、家长有效的建议和必要的指导。学校应担负起德育主要力量的重任,在新媒体德育资源建设中发挥主导作用,学校可以和有关教育部门联系起来,建设类似的德育资源网站,以学校为中心向周围辐射,形成学校德育、社会德育、家庭德育、学生自我教育相结合的大德育体系。

第三节
大学生德育方法与形式的创新

方法是主体为了达到预期目的,在认识世界和改造世界中所采用的方式和手段。新媒体的发展使德育方法从静态走向动态,从平面化变为立体化。应运用网络媒体、手机媒体等新媒体平台创新德育方法,改进德育形式,创新运用自主性德育、参与性德育、主体间性德育等形式,突出德育的针对性和实效性。

一、运用新媒体创新德育方法

(一)运用网络媒体创新德育

互联网已成为最主要的新媒体。网络媒体包括网站、博客、播客、维客、网络电视、网络广播、网络报刊等。在重大事件的新闻传播中,网络媒体正在实现"草根"走向"主流"的角色转变。

首先,加强社会网站建设,使之成为对大学生进行教育的重要阵地。社会网站具有专业技术力量强、信息量大、形式新颖等优势,对大学生具有较强的吸引力。社会网站包括新闻网站、网络论坛社区、社交网站等。

新闻网站是中国互联网世界的主流媒体,包括综合类新闻网站、门户网站的新闻频道和传统媒体的网络版。新闻网站的发展呈现出问政、参政能量巨大,动员社会积极、有效,关注弱势群体,音视频传播飞跃发展,技术跟进快速、主动等特点。网络论坛社区主要有综合性论坛社区网站、门户网站的论坛社区、新闻网站下设的论坛社区、专业性论坛社区、高等职业院校论坛社区等。中国网络论坛成为民意集散地和网络舆论的代名词,成为新闻宣传格局中与传统媒体相对峙的新领域。社交网站日益成为融合性社交平台和媒介平台,社交网站的发展不仅意味着可能改变人们的社交方式,而且还会对新闻信息的生产与传播方式产生影响。社交网站发展迅猛,也引发了许多问题,包括:挑战国家安全,成为美国等西方国家进行政治颠覆的工具;威胁个人信息安全,制约社交网站的良性发展;非法信息传播和虚拟问题现实化,网络的虚拟性、匿名性、隐秘性为学生提供了道德自我弱化的场所,体现了对学生社会化的阻碍、潜在道德滑坡等社会隐忧。加强社会网站建设应从以下几方面做起。

一是强化社会网站的社会责任意识,弘扬社会主旋律和主流文化。由于除了国家和地方政府主办的官方网站外,大多数专业网站是自负盈亏的企业,它们把追求经济效益放在较为突出的地位,这就易导致网站内充斥虚假广告、过度的娱乐性甚至色情等不健康的内容。因此,必须强化和重申社会网站的社会责任意识,要求弘扬社会主旋律和主流文化。因为网站作为媒体具有传播文化和价值观的作用,只有弘扬社会主旋律和主流文化,以社会主义核心价值体系为指导,才能使社会网站的内容更健康积极。

二是国家主流媒体与网络媒体适当合作,将国家大力提倡的内容以适当的方式在社会网站、论坛上展现。这里有两个层面的内容:①官方网站应做好表率,发挥对其他社会网站的示范、带动作用。②国家主流媒体与网络媒体适当合作。目前,我国媒体机构基本上都已进驻社交网站。

三是加强对社会网站、论坛的舆论引导,培养思想先进、理论水平较高的意见领袖,发挥其在网络舆论中的引导作用。自20世纪90年代末以来,网络论坛成为"草根"舆论表达的新平台,并成为舆论格局中与传统舆论相对峙的新领域。一方面,网络论坛高度的自主性给了网民广泛的话语权,在维护公民表达自由权利、完善舆论监督方面具有一定的积极作用;但另一方面，网络论坛匿名、随意、无序的过度表达又引发了许多问题，一些不负责任的发帖、跟帖等违法、违反道德的言论产生了不良的社会影响。所以，应加强对社会网站、论坛的舆论引导，通过培训网站管理人员，提升其政治理论和文化素质，培养政治素质过硬、理论水平高的舆论意见领袖，通过邀请专家到论坛做客等方式，对舆论加以正确的引导。

四是加强监管，通过完善法律、法规和监管技术手段，规范社会网站的行为。目前，我国除了将现有的法律适用于新媒体空间外，也出台了一批有关新媒体的法律、法规，包括由全国人大及其常委会制定的法律或做出的决定、行政法规、司法解释、部门规章等。并形成了初步的法律体系。从目前来看，我国的网络立法与现在飞速发展的网络技术和实践还不能契合。网络空间和现实空间的利益冲突、网络技术进步等因素对网络主体的权利、义务带来重大影响。在我国，网络立法的当务之急不是大规模地制定新法，而是尽可能扩大现有法律、法规的适用范围，对网络空间的特殊问题进行补充、修改，保持现有法律体系的稳定。从长远看，制定一部专门的网络基本法非常必要。

其次，加强高等职业院校校园网络建设，发挥其德育功能。提高高等职业院校网络道德建设的水平和效果，坚持重在建设的原则，完善校园网络系统。校园网络建设应体现五个"统一"，即互联性与特色性的统一、知识性与思想性的统一、丰富性与主流性的统一、疏导性与互动性的统一、教育性与服务性的统一。

建设高等职业院校专题德育网站、德育论坛，搭建网络德育平台。可以将德育网站挂在学校学工部或团委的网站上，也可以单独设立专题网站。还可以根据工作需要设立专题网站，如科学发展观网站、创先争优网站。目前学校德育网站存在的问题是内容相对单一、形式较单调、对学生的吸引力不大。应在坚持社会主义核心价值体系为指导的前提下，将教育内容丰富化、形象化、数字化，增强网站的吸引力和凝聚力，发挥德育网站对学生的教育作用。可以设立校园论坛，如水木社区、北邮人论坛、南大小百合、日月光华、沁水青山、观海听涛等。可以让学生针对社会问题自由发表言论，教师给予适当引导，效果较好。

加强校园网络管理，尽量减少师生同消极信息的接触。健全校园网络管理制度建设，确保校园网络管理有章可循，明确责任，并实行经常性的检查监督和必要的奖惩措施，把好各种信息的进出和传播关，为健康信息创造更加便捷的通道，尽可能减少消极信息在校园网络上传播。

最后，建设德育微博、微信、QQ、短视频平台，发挥其教育作用。微博、微信、QQ、短视频平台作为新兴媒介在大学生中产生了广泛影响。微博、微信、QQ、短视频平台已经成为大学生发表言论、相互了解、交友的平台。

（二）运用手机媒体创新德育

手机媒体的基本特征是数字化，最大的优势是携带和使用方便。手机媒体作为网络媒体的延伸，具有交互性强、信息获取快、传播快、更新快等特征。这些特征使得手机媒体渗透到生活的各个层面，深刻影响着人类的传播活动。

手机媒体的优势与不足。手机媒体的优势表现为以下几点：一是高度的移动性与便携性，真正做到分众传播。二是信息传播的即时性、互动性，手机媒体是一种开放的互动式传播，集人际传播、群体传播、组织传播、大众传播于一体，具有人性化的特点。三是受众资源极其丰富。四是多媒体传播，可以更真实地反映所报道的对象。五是私密性，对手机媒体用户来说，自由选择和发布信息的权限扩大，私密性得到保证。六是整合性，手机媒体能整合多样的传媒形态，承载报纸、广播、电视等传统媒体的内容；能整合多元的传播主体，将生产信息的传播者与接收信息的受众合二为一；能整合多样的传播方式，既可实现点对面、面对点的传播，还可实现点对点、一点对多点、多点对多点等丰富的传播方式。手机传播的不足表现为：虚假与不良信息传播，侵犯个人隐私，信息垃圾，对信息安全的冲击等。

手机媒体对生活方式及文化的影响。首先，手机媒介技术建构了新的社会生活方式，体现在新媒体对时间观、空间观、社会交往、公权力与私权力的影响等方面。一是手机媒介传播时代的时间观，表现为手机媒介造成时间的碎片化，加剧对时间的焦虑感。二是手机媒介建构的空间观，表现为公共空间与私人空间在手机中的无缝对接。工作空间是公共空间的一种，手机的使用促成工作场所这种公共空间与私人空间的交错重叠。三是手机营造的虚拟空间——手机社区，在虚拟空间活动的主体可隐去真实身份，比实在生活更能敞开自我，实现与他人的纯粹精神交往。四是手机媒介传播时代的社会交往，表现为手机媒介拓展了社会交往的广度，促成了社会交往形式的多元化，消解了社会交往的深度，呈现出一种平面化、仪式化、快餐化的特点。手机媒介在中国社会公权领域的应用体现在：开放话语平台，沟通民意；树立及传播形象；构建公共信息的快速传播通道，助力公共事务管理。五是手机媒介在中国社会私权领域的应用体现在：信息获取权、民主参与权、隐私权。其次，手机作为传媒，其传播的大众文化主要以媒介文化这一大众文化的亚文化形式为主要内容，并且在自身的传播过程中又形成了一种媒介文化现象。手机文化产品遵循了多样、实时、互动的开发原则，手机媒介文化的特质有五个方面：情感体验娱乐化、民众参与普适化、自我表达个性化、文化风格时尚化、精神消费快餐化。

运用手机媒体对学生进行德育。由于手机媒体本身以及手机文化的自身特点，其对大学生思想道德产生了较大影响。根据手机媒体的特点，创新德育的方式主要有以下几种。

第一，运用手机短信等平台，对学生进行互动、平等的参与式德育。传统德育效果低下的原因之一是教育以教师说教为主，教师对学生处于居高临下的姿态，学生参与程度较低。运用手机短信平台，教师与学生可以进行双向或多向的互动交流，而且可以根据学生的具体情况进行定向的交流，有利于学生在教育过程中的参与，利于形成平等的教育关系，可以提高教育的针对性和实际效果。

第二，开发德育手机报平台，对学生进行社会主义核心价值体系的教育。如何使社会主义核心价值体系的内容入耳、入脑、入心，是对学生进行教育的重点和难点。运用手机报的定向发送、无条件接收的特点，可以开发专题的德育手机报平台，也可以结合普通的手机报，在内容上增加德育方面的内容，同时注意把社会主义核心价值体系的内容形象化、具体化、数字化，从而使社会主义核心价值体系的内容以润物细无声的方式进入学生的视野和大脑。

第三，运用手机短信群发等功能，对学生进行学业、就业指导等服务。手机短信的群发功能是对学生进行服务的很好的平台，运用手机短信群发功能，可以把学生选课情况、就业招聘单位、招聘会等信息以短信的形式通知给学生，使广大学生在第一时间获取信息并为下一步的学习和就业做好准备。

第四，通过红色短信大赛等形式，发挥学生自我教育的作用。学生是接受教育的主体，也是自我教育的主体，如何发挥学生在教育中的主体作用是教育取得成效的关键。在手机媒体运用普及的今天，收发短信成为大学生之间交流的重要方式。通过开展红色短信大赛等形式，引导学生开发内容健康积极的短信，远离垃圾和不健康的短信，增强学生对道德信息的选择和判断能力。

第五，加强手机媒体的管理，营造积极健康的手机文化。我国对手机媒体的管理正处在摸索阶段，目前我国手机媒体管理中存在的主要问题表现在：管理责任不明，存在监管空白；管理依据不足，缺乏法规政策；管理力量薄弱，不良信息泛滥；利益驱动明显，消费陷阱较多；产权保护不力，侵权盗版严重；业务模式雷同，产业生态恶化。目前对于手机媒体，应从以下几方面加强管理：一是明确责任主体，理顺管理体制。手机媒体管理涉及不同行业和产业部门，要明确相关管理部门的职责，加强协调配合，建立和完善管理体制机制。二是健全法规制度，严格依法管理。要尽快对从事新闻信息服务的手机网站、手机报纸等的资质审批、内容监管做出具体规定，引导手机媒体健康有序发展。三是完善技术手段，强化技术管理。要不断完善技术手段，提高管理的技术含量。要建立对不良信息、不良手机网站的监控系统，及时发现这些信息并予以处理。电信运营商要继续加大技术投入力度，建立相应的工作流程，积极配合相关管理部门的工作，加大对服务商提供方的管理。四是推动行业自律，强化自我约束。要制定自律规范，强化自我约束。电信运营商要主动承担相应的职责和任务，协助健全信息服务类业务的管理和控制机制，促进无线互联网行业的协调健康发展。五是规范免费手机网站管理，实施登记备案制度。

（三）运用电视新媒体创新德育

电视新媒体包括数字电视、交互式网络电视、移动电视与户外新媒体等。

运用户外、车载、电梯间的电视媒体等，传播优秀道德和价值观。根据户外、车载、电梯间的电视媒体强迫收视的特点，将社会主义核心价值观的内容数字化、形象化地展现在人们面前，使人们在潜移默化中受到教育和熏陶。同时通过这些媒体对优秀道德的传播，营造良好的道德建设环境与氛围。

运用校园电视平台，对学生进行德育。校园电视是学生在学校中收看电视节目的主要工具，一般放置在宿舍和教室里。校园电视除了播放国家和省市电视台的节目外，还可以播放学校电视台自制的节目。学校可以结合学校和学生自身的特点，制作与学生生活紧密相关的、内容健康向上的电视节目，对学生起到引导和教育的作用；同时可以增加学生与校园电视互动的机会，通过学生参与节目制作，在节目播出过程中通过短信参与、有奖竞答等形式，把学生吸引到积极健康的优秀校园电视节目中来，让学生在参与中接受教育。

二、运用新媒体改进德育的形式

（一）自主性德育

自主性德育是一种肯定德育主体具有相对独立地位和权利的德育，是一种充分肯定德育主体内在道德需要的德育，是一种内化了社会需要并对社会完全负责的德育，是一种充分地体现人的生存价值和生命意义的德育。

自主性德育作为一种以教育者与受教育者的自主性为特征的学校教育，必然遵循自由性、理性、价值性的原则。自由性原则，即理性的、有限制的、完全的"平等自由"的自由原则；理性原则，自主性德育具有客观性、合理性、合法性，还包含情感上的稳定性和意志上的坚定性；价值性原则，自主性德育追求的是人的个性的解放和体现，是人的权利的落实，以及人的人格和尊严维护的原则。自主性德育就是坚持对教育者和受教育者的双重人格尊重。这是自主性德育与传统德育的最大区别。

新媒体视域下自主性德育的现实诉求。首先，新媒体环境产生了实行自主性德育的迫切需求。当代社会在现代科技的冲击下发生了重大的变化，特别是建立在新媒体等现代科技基础之上的信息化趋势，使国际化社会的概念日益普及和日常化，国与国之间的信息传递日益简单和快捷，多样化社会对人的个性素质要求越来越直接和深刻。因此，一方面，现代社会造就了人的个性发展的环境和空间；另一方面，现代社会对人的个性化要求越来越高。作为人的个性化特征的人的自主性，也必然成为社会和个人发展追求的目标。由于新媒体的全球性的、去中心化的交互性使人们的交流跨越了时空和国界，这需要培养学生走向他人、学会交往、学会合作的社会历史人格，使人从孤独的个人走向富而有礼的整体，从孤立的自我走向高尚、友谊、互助的群体。所有这一切可以说都需要以人的自主性为前提。社会的这种需要要求教育应该做出与此相适应的变革和应答，也就产生了社会对自主性德育的诉求。其次，新媒体环境为自主性德育创造了机遇与条件。新媒体的开放性、互动性、虚拟性、参与性为自主性德育创造了机遇与条件。新媒体的开放性使其空间中容纳了世界各国家、各民族的文化和价值观，包含了海量信息，为学校和师生自主选择信息提供了平台，也使学生在自由选择中促进了其个性的发展；新媒体的互动性使师生可以在线即时交流，有利于师生的对话和相互理解；新媒体的虚拟性使师生可以隐去现实中的真实身份，以平等的姿态、敞开心扉进行平等交流，有利于建立师生平等的关系，提高教育效果；新媒体的广泛参与性可以使师生随时、随地参与到讨论和交流中去，使学生的需求得到理解和尊重，有利于自主性德育的开展。

新媒体视域下自主性德育的价值观。自主性德育是促使教育者和受教育者充分地发挥个体教、学自主性的德育。新媒体视域下，培养和生成受教育者自主性的道德意识、道德能力、道德习惯，是自主性德育追求的价值目标。自主性德育所依据和主张的以个人自主为主，是意在推动传统德育中的以他律为主的德育方式向以自律为主的德育方式方向转化。这种德育思想要求学校德育一方面要考虑社会的道德需要，另一方面则应该考虑受教育者及教育者个人的道德需要，并考虑德育的自愿性、自觉性、意义性等特点，着重通过促进道德主体的自我道德意识的增强和道德自觉性的增加来增强德育的效果。由于新媒体环境是一个以法律规范为主导、主要依靠个体道德自律来维持秩序的空间，这种德育方式有利于提高学生的道德水平。在德育的管理方面，应该结合新媒体的特点，运用新媒体为媒介和手段，促进传统的封闭式、单一式、半强制式的德育管理体制向开放式、多样化、民主性的德育活动组织体制转化，使德育活动更符合德育规律，使德育活动成为教育者和受教育者都自觉、自愿、自主、自由、愉快参与的活动，使德育真正发挥提升人的精神和人格的作用。自主性德育的价值观念，应该能够积极有效地促使教育者和受教育者两方面都能充分地表现人的超越性、高尚性、自主性，真正地促进学校德育质量的提高。

新媒体视域下自主性德育的目的观。自主性德育的目的无疑是培养具有自主性道德的人，而一个具有自主性道德的人，其人格结构则可能逻辑地表现为自主性道德意识、道德能力、道德习惯、道德精神等，其关键之处在于受教育者的自主性德性素质的培养方面。而最注重道德自主性的新媒体环境，为坚持和发展自主性德育的目的提供了条件。倡导和宣扬受教育者个体的自主性意识，倡导公民个体权利意识、责任意识、民主意识，是对我们以往的"自律"道德意识的发展，促使道德主体不仅要主动地约束自己，使自己的行为符合社会道德的要求,还明确地要求道德主体能够和坚持自己为自己做主,学会自己决定自己的事情。这要求德育不仅要向学生合理地传授道德知识和道德意识,而且要促进受教育者既将这些道德知识内化为自己的思想和信念,又将这些道德知识转化为受教育者的道德行为和道德习惯,还应该化为他们的道德精神。自主性德育所追求的是培养受教育者的自主性德性素质,由于作为德育主体的受教育者要经历由道德意识向道德行为、道德习惯、道德精神的一系列转化,从而使德育主体的德性素质成长成为一个逻辑、生成、持续的发展过程,也使受教育者的德性素质养成具备生成性、稳定性、开放性、正义性等特征,从而为自主性德育目的的内涵赋予了时代和革命意义。

新媒体视域下自主性德育的活动机制。自主性德育的活动机制,是指由决定自主性德育活动的各种条件、要素、力量所形成的决定自主性德育是这样活动而不是那样活动的控制系统,这个系统决定着自主性德育的方向、方式、趋势,是自主性德育活动内在的决定因素。首先,新媒体视域下的自主性德育活动机制具有自身的特点。成人是自主性德育活动机制的逻辑起点。一是由自然人向社会人再向道德自律的人的转化。新媒体环境对于促进学生向道德自律的人的转化具有更重要的作用,基于新媒体而开展的德育活动从其活动的起点处就坚持尊重教育者和受教育者的人格和权利,承认并坚持教育者和受教育者的自由和自主权利。二是由"单子式"的个人向世界历史性的个人方向发展。新媒体广泛互动交往的特点、新媒体文化中的社群文化对于促进学生由"单子式"的个人向世界历史性的个人方向发展很有益处。"单子式"个人主要是指每个个人都是以一种彼此分离、孤立、封闭的单子方式生存着,人与人之间缺乏一种开放性的精神交往和合作,人在本质上是一种"孤独的个人"。新媒体视域下通过社群交往、互动交流的自主性德育,以受教育者自由、自主为特征的德育模式,是以人作为一个权利和责任的统一体为前提的。在这种教育模式中,无论是教育者还是受教育者,每个人都是一个独立、自由的个体,都有与他人(任何人)平等的法定权利和自由,也有与他人(任何人)相同的责任和义务。新媒体视域下的自主性德育有助于学生确立主体意识和主体地位,并帮助学生摆脱单子式的状态。其次,新媒体视域下自主性德育活动机制的主要原则。新媒体视域下,自主性德育在其活动机制的建构中,将结合新媒体的特点,发挥其优势,努力坚持多样性、开放性、有效性的原则。多样性是指在学校德育的活动形式上,既要坚持传统德育活动中有效的课堂教学和课外活动的形式,又要努力开拓一些新的德育形式,诸如网上与网下结合的参与性教学、活动性教学等。自主性德育的开放性,表明其活动机制不会将自己局限于一时一地,而是将自己置于社会发展的大环境之中。在国际化、民族化的德育学习和借鉴以外,自主性德育的开放性还包括在具体的德育活动中,以灵活多样的形式完成德育的使命。自主性德育的有效性是指根据新媒体的特点,使教育活动的形式和内容符合学生的特点和成长、成才的需要,注重德育的有效性。

新媒体视域下自主性德育活动中的师生关系表现出三个特点:其一,新媒体视域下自主性德育活动中的师生关系是一种师生相互交往性的平等关系。新媒体视域下自主性德育,就是建立在自主性德育思想基础上的、能促进教育者和受教育者双方进行平等对话的交往性教育活动。在这种教育活动中,一方面,受教育者和教育者双方都是带着自己的需要来从事这项活动的,其中受教育者期望和需要在学习中受到教育者的指导,教育者则需要通过受教育者的学习和成长活动来完成自己的职责和实现自己的信念和理想,双方共同的需要使这种交往形式成立。另一方面,教育者和受教育者地位平等的交往性学习有利于受教育者道德素质的生成。其二,新媒体视域下自主性德育活动中的师生关系是一种帮助指导的关系。在这种相互的、合作的道德学习过程中,学习者应该是独立的、自由的。因为道德发展是个体选择的一部分,真正道德的生长发生在个体内部。自主性德育正是借鉴了"教育即生长"的原则,主张保证受教育者独立自由的学习权利,让学生拥有广泛的学习选择权,让学生做自己学习的主人,自主地选择学习的内容、形式和方法。其三,新媒体视域下自主性德育的师生关系是一种引导、启蒙、提高的关系。教育中的师生关系就由学生的自主学习、自主选择、自主评价、自主需要与教师的积极指导、热情帮助两方面合力形成。这种由师生双方面需要有机形成的师生关系，是一种在尊重学生自主权利和尊严前提下的指导、启蒙、促进关系。

（二）参与式德育

参与式德育的实质是生活德育、活动德育、体验性德育、社会化德育，是学生在真实的生活（包括学校、家庭、社会）中通过参与活动和亲身实践来体验的德育。与我们倡导创设德育情境不同，参与式德育更强调真实、自然、无痕的社会生活场景。

首先，参与式德育的特点分析。参与式德育的特点概括起来主要表现为实践性、开放性和生成性三个方面。参与式德育的本质是实践的，实践的观点是参与式德育首要的观点。只有在实践中学生的主观认识见之于客观行为，潜在品质才变为显性品质。学生只有在德育实践过程中将内化的德育知识、信念外化到行为上，才能形成相对固化的品德。参与式德育具有显著的开放性。参与式德育，其实质是让学生参与到真实的生活中来，满足其不断发展变化的需要。这需要教师通过创设一定的情境来提升学生的需要和兴趣，让学生接受无痕的教育。参与式德育是一个不断生成的过程。杜威认为道德真理是相对的，任何道德都必须服从于不断变化的社会需要。时代在变，新环境下的新问题、新情况层出不穷，学生的需要、兴趣和观念在不断变化。因此德育活动在理念、内容、方式上也要变化，是一个不断变化、生成的过程。参与式德育就是根据时代发展的要求，加强德育的主体性、针对性，使学生真正成为个性化与社会化有机统一的"道德人"。

其次，新媒体环境与参与式德育的契合。一方面，新媒体环境对参与式德育提出了迫切要求。新媒体传播的特点决定了其为德育提供了一个与以往不同的教育环境。新媒体环境对传统以灌输为主的教育模式提出了挑战，迫切需要构建与新媒体相适应的、现代开放的参与式德育。新媒体的开放性、信息的海量性产生了实行参与式德育的诉求。新媒体改变了以往众多媒体地域性传播的特点，新媒体空间上的开放性导致了新媒体传播地域上的全球覆盖，时间与空间上的开放性导致了信息的海量存储。而由于"把关人"的监管不到位，使得信息良莠不齐，对学生的价值观和思想冲击较大，仅靠传统的灌输式教育较难奏效，迫切需要以学生参与为主的、充分发挥学生主动性的参与式教育。另一方面，新媒体环境为参与式德育的实施提供了机遇与条件。新媒体环境在对参与式教育提出迫切要求的同时，也创造了参与式德育构建的有利条件。新媒体的交互性与即时性为学生创造了参与德育活动、确立主体地位的有利条件。新媒体的互动性是新媒体信息发布的低门槛和信息传播方式的灵活性所带来的直接结果。互动性不仅体现在传受双方交流的增强，还体现在整个信息形成过程的改变。信息不再依赖于某一方发出，而是在双方的交流过程中形成。新媒体最大的吸引力就是用户的主导性、自主性得到了空前的增强。同时，新媒体是即时传播，用户可以随时随地"面对面"地交流。这些传播特点比较有利于学生参与到教育活动中，不必受时间和空间的限制，而且增加了教育者与受教育者的即时沟通交流，使得彼此相互了解和理解，有益于提高教育效果。新媒体的个性化与社群化为学生创造了较广泛的交往环境，新媒体真正实现了个性化服务。用户可以自由地选择信息接收的时间、地点以及媒介的形式，传者可以用"信息推送技术"，根据用户的需求为他推送信息的专门化服务。新媒体传播不仅具有综合性、主动性、参与性、渗透性和操作性的特点，而且具有灵活性、开放性和交互性的特点。新媒体个性化的特点为学生自主选择学习的内容、培养和发展学生的个性创造了条件。新媒体的社区、BBS 和自由论坛等充斥在虚拟空间中，这些社群往往形成一些很牢固的人际互动网络。学生通过参加社群内的活动，可以就某些话题交换意见，这对于培养学生的群体意识与合作性具有较大作用。新媒体的匿名性、虚拟性为学生创造了较真实的生活和社会环境。由于新媒体的匿名性、虚拟性，教师和学生都可以隐去身份，较真实地表达自己的内心想法，有利于创设较真实的生活和社会环境，让学生没有心理负担地进行道德选择和道德判断。因此，新媒体环境为参与式德育的实施提供了很好的机遇与条件。

最后，新媒体视域下参与性德育的实施。新媒体视域下参与性德育的实施可以分为以下几个方面。

一是运用新媒体，构建学校、社会和家庭参与的大德育格局，形成德育合力。现代社会的教育已不是单纯的学校教育或家庭教育，参与式德育需要社会、学校、家长、学生的共同参与。因此应顺应教育的综合化发展趋势，形成学校、社会和家庭齐抓共管、多管齐下的合力，促进学生的全面发展。新媒体的开放性为建立学校、家庭、社会之间的立体联系，构建大德育格局创造了条件。通过建立辅导员博客、德育网站、校长信箱、家长反馈平台、班级博客、校友之窗网站等平台，让家长了解学校的教育情况并可即时反馈意见，让学生了解学校和辅导员的情况并即时互动，让社会参与到学校教育中来。通过网上联系与网下联系相结合，建立学校、学生和教师与家庭、社会之间走出去和请进来的互动。面向社会开展德育，学生价值观的变化和道德行为、观念就能在较大程度上与社会发展相契合。学生直面社会培养出的道德能力，使其进入社会后能从容面对和处理复杂的社会道德现象和道德交往实践。

二是运用新媒体增强学生的参与性，发挥学生在教育中的主体性作用。在学校德育中，教师应意识到不同学生的特殊性和差异性，以学生为本。学生是主体，是关键，是目的，要充分发挥学生的自主性和能动性。新媒体是全面参与的、充分展现个性的媒体，学生可以自由在新媒体空间中浏览信息、发表言论、上传视频和图片，而微博、微信、QQ、短视频平台等相对固定的新媒体为培养自主的、理性的个体提供了平台。德育工作者可以通过议程设置功能对网站、论坛的内容、问题进行有效设置，引导学生参与到讨论中，并通过讨论自主做出道德判断和道德选择。

三是运用新媒体让学生参与人际交往中的道德实践。新媒体的最显著特点是广泛的交互性，人们可以通过新媒体与世界各地的人们进行广泛交流，这样就拓展了学生的交往空间。同时新媒体的去中心化和虚拟性，使得新媒体中没有领导与被领导，只有身份平等的新媒体用户，新媒体为大学生创设了广泛的、平等的交往空间。学生通过在新媒体中的交往，去深化或改变生活中已有的道德观念，因此学生在新媒体中的自我教育因素比较多。教育者可以通过与学生在线交流、加入社群，并通过较强的影响力获得社群的倡导者身份，从而对学生进行有效的教育。

（三）主体间性德育

主体间性（inter-subjectivity）一词可翻译为交互主体性、主体之间性、主体际性等。现象学大师胡塞尔认为自我与他我通过拥有共同世界而形成一个共同体，单一的主体性也因之而过渡到主体间性，这种主体间性是通过"共现""统觉""移情"而实现的。海德格尔认为主体间性是主体与主体之间的共在，是"我"与他人对同一客观对象的认同。哈贝马斯认为主体间性是人与人在交往中形成的精神沟通、主体的相互理解与共识。

马克思关于社会形态和人的发展的三个阶段的论断，实质上是对主体性向主体间性转向历程的科学概括和总结。在"人的依赖关系"阶段，个人的主体性被群体性所掩盖。在"以物的依赖性为基础"阶段，人的主体性从属于物的主体性。在"个人全面发展和自由个性"阶段，以个体的全面自由发展为基础，寻求个体与个体、个体与群体、人与自然的自觉融合和统一，主体间性的本质体现了类主体性。总之，主体间性是主体间关系的规定性，是主体与主体之间的相关性、统一性、调节性。主体间性的含义可以从三个方面来理解：其一，主体间性的根据在于生存本身。因为主体与主体相互联系、相互依存、共同发展是现实世界的客观现象。其二，主体间性是一种关系。主体间性不是把自我看成单子式的个体，而是看成与其他主体的共在。其三，主体间性是一种方法论。这种方法是处理人与人之间关系的方法，即对待他人要尊重、同情，而不是排斥。

首先，主体间性德育的内涵分析。当前对德育过程中的主客体关系有三种不同的观点。第一种观点认为，教育者是主体，受教育者是客体。第二种观点是主导主体论，认为教育对象是教育过程的主体，教育者发挥主导作用。第三种观点认为，教育者与受教育者之间互为主客体，提出了双主体说。第一种观点影响最深，它的"主体—客体"模式、理论上的主客二分，只体现了德育的一个过程、一个方面；第二种观点中，受教育者的主体是被教育者所规定了的主体，仍然是德育的配角；第三种观点把德育中本应是统一的"施教"和"受教"割裂开来，仍只强调单极的主体性，仍然是"主体—客体"模式。

主体间性德育以马克思主义主体间交往思想为指导，同时借鉴西方哲学关于主体间性研究的成果以及当代我国哲学界的相关成果。马克思主义的"人的社会"和"社会的人"是一种最深刻意义上的主体间本位。他提出的"人与人的关系"是主体性的"交往关系""社会关系"，从一般意义上规定了主体间的关系。"交往""交往实践""交往形式""精神交往""交换""物质交换"等概念，着重规定了人们之间即主体间的物质关系、精神关系和实践关系。学者任平以马克思主义理论为基础，对交往实践做了深入研究。他认为交往实践是主体间的物质交往活动，体现主体间性，他提出了"主体—客体—主体"相关性模式，这一模式具体表现为"主体—客体"和"主体—主体"双重关系的统一结构。任平的观点对构建主体间性德育具有借鉴作用。主体间性德育是指两种关系的统一：一种关系是教育者与受教育者都作为德育的主体，二者构成了"主体—主体"的关系；另一种关系是教育者与受教育者都是德育的主体，是复数的主体，他们把教育资料作为共同客体，与教育资料构成"主体—客体"的关系。这即是主体间性德育。

其次，主体间性德育的特征分析。主体间性德育的第一个特征是指教育者与受教育者是共同的主体间的存在方式。在主体间性德育中，受教育者不再被视为客体，而是与"我"一样的另一个主体。这种教育方式体现了以人为本、对他人的尊重。主体间性德育的第二个特征是指教育者与受教育者之间的活动是主体间的交往活动,而不是教育者的单项活动。

主体间性德育强调教育者和受教育者都是德育的主体,教育者是与他人共在的自我。主体间性德育的第三个特征是指教育者与受教育者之间是相互理解的,他们通过换位思考的方法来实现人的思想品德的提高,而不是通过单子式的硬性填鸭教育来实现。主体间性理论为德育提供了新的哲学范式和方法论,继承并吸收了主体性德育的优秀成果,克服了以自我为中心、视受教育者为纯粹客体所带来的局限。

再次,主体间性德育是新媒体发展的必然要求。随着新媒体的快速发展,人类逐渐进入新媒体时代,在新媒体空间中,人与人的交往呈现两大特点:其一是"去中心化"。新媒体的隐匿性、虚拟性使人们具有安全感,使人与人之间的交往更加自主开放。在这里没有领导者和被领导者,只有倾诉者和倾听者,各种道德标准在新媒体交往中只会越来越趋向统一,因为符合社会要求的各种道德标准是这种交往的基础。其二是信息共享。新媒体的开放性使其成为信息的海洋,供人们分享,人们在分享的同时,又为这个海洋提供新的资源。信息共享还体现为一种人与人之间的平等的双向的交往,捧出自己的思想,接纳别人的思想。但同时新媒体空间中海量的信息是良莠不齐的,有些是有害的。要以社会主义核心价值体系来引导新媒体的发展,充分考虑受教育者的兴趣爱好,遵循新媒体传播的特点和规律,对学生进行教育。单子式的主体性德育常常是教育者为唯一的主体,只注重教育者单向的信息输出,受教育者成了信息的唯一分享者,他们很少有输出信息的权利、机会。这样的德育在新媒体视域下是行不通的。因此,德育的主体间性转向是新媒体发展的迫切要求,体现了德育与时俱进的时代特征。

最后,新媒体视域下主体间性德育的实现路径。主体间性德育理论认为,在德育实践中,教育者和受教育者双方的地位是平等的,彼此之间要互相尊重、信任和理解。我们要以主体间性德育理论为指导,根据新媒体的特点,在新媒体德育过程中突出主体间性的实现。

教育者运用新媒体,采取各种途径把德育信息传播给受教育者。一是教育者把受教育者放在与自己交流互动的同一平台上,根据受教育者的兴趣、需要和现实个性有针对性地进行教育,促进其全面和谐发展。二是教育者可以通过电子邮件、心理网站、德育网站,采用自由讨论、平等对话等形式,运用启发式、互动式、交流式的教育方式解决受教育者的思想问题。三是教育者要把教育内容数字化,利用多媒体形式占领新媒体阵地。

受教育者充分发挥自己的主体性。一方面,受教育者面对新媒体空间良莠不齐的信息,主动地选择接收信息,这同时是一个受教育者提高辨别能力的过程。另一方面,主体间性理论以交互性作为其存在的基础,受教育者借助新媒体平台,充分发挥自己的能动性,通过与教育者相互沟通和理解的一种良性互动,受教育者把社会主导的价值观纳入自己的认知范畴加以消化和吸收,并自觉地外化为良好的行为习惯。

主体间交往过程是一个双向互动的过程。在新媒体德育中,教育者和受教育者互相信任、共同对话,是一种平等的参与合作的关系。受教育者不仅可以迅速地反馈信息,而且也可以积极地影响他人,转化成教育者。教育者和受教育者在共享中相互促进、共同发展,建构了一种双向互动、开放性、探索式的德育模式。

(四)嵌入式德育

目前教育界的嵌入式教育一般指两种情况。一种是嵌入式技术教育,主要是将计算机技术、电子技术和其他学科与技术相结合进行综合教育的方式。在这一教育方式下,培养的是有深厚理论基础和实践经验的IT行业的高端人才。另一种是"课程嵌入式评价法"。这一评价方法以通识课程教学为基础,教师以一种不受外界干扰的、系统化的方式,对学生作业按课程目标各个方面来评出等级,以此来衡量学生的学习效果。教师对学生的评级数据为院系评价报告提供了很多用问卷调查法和目标测试法所不能提供的信息。目前我国一些图书馆在原来传统信息素养教育的基础上,进行嵌入式信息素养教育,基本是基于第一种和第二种情况的融合而进行的。图书馆嵌入式信息素养教育就是指在借鉴传统信息素养教育的基础上,借助一定的终端,通过先进的技术嵌入用户计算机、移动通信工具,或者通过"馆员—教师"协作模式融入专业课堂教学来开展信息素养教育。嵌入式信息素养教育是一种新颖的、高效的信息素养教育方式,其教学效果较之传统信息素养教育明显,是未来信息素养教育的发展方向。

目前,嵌入式德育的提法较少。有些人提到,应不仅把德育作为一门与科学课程并列的课程去讲述,也应该将德育嵌入教学,让学生在问题发生时进行探讨,或进行自我反省,或进行表扬,让学生切身感受到德育问题,并亲身分析此事,这样他才是真正意义上的感同身受,从内心接受或摒弃一些习惯或做法。这里所讲的德育嵌入式与我们前面提到的创设教育情景参与式德育比较类似。本书认为,嵌入式德育是一个综合的、广义的概念,既包括在借鉴传统德育的基础上,教育者借助一定的终端,通过先进的技术嵌入用户计算机、移动通信工具,对学生进行德育;也包括通过网上与网下结合,教育者以协作者的身份参与到学生德育活动中对学生进行德育。

新媒体视域下嵌入式德育的优势。一方面,嵌入式德育可迎合大学生的信息行为模式。因为,现在绝大多数的大学生都喜欢使用数字资源,都熟悉网络技术,可以说,网络等新媒体已经成为他们生活中非常重要的一部分。另一方面,嵌入式德育可不受时空限制地对学生进行教育。嵌入式德育的地点可以不受物理空间和时间的限制,它可以无处不在,只要有教师和学生,有新媒体用户终端,就可以进行。而且教育的形式比较自然,基本上是一种无痕的教育。

新媒体视域下嵌入式德育的实现模式包括如下几种。

首先,通过嵌入用户计算机网络空间来实现。德育嵌入计算机网络空间是指把德育信息内容经过数字化处理以后嵌入到用户的计算机桌面、浏览器、常用学习软件、常去的网站、热门搜索引擎等用户虚拟环境中,还可以嵌入到院系网站、学生活动主页、社交网站、网络论坛、即时通信工具等网络环境中，以营造德育信息在虚拟空间无处不在、用户可信手拈来的局面。

其次，通过嵌入学生手机等移动设备来实现。利用手机这个便捷的通信工具开展嵌入式德育，其前景将是非常乐观的。可以借助手机报的特定用户、强制播出的特点，将德育内容融入其中。借助手机短信互动交流、私密性、容易被接受的特点，将德育内容融入其中。还可以利用5G的可视化技术为教育者和学生提供一个实时的、虚拟的"面对面"的环境，让教师和学生间的沟通更具亲和力，从而提高教育效果。

最后，在新媒体空间中针对热点问题和情境进行嵌入式教育。通过在网络社区、网络论坛等设置热点问题讨论，并由理论知识功底深厚、经验丰富的教育者来主导和引导学生的讨论。教育者扮演与学生平等的角色，让学生在问题和情境中进行道德判断，做出道德选择，有利于提升学生的整体道德水平。

参考文献

[1] 房淑杰，冯中鹏. 德育[M]. 银川：阳光出版社，2018.

[2] 金维才. 陶行知的德育哲学[M]. 合肥：安徽师范大学出版社，2018.

[3] 洪涌，冯浪. 德育拾贝集[M]. 北京：旅游教育出版社，2018.

[4] 任少波，等. 高等职业院校德育共同体[M]. 杭州：浙江大学出版社，2018.

[5] 李岗，陶礼华. 学科融合德育的研究与实践[M]. 上海：上海社会科学院出版社，2018.

[6] 周家亮. 中小学德育课程育人[M]. 济南：山东教育出版社，2018.

[7] 严华银. 德育课程：重要的是育人[M]. 北京/西安：世界图书出版公司，2018.

[8] 潘永惠，张寅，陈尊雷. 职业学校积极德育模式构建与实践[M]. 北京：知识产权出版社，2018.

[9] 刘岚. 舞蹈作品特色德育资源选编[M]. 北京：中央民族大学出版社，2018.

[10] 梁启超. 梁启超修身三书·德育鉴[M]. 彭树欣，整理. 上海：上海古籍出版社，2018.

[11] 杜时忠. 德育研究[M]. 福州：福建教育出版社，2019.

[12] 潘婷婷. 从德育实践走向实践德育[M]. 上海：上海教育出版社，2019.

[13] 陈敦山. 德育与和谐西藏[M]. 广州：中山大学出版社，2019.

[14] 班建武. 校长如何抓德育[M]. 北京/西安：世界图书出版公司，2019.

[15] 金钊. 教师如何抓德育[M]. 北京/西安：世界图书出版公司，2019.

[16] 王晓奕. 小学生伙伴德育[M]. 南昌：江西教育出版社，2019.

[17] 刘忠孝，陈桂芝，刘金莹. 高等职业院校德育论[M]. 哈尔滨：黑龙江人民出版社，2019.

[18] 张爱国. 社区德育策略[M]. 北京/西安：世界图书出版公司，2019.

[19] 郑希斌. 中国梦德育读本[M]. 济南：济南出版社，2019.

[20] 牛文利. 张伯苓德育思想与实践研究[M]. 天津：南开大学出版社，2019.

[21] 崔戴飞，徐浪静. 思政活动课程建设案例集：有爱篇[M]. 北京：光明日报出版社，2020.

[22] 孙峰，龙宝新. 德育原理[M]. 西安：陕西师范大学出版总社，2020.

[23] 王春刚，王凤丽. 来华留学生德育研究[M]. 北京：知识产权出版社，2020.

[24] 李志民. 德育活动课探究与实验[M]. 广州：中山大学出版社，2020.

[25] 刘兆俊. 德育教育与心理健康教育[M]. 长春：吉林教育出版社，2020.

[26] 卫发明，李勇，王蓓. 小学班主任德育工作科研探索[M]. 长春：吉林人民出版社，2020.

[27] 吴红明. 让德育像呼吸一样自然[M]. 苏州：苏州大学出版社，2020.

[28] 任广明，王凤霞，罗苑玲. 让德育之花充分绽放[M]. 长春：吉林人民出版社，2020.

[29] 袁野，袁愈国. 做新时代学习型教师 有效德育的 36 个细节[M]. 天津：天津教育出版社，2020.

[30] 郑兵. "三维一体"德育模式的创建及实施策略的实践研究[M]. 成都：西南交通大学出版社，2020.